资助项目：北京市社会科学基金项目、北京市教育委员会社科计划重点项目"国企改革背景下公司集团法津制度研究"（项目编号 SZ201710011008）

公司集团法律制度研究

GONGSI JITUAN FALÜ ZHIDU YANJIU

白慧林 ◎ 著

中国政法大学出版社

2023 · 北京

图书在版编目（CIP）数据

公司集团法律制度研究/白慧林著.—北京：中国政法大学出版社，2023.8
ISBN 978-7-5764-1104-1

Ⅰ.①公… Ⅱ.①白… Ⅲ.①公司法－研究－中国Ⅳ.①D922.291.914

中国国家版本馆 CIP 数据核字(2023)第 179103 号

出　版　者	中国政法大学出版社
地　　　址	北京市海淀区西土城路 25 号
邮寄地址	北京 100088 信箱 8034 分箱　邮编 100088
网　　　址	http://www.cuplpress.com (网络实名：中国政法大学出版社)
电　　　话	010-58908285(总编室) 58908433（编辑部）58908334(邮购部)
承　　　印	固安华明印业有限公司
开　　　本	720mm×960mm　1/16
印　　　张	14
字　　　数	205 千字
版　　　次	2023 年 8 月第 1 版
印　　　次	2023 年 8 月第 1 次印刷
定　　　价	65.00 元

前　言

　　《中华人民共和国公司法》（以下简称《公司法》）是市场经济的基本法，是维护市场主体营业自由与优化营商环境的重要部门法。《公司法》颁布实施的 30 年间，我国公司从无到有、从小到大、由弱变强。截至 2023 年 1 月底，我国市场主体超过 1.7 亿户，其中登记在册的企业达 5000 万户。[1] 在如此庞大的企业群中，原本是"舶来品"的公司，已经成长为最普遍的企业组织形式，为繁荣市场经济、增进社会福祉、丰富社会文化、创造社会财富发挥了不可替代的作用，而公司集团也已发展成为最具竞争力的公司组织形式。公司集团是以资本联结为主要纽带，由一个或多个公司联结成的以母公司为主导、以多层次结构的子公司为载体、经济上实行统一管控、法律上彼此独立的多法人联合体。在现代公司全球化、规模化发展过程中，企业集团集核心控制与战略协作于一体，占据管理优势、资源优势、资金优势和信息优势，发挥了单个企业所无法企及的优势竞争力，实现了一个又一个财富神话。我国每年入选世界 500 强与中国 500 强的企业基本都是公司集团，上市公司也几乎是公司集团的成员企业，可以说公司集团已经取代"单一公司"成为中国经济发展的"领头羊"。党的十八大以来，我国贯彻实施"全面深化国企改革""全面依法治国""优化营商环境""平

---

　　[1]　参见王国明："全国登记在册市场主体达 1.7 亿户"，载《中国市场监管报》2023 年 2 月 16 日，第 1 版。

等保护产权"等政策，在推动国有资本与国有企业做强、做优做大、提升企业核心竞争力的同时，优化民营企业发展环境，依法保护民营企业产权与企业家权益，促进民营经济发展壮大，使我国经济实力实现了历史性跃升。党的二十大报告明确提出了"着力推动高质量发展""完善中国特色现代企业制度""加快建设世界一流企业"的新发展目标，新发展时期机遇与挑战并存，公司集团发挥协同创新优势，努力推动高质量发展，必将为中国经济的发展再创辉煌。

但与公司集团蓬勃发展的经济现状不相匹配的是，我国《公司法》一直未将公司集团纳入调整范围，对公司集团的相关规定近乎空白，学界关于公司集团的理论研究与立法建议也少之寥寥，不能为公司集团的发展提供充分的制度保障，更不足以为公司集团纠纷的解决提供充分的理论依据。邓峰教授曾统计过自 2018 年以来对《公司法》修改提出立法建议的论文，其中关于公司集团的仅有 3 篇，占比 2.3%。[1]而全国人民代表大会常务委员会法制工作委员会（以下简称"全国人大法工委"）先后发布的两稿公司法《修订草案》，也都没有积极回应公司集团的立法问题。不过，在本次《公司法》重大修改的讨论中，还是有很多学者关注到了现代各国《公司法》改革与公司类型变革的内在关系，提出了在公司组织形式变革的市场条件下提升《公司法》经济适应性的修法意见，倡导对《公司法》进行结构性改革，"重构公司类型"[2]"确立差异化的功能定位和制度设计，实现立法体系再造和基础制度的更新"。[3]虽然对于不同类型公司应如何进行差异化制度安排这一问题，仁者见仁，智者见智，但有效地规制公司集团也被认为是"公司法现代化的重要标志之一"，本次修改《公司法》也被认为"是引入、建立、健全公司集团制度的极好机会。"[4]

---

〔1〕 参见邓峰："修订公司法，不如退而结网"，载 https://news.caijingmobile.com/article/detail/451698? sourceid＝40，最后访问日期：2023 年 7 月 6 日。

〔2〕 王建文："论我国公司类型的重构"，载《山西大学学报（哲学社会科学版）》2021 年第 4 期。

〔3〕 参见冯果："整体主义视角下公司法的理念调适与体系重塑"，载《中国法学》2021 年第 2 期。

〔4〕 朱慈蕴："论中国公司法本土化与国际化的融合——改革开放以来的历史沿革、最新发展与未来走向"，载《东方法学》2020 年第 2 期。

　　我国公司立法与理论研究对公司集团制度关注度低的现状，与世界范围内公司集团立法与研究的状况基本一致。在世界范围内，对是否建立公司集团制度也存在较大的理论争议。因对"公司的性质及目的"的不同理解，欧洲国家出现了以"分离实体"理论与"企业法"理论为代表的两大对立阵营，前者以英国为代表，坚持以公司人格独立原则为基础的"实体法"立法模式，不认可公司集团有独立的法律地位，对公司集团立法持消极态度；后者以德国为代表，不但认可公司集团的法律地位，而且系统性构建了公司集团治理规范和法律责任制度。这两种立法理念不同程度地影响到了其他国家和地区的立法。比如，我国在1993年建立公司制度时，就主要借鉴了"实体法"模式，以"单一公司"为模板建立了公司制度，未将公司集团纳入调整范围，司法机关因此也长期习惯于将公司集团"解析"为一个个独立的法人来看待。但是，现代公司集团的普遍存在与迅猛发展，对传统公司法所坚持的"人格独立""股东平等""有限责任制度""资本多数决"等基本原则和基础制度提出了深刻的挑战，各国各地区的公司法都在进行着适应性改革。比如，即便是最保守的英国公司法，也早在1985年就规定了"母子公司"定义，并在1989年进一步完善了母子公司的认定标准，还发展出了"影子董事"制度，将公司集团的控制权行使纳入公司治理结构。在沿袭了"实体法"模式的澳大利亚，也在其公司法中建立了母公司对破产子公司的连带责任制度。同样是沿袭了"实体法"模式的美国，则吸收了"团体法"思想发展出"单一商业体"理论，在实体法基础上创造了实质合并破产、双重代表诉讼等制度，将公司法的调整范围由单一公司拓展至关联企业与公司集团。

　　我国为遏制关联企业及公司集团发展背景下控股股东、实际控制人滥用权利损害公司及债权人利益的现象，在2005年《公司法》修订中吸收了法人人格否认制度，并在"附则"中规定了"控股股东""实际控制人""关联关系"的定义，但是并没有将公司集团纳入《公司法》调整范围，也没有将控股股东、实际控制人控制权的行使纳入公司治理结构。近年来，与公司集团有关的"人格否认""关联交易""合并破产"等案件数量逐年增加，而由于公司集团控制关系的复杂性，以及相关司法解释和裁判文件中规定的"人格混同""过度支配与控制"等认定标准的模糊性，对这些案件的处理经常陷入困境。如果严格适用公司人格独立原则和权利禁止滥用原则，则可能宽泛适用法人人格否认制度，打击公司集团发展积极性；而如果忽视公司集团中成员公司的人格界限，则于法无据，更可能放任控股股东、实际控制人滥用控制权。如何在鼓励公司集团发展与维护成员公司及债权人权益之间找到平衡点，成为当前公司立法迫切需要解决的实际问题。而我国公司股权高度集中，公司集团化现象普遍，实际控制人事实上掌握着公司集团和关联企业的控制权，形成"事实上的控制"。这种"事实上的控制"长期没有被纳入公司治理结构，导致控制权滥用现象不能得到根治。因此，接受法律上的公司人格独立与公司集团事实上的人格不独立的矛盾现实，正确认识控股股东、实际控制人控制权行使在我国公司治理中的意义，将公司集团纳入《公司法》调整范围，将"事实上的控制"转化为"法律上的控制"，[1]是解决我国公司治理困境的关键步骤。

在我国建立公司集团法律制度，也需要回答几个根本性问题：一是公司集团的法律地位如何？二是我国公司集团制度采取哪种立法模式？三是如何判断公司集团的控制关系？四是如何构建公司集团治理规范？五是如何实现公司集团内外部利益相关者的利益平衡？本书以此为主线，在总结国内外公司集团发展现状的基础上，对比不同的立法理念与立法模式，提出我国公司集团立法的基本思路：首先，在延续"实体法"模式的基础上，补充公司集团相关规定，尤其是增加公司集团、母子公司和控制权定义，增加控制与从属关系的认定标准，建立公司集团的基础组织规范，并以是否进行了登记为标准对公司集团进行分类规制，建立集团章程备案制度，引导公司集团透明化经营，减少利用隐蔽的关联企业群欺诈债权人的恶意经营行为。其次，将控制权规制纳入公司治理结构，在认可公司集团控制权合法性、支持公司集团"统一管控"治理模式的前提下，将控股股东、实际控制人的控制权纳入公司治理结构，建立控股股东、实际控制人诚信义务制度，加强公司集团中利益相关者权益的保护。同时，限制法人人格

---

[1] 参见赵旭东："公司治理中的控股股东及其法律规制"，载《法学研究》2020年第4期。

否认制度在公司集团的宽泛适用，建立关联交易程序公平与实质公平的判断标准。最后，纠正目前立法与司法中对控制权"只堵不疏"的局面，建立股东权穿越行使规则、类别股份制度与股东董事制度，为公司集团控制权的依法合规行使开辟路径，建立健全鼓励公司集团发展的法治化营商环境。

目 录
CONTENTS

第一章 公司集团的发展状况与立法模式 …………………… 001

　一、公司集团的法理缘起与发展状况 …………………… 001

　（一）公司集团的法理缘起 …………………… 001

　（二）国外公司集团的发展状况 …………………… 004

　（三）我国公司集团的发展状况 …………………… 007

　二、公司集团法的理论基础与立法模式 …………………… 010

　（一）"分离实体"理论与"实体法"立法模式 …………………… 011

　（二）"企业法"理论与"团体法"立法模式 …………………… 012

　（三）"单一商业体"理论与"企业法"立法模式 …………………… 013

　（四）对三种立法模式的比较分析 …………………… 015

　三、影响公司集团立法模式选择的因素 …………………… 017

　（一）股权结构 …………………… 018

　（二）政治经济背景 …………………… 020

　（三）立法成本 …………………… 022

　（四）经济效益 …………………… 023

第二章 我国公司集团的立法现状 …………………… 025

　一、我国公司集团的立法沿革 …………………… 025

　（一）公司集团立法的萌芽阶段 …………………… 025

　（二）对控股股东、实际控制人进行直接规制的阶段 …………………… 027

二、我国公司集团立法、司法存在的问题 ·············· 031

（一）"一边倒"地强化追责机制，忽视公司集团的权利保障 ·············· 031

（二）未将公司集团"事实上的控制"转化为"法律上的控制" ·············· 033

（三）宽泛适用公司法人人格否认制度，影响公司集团发展 ·············· 036

第三章 我国公司集团的立法选择 ·············· 040

一、公司集团的立法原则 ·············· 040

（一）"区分性"原则 ·············· 040

（二）"本土化"原则 ·············· 043

二、公司集团的立法模式 ·············· 044

（一）"合并式"与"分离式"模式的选择 ·············· 044

（二）"实体法""团体法"与"单一商业体"模式的选择 ·············· 048

三、公司集团的法律定位 ·············· 052

（一）公司集团的性质 ·············· 052

（二）公司集团的特征 ·············· 054

（三）公司集团的类型 ·············· 055

第四章 公司集团的控制权规制 ·············· 059

一、控制权规制的意义 ·············· 059

二、控制权的性质 ·············· 060

三、"控制"的认定 ·············· 062

（一）国外立法例考察 ·············· 062

（二）我国的立法经验 ·············· 065

四、控制权的判断 ·············· 066

（一）控制权的核心要素是"支配性影响" ·············· 066

（二）控制权不以主观控制意图为要件 ·············· 067

（三）控制权不以实施控制行为为要件 ·············· 068

　　五、控股股东与实际控制人的认定 ………………………………… 069

　（一）控股股东的认定 …………………………………………… 069

　（二）实际控制人的认定 ………………………………………… 070

　（三）控股股东与实际控制人的法律地位 …………………… 071

　　六、控制权规制的立法思考 …………………………………………… 074

　（一）将控制权规则纳入公司集团治理结构 ………………… 074

　（二）审慎建立公司集团民事责任制度 ……………………… 078

　（三）构建弱势股东利益保护机制 …………………………… 083

　（四）限制"法人人格否认制度"的宽泛适用 ……………… 087

第五章　控股股东与实际控制人的法律义务 ………………… 089

　　一、控股股东与实际控制人法律义务的理论基础 ………………… 089

　　二、控股股东、实际控制人法律义务的立法例 …………………… 092

　（一）控股股东的诚信义务制度 ……………………………… 093

　（二）"事实董事""影子董事"制度 ………………………… 096

　（三）直索责任制度 ……………………………………………… 098

　　三、我国对控股股东、实际控制人规制的路径选择 ……………… 099

　（一）"股东权禁止滥用"原则的局限性 …………………… 100

　（二）"事实董事""影子董事"制度的局限性 …………… 105

　（三）建立控股股东、实际控制人诚信义务制度的合理性 …… 106

　　四、控股股东、实际控制人诚信义务的内涵 ……………………… 109

　（一）忠实义务的内涵及衡量标准 …………………………… 109

　（二）注意义务的内涵及衡量标准 …………………………… 120

第六章　控制权"穿越"行使制度 ……………………………… 125

　　一、控制权"穿越"行使的理论基础 ……………………………… 125

　　二、表决权的"穿越"行使 ………………………………………… 130

　（一）国外立法例研究 ………………………………………… 130

（二）我国的"穿透式"行政监管制度 ……………………… 131

（三）表决权穿越规则的构建 ………………………… 134

三、查阅权的"穿越"行使 ………………………… 136

（一）理论基础与国外立法比较 ………………………… 136

（二）我国股东查阅权的立法与司法现状 ……………… 139

（三）查阅权穿越行使的适用条件 …………………… 140

四、诉权的"穿越"行使——双重代位诉讼制度 ……… 142

（一）双重代位诉讼制度的意义 ………………………… 142

（二）我国双重代位诉讼制度的完善 …………………… 144

第七章 公司集团的类别股份制度 ………………………… 147

一、类别股份制度的意义 ………………………… 147

二、类别股份的范围 ………………………… 149

三、我国类别股份制度的立法选择 …………………… 150

（一）立法现状 ………………………… 150

（二）立法选择 ………………………… 153

四、优先股制度 ………………………… 158

（一）我国优先股制度的立法现状 …………………… 158

（二）我国优先股立法存在的问题 …………………… 159

（三）优先股制度的立法完善 ………………………… 164

五、国家特殊管理股制度 ………………………… 168

（一）域外的"金股"制度 ………………………… 168

（二）我国特殊管理股制度的完善 …………………… 170

六、特别表决权股 ………………………… 173

（一）特别表决权股的含义 ………………………… 173

（二）特别表决权股的行使 ………………………… 174

第八章　公司集团的股东董事制度 ⋯⋯⋯⋯⋯⋯⋯⋯⋯⋯ 179

　一、我国股东董事的实践问题 ⋯⋯⋯⋯⋯⋯⋯⋯⋯⋯⋯⋯⋯ 179

　（一）董事提名权问题 ⋯⋯⋯⋯⋯⋯⋯⋯⋯⋯⋯⋯⋯⋯⋯⋯ 179

　（二）"双头董事会"问题 ⋯⋯⋯⋯⋯⋯⋯⋯⋯⋯⋯⋯⋯⋯ 180

　（三）股东董事的撤换问题 ⋯⋯⋯⋯⋯⋯⋯⋯⋯⋯⋯⋯⋯⋯ 180

　（四）派出股东与股东董事的责任分配问题 ⋯⋯⋯⋯⋯⋯ 182

　（五）股东董事对其他董事的法律义务问题 ⋯⋯⋯⋯⋯⋯ 182

　二、我国建立股东董事制度的必要性 ⋯⋯⋯⋯⋯⋯⋯⋯⋯ 183

　三、股东董事的提名与解聘 ⋯⋯⋯⋯⋯⋯⋯⋯⋯⋯⋯⋯⋯⋯ 186

　（一）提名权的性质 ⋯⋯⋯⋯⋯⋯⋯⋯⋯⋯⋯⋯⋯⋯⋯⋯⋯ 186

　（二）股东提名的方式与程序 ⋯⋯⋯⋯⋯⋯⋯⋯⋯⋯⋯⋯ 187

　（三）股东董事的更换及解聘 ⋯⋯⋯⋯⋯⋯⋯⋯⋯⋯⋯⋯ 189

　（四）小股东提名权的保护 ⋯⋯⋯⋯⋯⋯⋯⋯⋯⋯⋯⋯⋯⋯ 190

　四、股东董事的信息披露 ⋯⋯⋯⋯⋯⋯⋯⋯⋯⋯⋯⋯⋯⋯⋯ 192

　五、派出股东与股东董事的责任重构 ⋯⋯⋯⋯⋯⋯⋯⋯⋯ 193

　六、国企集团外部董事制度 ⋯⋯⋯⋯⋯⋯⋯⋯⋯⋯⋯⋯⋯⋯ 197

　（一）外部董事的性质 ⋯⋯⋯⋯⋯⋯⋯⋯⋯⋯⋯⋯⋯⋯⋯⋯ 197

　（二）我国外部董事制度的特点 ⋯⋯⋯⋯⋯⋯⋯⋯⋯⋯⋯ 200

　（三）我国外部董事制度的完善 ⋯⋯⋯⋯⋯⋯⋯⋯⋯⋯⋯ 202

主要参考文献 ⋯⋯⋯⋯⋯⋯⋯⋯⋯⋯⋯⋯⋯⋯⋯⋯⋯⋯⋯⋯ 210

第一章

公司集团的发展状况与立法模式

一、公司集团的法理缘起与发展状况

(一) 公司集团的法理缘起

"公司是社会的产物和组成部分。"[1]公司在产生之初乃依事实而存在，后因公司法人制度的建立而得到各国法律的确认，并经商业活动的反复检验，逐步演变为当今世界最普遍的商事组织形式。[2]而公司组织形式的变革，也成为公司法改革与发展的动力源泉。尤其是进入 20 世纪以来，公司立法并未如很多学者所预期的那样走向全球"一体化"的结果，反而朝着创新性、竞争性与包容性并存的多元化趋势发展，其中公司组织形式的多元化对公司立法的多元化发展产生了深刻的影响。学者的研究发现，不论立法者与学者对公司制度的趋同论或多元论持怎样针锋相对的意见或态度，在公司组织形态改革方面都超乎寻常地达成一致，认为各国和各地区应竭力调整与创新公司组织形态，为投资者提供多样化的选择，并根据不同公司形态及利益结构的导向，改善公司治理结构以平衡公司各方参与者的利益关系。[3]

在公司组织形式的发展变化中，由"原子式"单一公司向"复合式"公司集团的发展，是公司发展史上的跨越式质变，由此公司从商海中的一

---

〔1〕 [英] 珍妮特·丹恩：《公司集团的治理》，黄庭煜译，北京大学出版社 2008 年版，第 1 页。

〔2〕 参见赵忠奎、周友苏："整合与扩容：公司组织形态变革的本土路径"，载《社会科学研究》2021 年第 1 期。

〔3〕 参见周友苏、李红军："现代化视野下中国公司法改革前瞻——以公司形态调整为主线"，载《社会科学》2012 年第 4 期。

叶小舟成长为巨型航母，凭借"统一管理、协调发展"的竞争优势，迅速成为行业和区域经济的"领头羊"。反观公司由小变大、由单一公司向公司集团的发展轨迹，清晰可见公司组织形式变化对公司制度革新的推动力。以单一公司为调整对象的近代公司法建立了以"人格独立"和"有限责任"两大基本原则为基石的公司法人制度。人格独立原则分离了公司与股东的人格、财产及风险，"有限责任制度"使股东以有限责任的优惠丧失了对公司财产的所有权，但能透过股权而享有剩余索取权，成为公司的"终极所有权人"。在公司治理结构上，公司法建立了股东剩余索取权与控制权的比例平衡机制，将股东的表决权与控制权挂钩。按照"一股一权""资本多数决"的表决权行使规则，股东拥有的表决权数与其所持股份数成正比，掌握公司剩余索取权越多的股东，对公司的控制力越强，公司治理结构体现为"股东会中心主义"的立法结构，而公司治理的主要矛盾是解决大股东与小股东之间的矛盾。然而，进入 20 世纪以来，公司的规模化发展导致股东人数的增加和股权的分散，大规模公司甚至出现股东所有权与控制权实质分离的情形。伯利与米恩斯的研究发现，公司股权分散度越高，"控制权的向心力反应"与"剩余索取权的离心力反应"现象越明显，[1]不但控股股东仅凭借少数股权就可以控制公司，甚至出现控制权向少数公司管理层手中集中，而股东最终丧失公司控制权的现象。[2]伯利与米恩斯由此提出了著名的现代公司治理命题：公司治理要解决的主要矛盾不再是大小股东之间的矛盾，而是股东与管理层之间的矛盾，建立"董事会中心主义"的公司治理结构，放大董事会职权，强化董事、高级管理人员的信义义务成为现代公司制度的标志。伯利与米恩斯的著名论断被美国法所吸收，成为现代公司立法的典范，被很多国家和地区所效仿。公司治理立法模式由"股东会中心主义"向"董事会中心主义"的转变，归根到底是公司组织形

---

〔1〕 在这种情况下，经济权力，即对于实际资产的控制权，陷入既有向心力（ownership force）反应，即具有逐渐集中于少数公司经营层掌管的倾向。与此同时，剩余索取权是离心的（centrifugal），有被再次分割的倾向，只是其逐渐分裂为小单位而自由的转让。See Adolf A. Berle, Cardiner C. Means, *The Modern Corporation and Private Property*, Routledge, 1963, p. 3.

〔2〕 参见［美］阿道夫·A. 伯利、加德纳·C. 米恩斯：《现代公司与私有财产》，甘华鸣等译，商务印书馆 2005 年版，第 6 页。

式由小变大、股权由集中向分散变化的结果。

不过，股东终究是市场经济中最活跃的"理性人"。作为公司的"终极所有权人"，"利益最大化"是股东设立公司的初衷，控制权所蕴含的巨大控制利益也让股东不甘心割裂剩余索取权与控制权的纽带，将公司控制权拱手让给管理层。公司控制权由股东掌握，有利于股东巩固其在公司中的核心地位与领导力，并取得远高于股权比例的投资回报，也有利于公司减少代理成本并提升决策效率。因此，控制权博弈是股东经济理性的体现，也是公司治理永恒的话题。现代公司中，股东控制权博弈有两种主要方式，一是在公司组织形式不变的情况下，通过改变股权结构来建立有利于强化股东控制权的表决机制。比如，现代高科技公司中出现的超额表决权等差异化表决权机制，就是强化创始股东控制权的制度创新。二是改变公司组织形式，彻底突破现行公司法律制度的限制，其中最为典型的例证就是建立"嵌套"式或称"金字塔"式的公司集团。公司集团的"金字塔"式结构，由层层嵌套的股权控制关系组成，处于"金子塔"顶尖的公司因控股关系而掌握下一层公司的控制权，下一层公司再因控股关系而掌握再下一层公司的控制权，依此类推，使得控股股东掌握各层级公司的控制权，也使得处于"金字塔"顶尖的集团母公司可凭借其极小的出资而最终控制庞大的公司集团财产。可以说，公司集团层层嵌套的股权控制结构，空前放大了集团母公司的控制权，强化了控股股东、实际控制人在公司集团治理中的地位和作用。在公司集团的组织结构中，每一个成员公司均保持了独立法人地位，股东也遵循剩余索取权权与控制权的比例平衡原则参与公司治理，公司治理结构完全符合公司法人制度的要求，就是一种"法律上的控制"。但是，纵观整个公司集团，可以发现经由"法律上的控制"而建立起来的层层嵌套的公司组织结构，最终搭建了一个由母公司"统一管控"的集团治理结构。在这种治理结构下，集团利益是母子公司一致行动的目标，母公司是集团战略的决策者，其凭借控制权可以左右子公司的意志，而董事是股东的代表，在作出经营决策时听命于背后的股东。所以，公司在法律上的人格独立与公司集团事实上的人格不独立、董事在法律上的独立性与在公司集团中事实上的不独立形成鲜明的反差，公司集团事实上形成了控股股东、实际控制人治理的新格局，"董事会中心主义"的立法模式，在"控股股东、实际控制人中心主义"的公司治理现实面前显得苍白无力。可以说，公司集团的组织结构是股东巧妙利用公司法人制度的安排夺取控制权的杰作。公司集团的出现，成功实现了公司控制权由董事向控股股东、实际控制人的"反转"，是股东控制权博弈的一场翻身之仗。

但是，公司集团的出现也对公司法提出了全新的挑战。在公司集团的组织形式下，有限责任制度为公司集团所利用，不但无法发挥维护公司人格独立性的作用，而且反过来成了股东滥用权利逃避债务的工具。实践中，公司集团利用关联交易在母子公司之间进行利益输送和资产转移，很多都是在利用"有限责任"特权欺诈债权人。另外，资本多数决原则也被公司集团利用，成为公司集团落实统一管控的工具。集团母公司利用其层层嵌套的控股结构，凭借表决权的多数将集团战略自上而下地一以贯之，最终形成集团母公司统一管控的"事实上的控制"。由公司集团控制权使然，公司集团中的控股股东与弱势股东的地位也是不平等的，弱势股东通常只能依附于控股股东，无法对控制权滥用形成有效的制约与监督。可以说，公司集团对公司法人制度提出了釜底抽薪式的挑战，很大程度上颠覆了传统公司法的价值理念。但是尽管如此，公司集团因其低成本、高效率的管理与决策优势和资源共享、协同发展的结构性优势，事实上取代了单一公司成为市场经济中最活跃、最具竞争力的公司组织形式。公司集团蓬勃发展的经济现实与公司立法严重滞后的矛盾已不可回避，如何顺应经济发展，建立有利于公司集团发展并能有效保护利益相关者合法权益的公司集团法律制度，是现代公司法必须面对的问题。

（二）国外公司集团的发展状况

越来越多的学者研究发现，伯利与米恩斯关于现代公司"所有权与控制权的实质分离"论断仅在少数资本市场发展充分的发达国家得到了验证，大量欧亚国家则是采取了家族控制或国有控股的公司集团组织结构，公司实际控制权始终掌握在控股股东手中。控股公司的出现一般受下列因素的影响：（1）投资者保护体系的影响。总的来讲，投资者保护体系健全的国家，严格规制公司法律行为，所以股权分散居多；在投资者保护体系不健全的国家，由于放松公司管制，所以股权集中居多。[1]股权分散型公司在投资者保护好与差的国家中所占的比例分别为48%和27%。[2]（2）市场流通性的影响。市场流通性带动股权的移转，是股权变动的润滑剂。如果一国市场交易体制健全，则大股东可以通过转让股票，从高额的控制权转让溢价（voting-premium）中获利，少数股东也可搭便车使手中的股票增值，所以股权结构呈分散状态；如果市场交易体制不完善，丧失控制权意味着丧失可观的控制利益，所以大股东会不惜一切保住控制权。这些国家的股权结构多呈集中型。（3）公司规模的影响。公司越小，控股现象越明显。[3]La Porta et al（1999）曾将终极控股公司分为四类：家族（family or individual）、国家（state）、财团和股权分散的公司（financial institutions & widely-held corporations）、其他（miscellaneous）。学者研究发现，家族控股的公司集团比重最高。[4]不过，澳大利亚70%的大公司、新加坡45%的大公司、以色列和意大利40%的大公司则是国家控股。[5]另外，Claessens et al（2000）对2980家东亚公司的调查结果显示，2/3的东亚公司由一个控股公司控制，通常是家族控股。而且，为数不多的几个家族控制了该地区大部分的公司财产。以印度尼西亚和菲律宾为例，两国的前十大家族掌握了全国过半的公司

---

〔1〕 See Tatiana Nenova, "The Value of Corporate Votes and Control Benefits: A Cross-Country Analysis", *Journal of Financial Economics*, Vol. 68, No. 3., 2003, pp. 325–351. Downloads from http://ssrn.com/abstract=237809, 最后访问日期：2003年6月5日。

〔2〕 See La Porta, Lopez-de-Silanes, Shliefer, "Corporate Ownership Around the World", *The Journal of Finance*, Vol. 54, No. 2., 1998 Downloads from http://ssrn.com/abstract=103130, 最后访问日期：2003年8月1日。

〔3〕 See La Porta, Lopez-de-Silanes, Shliefer, "Corporate Ownership Around the World", *The Journal of Finance*, Vol. 54, No. 2., 1998 Downloads from http://ssrn.com/abstract=103130, 最后访问日期：2003年8月1日。

〔4〕 See Mara Faccio, Larry H. P. Lang, "The Separation of Ownership and Control: An Analysis of Ultimita Ownership in Western European Corporations", *SSRN Electronic Journal*, Vol. 65, 2000, Downloads from http://ssrn.com/abstract=222429, 最后访问日期：2003年7月12日。

〔5〕 See La Porta, Lopez-de-Silanes, Shliefer, "Corporate Ownership Around the World", *The Journal of Finance*, Vol. 54, No. 2., 1998, Download from http://ssrn.com/abstract=103130, 最后访问日期：2003年8月1日。

财富（分别为 57.7% 和 52.5%）。[1] Mara Faccio，Larry H. P. Lang（2001）对欧洲五国的考察也得出类似的结论。此外，欧亚国家的家族控股还呈现少数家族控制多数公司财富的特点。在西欧，最大的家族在全国资本市场总值中所占的比重分别是：意大利 10.40%、法国 5.94%、德国 5.43%、西班牙 1.66%、英国 1.10%；前十大家族控制的公司财富的比重分别为：法国 29.18%、德国 21.29%、意大利 20.18%、西班牙 10.92% 和英国 4.85%。在亚洲，最大的家族在全国公司财产总值中所占的比重分别是：菲律宾 17.1%、印度尼西亚 16.6%、韩国 11.4%、其他国家 4%~9.4%、日本 0.5%；前十大家族控制的公司财富的比重分别为：印度尼西亚 57.7%、菲律宾 52.5%、其他国家 18.4%~46.2%、日本 2.4%。[2] 在同为英美法系国家的澳大利亚，实证考察也得出类似的结果。在 Asjeet lamba，Geof Stapledon（2001）考察的 240 家公司中，有 72% 的样本公司有持股超过 10% 的控股公司；52% 的公司有持股超过 20% 的控股公司。另外，16% 的公司有绝对控股公司（持股 50% 以上）。[3] Ian M Ramsay，G P Stapledon 在考察了澳大利亚排名前 500 位的上市公司后发现，每个上市公司平均控制 28 家从属公司（最多的是 News Corporation Ltd.，控制 778 家从属公司），90% 以上的从属公司都是全资控股公司（即 11 779 家从属公司中的 10 612 家）。[4] Mara Faccio，Larry H. P. Lang 分析了法国、德国、英国、意大利和西班牙五国 20 家

---

〔1〕 See Clifford G. Holderness，"A Survey of Blockholders and Corporate Control"，*Economic Policy Review*，Vol. 9，No. 4.，2003，pp. 51-64. Downloads from http://ssrn. com/abstract = 281952，最后访问日期：2003 年 9 月 12 日。

〔2〕 See Mara Faccio，Larry H. P. Lang，"The Separation of Ownership and Control：An Analysis of Ultimate Ownership in Westen European Corporation"，*SSRN Electronic Journal*，Vol. 65，2000. Stijn Claessens，Simeond D. Djankov，Larry H. P. Lang，"The Separation of Ownership and Control in East Asian Corporations"，*Journal of Financial Economics*，Vol. 58，No. 1-2.，2000，pp. 81-112. Downloads from http://ssrn. com/abstract = 206448，最后访问日期：2003 年 9 月 12 日。

〔3〕 See Asjeet Lamba，Geof Stapledon，"The Determinants of Corporate Ownership Structure：Australian Evidence"，*Pacific-Basin Finance Journal*，Vol. 5，No. 3.，1997，pp. 301-323. Downloads from http://ssrn. com/abstract = 279015，最后访问日期：2003 年 5 月 2 日。

〔4〕 See Ian M Ramsay，G P Stapledon，*Corporate Groups in Australia*，the University of Melbourne，Public Law and Legal Theory Working Paper No. 26，2002. Downloads from：https://ssrn. com/abstract = 286116，最后访问日期：2003 年 7 月 1 日。

大公司、50 家中等规模公司和 50 家小公司后发现，在样本公司中，大公司较小公司更趋于分散控制。如果对小公司限定更严格一点，会发现小公司通常都有控股公司，尤其在股权保护差的国家。[1]

（三）我国公司集团的发展状况

"股权高度集中"也是我国公司的普遍特征。深圳证券交易所 2020 年报告统计显示，在 2423 家上市公司中，第一大股东平均持股比例达到 30%，且 67.6% 的主板公司、62.02% 的中小板公司和 61.43% 的创业板公司都是单一控股股东公司。[2]有学者针对 2007～2019 年经中国证券监督管理委员会（以下简称"证监会"）核准并在沪深两地证券交易所成功上市的全部上市公司进行了实际控制人的分布统计，发现具有实际控制人的发行人家数平均占比为 97.71%，在其余无实际控制人的公司中，除去国家金融管制政策限制股权高度集中的金融类公司外，实质上无实际控制人的上市公司占比仅 1.48%，且绝大部分上市公司的实际控制人可归类为单一的自然人或者国资性质。[3]

我国公司因所有制性质不同而有国企与民企的区别。国企集团脱胎于计划经济下的全民所有制企业，在改革开放初期经由股份制改造而采用了公司集团的组织形式，迄今已经发展成为我国国民经济的主导力量。国企集团按照国有资产监管体制的政策要求，通过层层控股形成了典型的"金字塔"控制结构。党的十八大以来，随着"全面深化国企改革"政策的落地生根，我国国企的公司治理结构不断优化，活力得到极大释放，国际竞争力大幅提升。2019 年，国家启动"国企改革三年行动方案"，在重点关键产业领域加快布局优化调整，强化龙头企业的产业引领作用，全方位、深层次、大范围推进战略性重组和专业化整合。截至 2022 年，国企全面完成

---

〔1〕　See Mara Faccio, Larry H. P. Lang, "The Separation of Ownership and Control: An Analysis of Ultimita Ownership in Western European Corporations", *SSRN Electronic Journal*, Vol. 65, 2000. Downloads from http://ssrn.com/abstract=222429, 最后访问日期：2002 年 9 月 1 日。

〔2〕　参见"深市上市公司 2020 年报实证分析报告"，载 http://www.szse.cn/aboutus/trends/news/P020210507382722162454.pdf，最后访问日期：2022 年 9 月 1 日。

〔3〕　参见郑彧："论实际控制人的法律责任：公法的路径依赖与私法的理念再生"，载《财经法学》2021 年第 3 期。

公司制改制，从法律上、制度上使企业独立市场主体地位得以确立，国企集团董事会制度改革也取得重大成果。在混合所有制改革中，中央企业和地方国有企业中混合所有制企业户数占比分别超过70%和54%。在经济效益上，截至2021年底，全国国资系统监管企业资产总额达到259.3万亿元，比2012年底增长2.6倍，年均增长15.4%；其中，中央企业资产总额为75.6万亿元，比2012年底增长141.1%，[1]连续跨越40万亿元、50万亿元、60万亿元、70万亿元四个大关。在优化布局、高质量发展上，先后有26组47家央企按市场化原则实施重组整合，[2]聚焦主责主业，加快调存量、优增量，推进布局优化和结构调整。总之，从改革开放初期至今，国家一直致力于全面深化国企改革，在实施了股份制改造、整体上市、重组、并购等一系列重大措施后，国企集团基本完成了从资源整合到产业的转型升级。2022年，国企改革三年行动实现高质量圆满收官，在形成更加成熟更加定型的中国特色现代企业制度和以管资本为主的国资监管体制上取得了明显成效。

与国企集团不同，我国民营集团建立在血缘、亲情、友情关系基础上，实际控制人通常为自然人。民企集团的组织形式较为灵活，既有"金字塔"结构的公司集团（比如阿里巴巴、京东、滴滴等现代化高科技企业，由集团总部与各级子公司组成），也有组织结构较为松散的"关联企业群"（由共同的实际控制人所控制的若干关联公司组成），各关联企业之间交叉任职、相互持股现象也较为普遍。总体而言，我国民企集团化的发展符合我国市场经济的发展规律。据中信银行私人银行与胡润研究院联合发布的《2018中国企业家家族传承白皮书》的研究，民营家族企业第一代企业家以60后居多，平均年龄55岁，[3]说明我国多数民营企业是沐浴着改革开放的

---

〔1〕 参见杨父佳：《全国国资系统监管企业资产总额达259.3万亿元比2012年底增长2.6倍年均增长15.4%》，载 https://www.ccdi.gov.cn/yaowenn/202206/t20220617_199918.html，最后访问日期：2023年7月9日。

〔2〕 参见杜雨萌：《中国这十年完成26组47家央企重组，新组建、接收9家中央企业，年均投入研发经费增速超10%》，载 https://www.zqrb.cn/flnance/hongguanjingji/2022-06-17/A1655440619201.html，最后访问日期：2023年7月9日。

〔3〕 参见《2018中国企业家家族传承白皮书》，载 https://www.hurun.net/zh-CN/Info/Detail?num=F87B646B60DT，最后访问日期：2023年7月6日。

春风、伴随着中国特色社会主义市场经济的建设而发展壮大起来的。我国传统意义上的民企集团主要为家族企业。有研究表明，在有限责任公司中，我国企业的投资合作更多地发生在具有私人关系和家族或准家族关系的人之间，因而家族型企业占了很大比例。[1]2020 年中国社科院的一份抽样调查报告显示，家族企业在中国整体民营上市公司中占比高达 87.4%。[2]相关统计显示，截至 2019 年年底，中国有逾 2700 万家民营企业，其中超过 80%为家族企业。[3]"2021 全球家族企业 500 强"榜单中，我国也有 32 家家族企业上榜。习近平总书记在"民营企业座谈会上的讲话"中指出，我国民营经济具有"五六七八九"的特征，即贡献了 50%以上的税收，60%以上的国内生产总值，70%以上的技术创新成果，80%以上的城镇劳动就业，90%以上的企业数量。另据中华全国工商业联合会（以下简称全国工商联）发布的《2022 中国民营企业 500 强调研分析报告》，在"放管服"与"大众创业，万众创新"政策作用下，民营企业不但积极投身社会主义市场经济建设，而且积极参与国家重大决策部署，其中有 348 家企业参与乡村振兴战略，378 家参与了区域协调发展战略，186 家参与了混合所有制改革。[4]2022 年《财富》杂志对中国（不包含港澳台地区）国企和民企进行比较：2022 年有 86 家国企上榜世界 500 强，平均营业收入 923 亿美元，营业利润 39.5 亿美元，总资产 4153 亿美元，净资产 508 亿美元。与此同时，上榜的 50 家民企这四个数字分别为 614 亿美元、44.2 亿美元、2608 亿美元和 349 亿美元。根据这些数据，可以计算出上榜民企的销售收益率是 7.2%，总资产收益率是 1.7%，净资产收益率是 12.7%。上榜国企的三个指标则分别为 4.3%、0.95%和 7.8%。显然，上榜民企的经营状况优于国企，盈利能力强

---

〔1〕　参见张学文："封闭式公司中的股东信义义务：原理与规则"，载《中外法学》2010 年第 2 期。

〔2〕　参见北京证监局课题组："上市公司控股股东和实际控制人违法行为的原因探析与制度完善"，载《财务与会计》2021 年第 11 期。

〔3〕　参见"普华永道：超八成中国内地家族企业暂无继任承计划"，载 https://finecnce.sina.com.cn/tech/2021-05-25/doc-ikmxzfmm4588018, shtml，最后访问日期：2023 年 7 月 6 日。

〔4〕　参见全国工商联经济服务部："2022 中国民营企业 500 强调研分析报告"，载 http://www.acfic.org.cn/ztzlhz/2022my5bq/2022my5bq_4/202208/t20220830_111966.html，最后访问日期：2023 年 7 月 6 日。

于国企。[1]

总之，改革开放以来我国坚持发展中国特色社会主义市场经济，不但平稳实现了国企的改制与转型升级，更空前壮大了民企的力量。尤其是党的十八大以来，我国国企发生了根本性、转折性、全局性的重大变化，国有经济竞争力、创新力、控制力、影响力、抗风险能力明显增强，服务支撑国民经济持续健康发展、助力实现高水平科技自立自强的作用更加彰显。我国的民企也已经成为中国经济结构中最活跃、最富有创造力、最具竞争力的经济成分，它们已经走在中国经济发展方式转变的前列，成为中国在世界的名片。[2]不论国企还是民企，"规模化、集团化"发展趋势已经成为新时期我国企业的主要竞争格局与发展态势，公司集团不但是大型企业最具代表性的组织形态，更在市场经济中发挥了国民经济的"基本盘"、产业升级的"领跑者"、经济运行的"晴雨表"的功能与作用。[3]

二、公司集团法的理论基础与立法模式

在公司集团普遍采纳的"金字塔"组织架构中，母公司能巧妙利用公司人格独立原则与有限责任制度的局限性，在实现控制权"穿越"行使的同时，逃避对成员公司债权人的责任。因而，公司集团从诞生那天起，就对传统公司法律制度提出了尖锐的挑战。然而，对于在法律上应如何看待公司集团的法律地位、公司集团是一个"独立的法律实体"还是一个"单一经济单元"、对其应采取鼓励还是限制的立法态度、是否有必要进行专门立法等问题，理论上一直存在争论，司法态度也反反复复，莫衷一是。从西方国家的公司法发展来看，公司集团的立法态度与立法模式受到公司法理论的深刻影响。基于对"公司的性质及目的是什么"这一根本问题的不同理解，形成了三种不同的理论学说与立法体例：

---

[1] 参见"世界经济在疫情中重启，上榜门槛跃升"，载 https://www.fortunechina.com/fortune500/c/2022-08/03/content_415683.htm，最后访问日期：2022年8月3日。

[2] 参见"八成民营企业都遇上了这个难题，怎么破？"，载 www.finance.people.com.cn/n1/2019/0914/c1004-31353291.html，最后访问日期：2021年12月9日。

[3] 参见易会满："聚焦三大核心任务开启资本市场高质量发展新征程"，载 http://www.jjckb.cn/2020-12/19/c_139626298.htm，最后访问日期：2021年11月15日。

（一）"分离实体"理论与"实体法"立法模式

"分离实体"理论（Separated Entity）源于古典经济学理论。古典经济学理论认为公司是理性的市场参与者为了实现效率最大化而在掌握充分且完美的信息的情况下所作出的最佳选择。公司是若干合同的连接（a nexus of contracts），而公司法是可以减少单个交易成本的一套标准化的默认条款。受古典经济学理论影响，西方国家公司法理论中形成了"契约理论"，并以此为基础构建了公司法人制度。"契约理论"认为，公司是个体的联合（association）或聚合（aggregation），包括各个公司成员（menbers）之间以及公司成员与管理层之间的契约关系。[1]在"契约理论"下，公司集团也被看作是各个契约的连接点，公司集团成员各自具备独立法人地位，集团成员互为分离实体，彼此不对各自的债权人承担连带责任，此即"分离实体"理论。

"分离实体"理论坚持公司法人制度，注重独立实体的法律责任，排斥公司集团概念及公司集团制度。在法律层面上，"分离实体"理论运用公司法人制度解析了集团内部各种关系，由此形成的立法模式被称为"实体法"（Entity Law），代表性的国家就是英国。为解决公司集团中股东滥用控制权的问题，"实体法"创造了"刺破公司面纱"制度，只有当股东以有限责任制度为面纱，滥用公司独立人格与有限责任特权严重损害债权人利益时，才例外地判令其对公司债权人承担连带责任，否则应遵守法人人格独立原则。英国法院在"刺破公司面纱"制度适用上表现出极其严谨的态度，股东的控制地位本身并不构成适用条件，除非出于"过错"，母公司不对子公司债务承担连带责任。比如，在 Adams 案中法院宣称，我们的法律——不论其好坏——认可了子公司的创立，尽管在某种意义上是其母公司的创造物，然而在普通法之下，它已经开始被作为独立的法律实体来对待，拥有通常属于独立法律实体的权利与责任。[2]在 Kodak 案中，法院宣称，拥有一家公司98%的控制性利益本身并不能产生一种连带关系，并不因此将母

---

〔1〕　参见［英］珍妮特·丹恩：《公司集团的治理》，黄庭煜译，北京大学出版社2008年版，第1页。

〔2〕　See *Adams v. Cope Industries plc*［1990］BCLC 479 at 513 per Slade LJ. 转引自［英］珍妮特·丹恩：《公司集团的治理》，黄庭煜译，北京大学出版社2008年版，第63页。

公司和子公司视作一家企业。[1]在对"过错"的认定上，英国法院坚守
salomon案[2]标准，原告需要证明存在代理，甚至要证明控制者存在主观
欺诈，否则不得刺破公司面纱。在这种严格的司法态度下，英国法院事实
上极少适用"刺破公司面纱"制度作出裁判。

尽管英国公司法在总体上仍坚持实体法的原则，但在公司集团普遍存
在的情况下，在有限的领域也接受了公司集团的观念。比如，1948年《英
国公司法》第31条、332条分别就母公司对全资子公司的责任以及欺诈交
易所引起的母公司对子公司债务的责任作了规定。1985年《英国公司法》
在三个领域引入了公司集团法的观念，它们分别是提供统一的集团账目、禁
止公司购买自己的股份以及公司对董事的贷款和担保。其中第114条规定更
是对母公司作了定义，[3]肯定了母公司可以通过控制合同或章程等方式行使
对另一企业的支配性影响。此外，英国法院在判例中还发展出"过错行为"
理论和"影子董事"理论，将责任扩大到集团母公司的经理人或董事。[4]

（二）"企业法"理论与"团体法"立法模式

"契约理论"的提出，顺应了古典经济学理论的要求，强调股东利益最
大化，排斥对政府公司的干预，认为公司是个人的创造，除非为矫正市场
失灵所必须，政府不得干预企业自治。但是，由于主张政府不能为社会公
共利益的需要干预公司事务，"契约理论"在应对公司经营过程中发生的诸
多问题，比如劳工、环保、债权人保护等问题时难免捉襟见肘。随着公司
规模的扩张和股权分散的加大，股东利益与管理层的利益逐渐分化，更多
学者开始强调公司的社会良心、企业的社会责任以及对控制者权利的限制。

---

[1] 参见［英］珍妮特·丹恩：《公司集团的治理》，黄庭煜译，北京大学出版社2008年版，
第58~59页。

[2] Salomon v. salomon and Co Ltd［1897］AC 22.

[3] 该条规定，如果一个公司（母公司）符合以下条件之一，那么，就与另一公司产生母子
公司的关系：（1）拥有另一公司大多数的投票权；（2）是其它公司的股东且有权任命或撤换董事会
或其他机构的多数成员，或（3）是其它公司的股东，且根据与它公司或其他股东的协议，单独控制
该公司的大多数投票权。同时孙公司也作为母公司的子公司来看待。

[4] 2006年《英国公司法》第250条规定，所谓董事包括任何占据董事职位之人，而不论其
称谓为何；第251条规定，影子董事为公司董事习惯听从其指令或者命令而为行为之人。See *UK
Company Law*，S250~251.

比如，伯利与米恩斯在《现代公司与私有财产》一书中就提出，现代公司的出现带来了经济力量的集中，而这能够和现代国家在平等的地位上进行竞争；公司的活动无论是所有权的要求还是控制权的要求，都不能与社会的最高利益相对抗；现代公司不仅仅要为所有者或控制者服务，而且要为整个社会服务。[1] 1947 年，伯利提出了"企业团体责任理论"（Enterprise Liability），建议在公司集团中忽视成员企业的法律人格，将公司集团看作是一个独立体，其内部的母子公司或姐妹公司可以不作为独立法人对待。[2] 伯利的"企业法"理论最先被德国采纳，形成了"团体法"（Enterprise Law）的立法模式。"团体法"突破了传统公司法人制度理论的局限，将企业集团看作独立实体，不但让公司集团成员企业彼此承担债务责任，而且立法更注重搭建公司集团的层级化治理框架，对股份有限公司的康采恩在结构、治理、信息披露以及债务责任承担等方面作了详细规定。[3]德国在《股份公司法》中建立了"契约性康采恩"与"事实性康采恩"制度，并在判例法上将"康采恩"制度扩大适用于有限责任公司，建立了"合格型康采恩"制度。

伯利的"企业法"理论使得西方国家对企业集团的性质及责任有了新的认识。继德国之后，"团体法"模式被法国、意大利、智利等大陆法系国家和地区的接受，并逐步被英美法系国家立法产生影响。比如，法国在"企业法"理论影响下，建立了"事实董事制度"（derigeant de fait），如果控股公司介入从属公司的日常业务经营，即使控股公司不是从属公司的董事，控股公司也应成为"事实上的董事"，承担董事的诚信义务。

（三）"单一商业体"理论与"企业法"立法模式

美国与英国虽然同属英美法系国家，其公司法理论也深受古典经济学和"契约理论"的影响，但是美国法对公司的性质、目的的理解与英国有

---

〔1〕 参见［美］阿道夫·A. 伯利、加德纳·C. 米恩斯：《现代公司与私有财产》，甘华鸣等译，商务印书馆 2005 年版，第 361~362 页。

〔2〕 See L. C. B. Gower, *Principles of Modern Company Law* 213, K. W. Wedderburn & O. Weaver eds., 3d ed, 1969.

〔3〕 参见黄辉："国企改革背景下母子公司债务责任问题的规制逻辑和进路"，载《中外法学》2017 年第 6 期。

明显差异。英国坚守"契约理论",维护股东利益至上,认为股东是公司的管家,掌握公司控制权,而董事是股东授权的代理人,董事职权来源于公司章程的授权,股东有权更换董事,除了为矫正市场失灵所需,原则上排斥国家对公司的干预。但是,在美国法上,股东的地位渐趋弱化,董事权力则被强化。以《特拉华州普通公司法》为例,董事职权非来源于章程,而是来源于制定法,[1]股东更换董事的权利受到制定法的诸多限制,[2]董事被看作是公司的管理者和"看门人",公司董事可以为维护利益相关者的利益作出决议(比如公司捐赠中董事会无需证明是否会对股东产生直接利益),联邦政府对公司治理的监管也越来越严格,公众公司要同时接受州公司法与联邦证券监管的共同调整。

美国公司法与英国公司法的差异,体现出二者对公司目的的不同诠释。美国法律研究院通过并颁布的《公司治理原则:分析与建议》§2.01"公司的目标与行为"规定:"(a)除非属于(b)分节和§6.02"所规定的情况,一家公司应当以提高公司盈利和股东收益为其商业活动的目标。(b)即使公司营利和股东的收益未得到提高,公司在进行其业务时:(1)有义务像自然人那样在法律规定的范围内进行其业务;(2)可以适当考虑那些被认为与负责商业行为相适应的道德因素;(3)可以将合理的资源用于公共福利、人道主义、教育和慈善目的。"该条规定强调公司在追求经济目标的同时,应当受到社会价值的约束并且满足社会目标,应遵守法律与道德,并关注社会福利等,而不是一味追求股东利益最大化。可以说,与英国公司法相比,美国公司法很大程度上是受到了"企业法"理论的影响,不一概排斥国家对公司的干预,更多关注到公司的社会责任以及利益相关者权益的保护。有研究表明,在美国,公司集团法理萌芽于20世纪初,产生于20世纪

---

〔1〕《特拉华州普通公司法》第141条(一)规定:"根据本章规定成立的公司,公司业务和公司事务应当由董事会管理,或者在董事会指导下处理,但本章或者章程大纲另有不同规定的除外。"参见徐文彬等译:《特拉华州普通公司法》,中国法制出版社2010年版,第38页。

〔2〕比如,分类董事会制度使得股东不能以简单多数决表决罢免董事。在分类董事会下,除非章程允许无故罢免,否则还会触发提前罢免需证明原因的法定要求等。参见〔美〕克里斯多夫·M.布鲁纳:《普通法世界的公司治理:股东权力的政治基础》,林少伟译,法律出版社2016年版,第37~38页。

30 年代，成熟于 20 世纪 70 年代，是美国公司法理由重视"实体法"向重视"团体法"转变的具体表现。[1]在美国路易斯安那州、北卡莱罗纳州、得克萨斯州等地的判例法上，受伯利的思想影响，发展出了"单一商业体"理论（Single Business Enterprise Concept, or single business theory），公司集团被看作是一个"具有为集团整体或集团中处于支配地位的公司谋取更多利益的、功能单一的经济实体，"[2]公司集团可以被视作"单一商业体"，集团内相互关联的成员公司应为彼此的债务承担连带责任。路易斯安那州最早是在 1991 年上诉法院第一巡回法庭审理的 Green v. Champion Insurance Co. 案中适用了"单一商业体"理论。由于该理论背离了传统公司法理论，该州高等法院并没有公开表示接受，但也没有公然反对。此后，该理论被其他上诉法院采纳，主要用于处理侵权之债下关联企业的连带责任。2007年，该州上诉法院第四巡回法庭审理的 Sarpy 案中，[3]法院明确将"单一商业体"理论适用于合同之债。[4]"单一商业体"理论，虽不否定企业集团内各成员公司的独立人格，但认可公司集团事实上存在的控制与从属关系，在维护母公司的控制利益的同时，让关联公司承担连带责任，给予债权人平等保护，有利于债权人放心与公司集团进行交易。受该理论影响，美国 1933 年证券法、1934 年证券交易法、1935 年公共产业控股公司法、1940 年投资公司法、1956 年银行控股公司法案及其修正案、美国金融现代化法案等都从不同角度规定了公司集团的控制权规范。在制定法之外，美国判例法上还发展出了"控股股东诚信义务""公司法人人格否认制度""深石原则""异议股东股份回购制度""股东集体诉讼"等保护少数股东和债权人利益的法律制度，对两大法系国家的公司集团立法产生重要影响。

（四）对三种立法模式的比较分析

"分离实体"理论下的"实体法"立法模式，以公司法人制度为核心，

---

〔1〕　参见王勇华：《穿越公司的边界：企业集团五个特例法制研究》，法律出版社 2014 年版，第 23 页。

〔2〕　吴越：《企业集团法理研究》，法律出版社 2003 年版，第 85 页。

〔3〕　Sarpy v. ESAD, Inc. , 2007 WL 2966382（La. App. 4 Cir. ）.

〔4〕　See "Single Business Enterprise Theory Continues to Gain Ground"，载 https://www. louisiana-lawblog. com/business-and-corporate/single-business-enterprise-theory-continues-to-gain-ground/，最后访问日期：2021 年 12 月 13 日。

坚持公司人格独立原则，将公司集团解构为一个个独立的法人，彼此独立承担责任，不因企业采取了公司集团的架构而对其另眼相待，只有例外情况下才适用公司法人人格否认制度。这种立法态度，源于古典经济学的"契约理论"，目的在于防止公权力的过度干预，符合市场经济理论，但是其弊端也是显而易见的。其一，公司法人人格否认制度一直因适用标准的模糊性而被称为公司法上的"哥德巴赫猜想"。虽说英国法已经逐步抛弃了"代理说"，转向了"主观过错+客观行为"的判断标准，但判断标准依然模糊，加之法官对人格独立原则的坚守，使得该规则在英国的适用非常谨慎，在解决公司集团"统一管控"下的人格混同和过度控制所带来的问题上有很大的局限性。其二，公司法人人格否认制度是一个事后责任追责制度，是对滥用股东权的股东在个案中剥夺其有限责任特权的否定性、惩罚性规则。"实体法"模式总体上来说不认可公司集团的法律地位，也未建立起符合公司集团组织架构的治理机制，更缺乏控制权正当行使的制度渠道。公司集团"统一管控"的治理格局是其发挥"协同效应"的前提。没有"统一管控"，公司集团就是一盘散沙。如果要落实"统一管控"，就需要建立起控制权制度和公司集团治理结构，从这方面来说"实体法"的发展是不充分的。虽然英国判例法为应对控制权滥用问题发展出"影子董事制度"，但是只能规范董事会决策中控股股东或实际控制人暗中指使董事按其指令行事的行为，不能约束在董事会之外的控股股东或实际控制人滥用控制权的行为。说到底，"法人人格否认制度"与"影子董事制度"这种"打补丁"式的立法，终究不能为公司集团治理提供具体制度指引。

"企业法"理论下的"团体法"立法模式最大的优点是为公司集团治理提供了法律依据，使公司集团的"统一管控"有了合法性基础。德国法首开先河建立了控股公司对从属公司的经济补偿制度。在"契约型康采恩"中，如果从属公司为了集团利益而受损，则法律要求控股公司于营业年度终了为适当补偿，否则对从属公司承担损害赔偿责任。经济补偿制度的建立，为公司集团控制权行使提供了法律依据，公司集团总部就可以从集团利益出发，在下属公司之间转移财产与业务，或者在集团内部安排贷款的担保等事宜。不过，德国的"团体法"立法也有其局限性。比如，经济补偿数额如何计算就是一个很难的问题，尤其在长期决策的情形下更是如此。此外，德国法上建立"事实型康采恩"制度，在判例法上又将"康采恩"制度适用于有限责任公司的情形，极大扩展了康采恩的适用范围，使得实践中存在控制与从属关系的公司之间都可能面临承担连带责任的风险，而不论他们是不是建立起了公司集团的组织形式。这样一来，控股公司对从属公司承担连带责任的规则，在实践中很容易被泛化适用，使得控制关系并不紧密的母子公司之间被动承担连带责任，也会反过来促使控股公司加大对从属公司的控制力度，这样不但会加大监督成本，而且会降低公司集团运营效率，不利于公司集团的发展。

美国公司法虽然沿袭了传统"契约理论"与"实体法"模式，但是与英国法相比较，在监管层面体现出更多的强制性干预色彩，比如在资本市场强化上市公司的信息披露制度、审计制度、董事的信义义务等。此外，"单一商业体"理论深受"企业法"思想的影响，反映在公司集团立法上，不但对控制权、控制集团、控股股东有明确定义，而且极大完善了控制权行使规则和公司集团的法律责任，包括关联交易规则、股东权穿越行使规则、关联企业实质合并制度等。此种立法模式，既不像英国法那样刻板地坚持公司法人制度，对公司集团的规制设置高门槛，也不像德国法那样建立庞大的公司集团制度，将事实上有控制关系的企业均纳入"康采恩"制度调整范围，为司法实践带来大量的甄别工作。美国法在英国法与德国法之外，独辟蹊径，围绕控制权的行使建立相应法律制度，解决控制关系下的具体法律问题，既适用于公司集团，也适用于未建立公司集团但事实上存在控制关系的公司之间的法律关系。

三、影响公司集团立法模式选择的因素

世界范围内，公司集团已普遍存在并成燎原之势。但是，对于如何规制公司集团，各国缺乏共识。如上所述，德国建立了最为完善的公司集团制度，英国则坚守传统公司法的底线，而美国相当于落在了这两个国家的"两极"之间。从其他国家与地区的立法表现来看，也都各具特色。比如，法国法虽然接受了德国的"团体法"模式，但是在母公司对子公司的经济补偿问题上，却改进了德国的做法，使其更符合公司集团的实践。依据法国法，只要同时具备三个条件，集团控股公司就不必承担赔偿责任：（1）集团具有稳固性；（2）公司集团坚持连贯的商业政策；（3）公司集团在其成员间平等地分配成本和收入。[1]再如，日本虽然在公司法改革中放弃了大陆法条立法模式，其中包括：（1）建立多重代表诉讼制度；（2）有条件地将母公司转让子公司股份行为的性质等同于全部或者部分重要事业转让，实现与事业转让须取得股东大会特别决议的同等规制；（3）新设了"现金剔除制度"下特别控制股东的股份出售请求权制度及被剔除股东权保护的相关措施（知情权、停止请求权、价格异议申请权、决议无效诉权等）；（4）修改伴随控制股东变动的募集股份发行程序，强化股东大会的融资功能；（5）将企业重组的股东停止请求权制度从被支配公司股东扩展适用于一般公司；（6）完善公司分立中债权人保护制度等。由此可见，任何一种公司集团制度，都没有放之四海皆准的道理。各个国家和地区在建立自己的公司集团制度时，都考虑了本国和本地区的政治经济条件和公司集团发展特色，在制度构建上做了扬弃，因而体现出较大的差异性。概括来讲，影响公司集团立法的因素主要包括以下几个方面：

（一）股权结构

1932年，伯利与米恩斯在分析美国200家大公司股权结构的基础上，出版了《现代公司与私有财产》一书，提出现代企业"所有权与控制权分离"的著名论断，断言"股权高度分散"是现代公司的主要特征。该论断不但直接导致1934年美国证券法的出台，而且成为此后几十年来公司法学与经济学理论研究的主线。时至今日，该论断仍对现代公司治理的诸多方面起着积极的指导作用。[2]但是，学者对世界主要国家的实证研究也证实，伯利与米恩斯所断言的以"股权分散"为主要特征的现代公司，仅存在于

---

〔1〕 参见〔美〕莱纳·克拉克曼等：《公司法剖析：比较与功能的视角》，刘俊海等译，北京大学出版社2007年版，第103页。

〔2〕 See Clifford G. Holderness, "A Survey of Blockholders and Corporate Control", *Economic Policy Review*, Vol. 9, No. 4., 2003, pp. 51-64. Downloads from http://ssrn.com/abstract=281952，最后访问日期：2003年9月12日。

美、英、日等少数国家。〔1〕比如，在德国公司中，初始股东比美国公司同行拥有更多的股份，而且美国公司在上市两年后就已经丧失了绝大多数控制权。在英国，大型公司朝着股权更为分散的结果演变，而在德国的大公司中，新股东却拥有很多的表决权份额。〔2〕在欧亚大多数国家中，集中型股权结构是公司的主要特征。La Porta，（1999）在世界排名前 27 位的富有国家（以 1993 年为据，其中除去沙特、科威特、阿拉伯等无实质意义股票市场的国家）中，各选取 20 家大公司和 10 家中等规模公司作了横向比较。他们发现，以大公司为例，如以直接或间接持有一公司已发行有表决权股份总数的 20% 为控股公司的衡量标准，64% 的大公司是集中型持股；如以直接或间接持有一公司已发行有表决权股份总数的 10% 为控股公司的衡量标准，76% 的大公司是集中型持股。〔3〕Mara Faccio，Larry H. P. Lang 分析了法国、德国、英国、意大利和西班牙五国 3740 家公司的股权结构，分别以 La Porta 等人确定的 10% 或 20% 的衡量标准，发现除英国外，样本公司中分别仅有 15.13% 和 38.34% 的公司是分散持股。〔4〕在同为英美法系国家的澳大利亚，实证考察也得出类似的结果。在 Asjeet lamba，Geof Stapledon（2001）考察的 240 家公司中，有 72% 的样本公司有持股超过 10% 的控股公司；52% 的公司有持股超过 20% 的控股公司，有 16% 的公司有绝对控股公司（持股 50% 以上）。〔5〕Ian M Ramsay，G P Stapledon 在考察了澳大利亚排名前 500 位的上市公司后发现，每个上市公司平均控制 28 家从属公司（最多的是

〔1〕　以控股 10% 为判断标准，90% 的英国大公司，80% 的美国大公司，50% 的日本大公司仍是分散持股型。

〔2〕　参见［葡萄牙］路易斯·科雷拉·达·席尔瓦等：《股利政策与公司治理》，罗培新译，北京大学出版社 2008 年版，第 13 页。

〔3〕　See La Porta, Lopez-de-Silanes, Shliefer, "Corporate Ownership Around the World", *The Journal of Finance*, Vol. 54, No. 2., 1998 Downloads from http://ssrn. com/abstract = 103130，最后访问日期：2003 年 8 月 1 日。

〔4〕　See Mara Faccio, Larry H. P. Lang, "The Separation of Ownership and Control: An Analysis of Ultimita Ownership in Western European Corporations", *SSRN Electronic Journal*, Vol. 65, 2000. Downloads from http://ssrn. com/abstract = 222429，最后访问日期：2003 年 7 月 12 日。

〔5〕　See Asjeet Lamba, Geof Stapledon, "The Determinants of Corporate Ownership Structure: Australian Evidence", *London Law and Economics Research Workshop*, 2001. Downloads from http://ssrn. com/abstract = 279015，最后访问日期：2003 年 5 月 2 日。

News Corporation Ltd.，控制 778 家从属公司），90%以上的从属公司都是全资控股公司（即 11 779 家从属公司中的 10 612 家）。[1]

公司的股权结构是内生的，每个国家的公司的股权结构取决于其所处的市场环境、治理条件、控制权稳定程度以及面临的其他各种条件。所以，任何一个国家的公司股权结构都有其必然性。股权集中程度与控制权的稳定性上的差异，反映在公司集团立法上，就出现了不同的立法态度与立法模式。德国、法国等国家公司的股权集中度高，就更为关注企业集团的社会责任，倾向于通过立法手段主动干预公司集团的行为，甚至建立系统的公司集团制度；而英国、美国公司的股权较为分散，控股股东或实际控制人对从属公司的控制力较小，则对公司集团采取较为忽视的态度，更倾向于维护以董事会为中心的公司治理结构，在坚持公司法人制度的基础上，采取"就事论事""具体问题具体解决"的态度，通过"打补丁"的方式（比如建立"刺破公司面纱""影子董事""公平交易"规则等）对控制权滥用行为进行约束，此种立法模式也被概括为主导性规范加"细节中的魔鬼"（the devils in the details）。[2]

（二）政治经济背景

"公司治理制度不是纯粹的技术规则，公司治理要讲政治。"[3]公司法也是政治经济制度的重要组成部分，反映特定时期国家的政治经济发展战略需求。以英国与美国为例，虽然二者都有发达的市场经济制度和现代化的公司治理结构，但是在公司集团问题上两国的立法态度也有差异，这与两国公司制度发展的政治经济背景不无关系。英国的公司制度发端于近代社会，体现了资产阶级在革命胜利后对自由市场和财产所有权的强烈渴望。因此，英国公司法建立了"双重所有权结构"，即股东对公司享有所有权，

---

[1] See Ian M Ramsay, G P Stapledon, *Corporate Groups in Australia*, the University of Melbourne, Public Law and Legal Theory Working Paper, 2002, No. 26. Downloads from: http://ssrn. com. /abstract-id= 286116，最后访问日期：2003 年 7 月 1 日。

[2] 参见邓峰："公司治理中的路径依赖：中国的例子"，载甘培忠、楼建波主编：《公司治理专论》，北京大学出版社 2009 年版，第 43 页。

[3] [美] 柯提斯·J. 米尔霍普、[德] 卡塔琳娜·皮斯托：《法律与资本主义——全球公司危机揭示的法律制度与经济发展的关系》，罗培新译，北京大学出版社 2010 年版，译者序第 3~9 页。

而作为法人的公司对公司财产享有所有权。所以，股东是公司的"终极所有权人"，"股东利益至上"是公司的目标，除非市场失灵，一般排除国家对公司的干预。美国法虽然与英国法同源，但是美国公司在两次世界大战后的经济成长期内，成功完成了历史上的"五次大并购"，[1]实现了从"单一公司"的家族企业向公司集团的华丽转身。公司规模的迅速扩展所带来的垄断、敌意收购、金融杠杆等问题引发了对"股东至上原则"的质疑和对公司道德与良心等问题的争论，"利益相关者"权利保护等新经济理论开始出现。这反映在立法上，就出现了调整公司集团的法律制度，比如公司法人人格否认、控股股东诚信义务和实质合并破产制度等。在监管层面，美国证券交易委员会也在证券法中建立了信息披露制度、审计制度等，为控制权滥用套上了枷锁。因此，虽然英国法与美国法同源，但是两国公司集团成长的经济背景差异，一定程度上影响了立法与司法对公司集团的态度。

　　除了经济制度以外，政治体制对立法选择也有重要的影响。以澳大利亚为例，澳大利亚公司的股权高度集中，类似于德国，但是公司集团立法上并没有采纳德国的"团体法"模式，因为澳大利亚公司法根植于英国公司法，[2]对"契约理论"与"实体法"有高度的路径依赖。同时，与美国相类似，澳大利亚的政治体制也采用了联邦制，州立法权起到了重要作用，因此澳大利亚的公司集团立法模式更趋向于美国，注重在规范细节上建立公司集团制度。包括：（1）建立公司集团合并会计报告制度，母子公司除了制作各自独立的会计报告外，母公司还需要制作合并报告披露财务状况；（2）规制关联交易，参与交易的关联方可能被视为"单一企业"；（3）禁止交叉持股，子公司不得持有母公司的股份，也不得为购买母公司股份的交易提供财

---

　　〔1〕　1897~1904年，第一次横向并购形成了垄断的市场经济和寡头公司，1916~1929年年第二次纵向并购带动了"金字塔"结构的企业集团的发展，1965~1969年第三次大并购和1984~1989年的第四次大并购综合运用商业与金融手段创造出了跨行业大型综合类公司集团，1991~2000年第五次并购使公司集团迈出国界，造就了大型跨国企业。

　　〔2〕　澳大利亚公司法中有大量规定，例如公司治理的核心规则，与英国法更接近，尤其是在股东会与董事会会职权的分配上，赋予了股东极大的权利，属于股东会中心主义的立法。参见〔美〕克里斯多夫·M. 布鲁纳：《普通法世界的公司治理：股东权力的政治基础》，林少伟译，法律出版社2016年版，第63页。

务资助；（4）建立子公司破产交易中的母公司责任制度。如果母公司知道子公司在破产状态下进行交易，需为子公司的该项债务承担连带责任。[1]

（三）立法成本

虽然政治经济制度常常出于有目的的设计，但大多数社会制度似乎都是逐渐演变的结果，而非某个突然的发明创造。[2]有学者对制度变迁的路径进行过研究，发现制度演变的惯性使得多数制度的演化都存在纵向与横向的"路径依赖"。就公司控制权立法而言，比博绍克和罗伊（Lucian A. Bebchuk，Mark J. Roe）提出了两种路径依赖，即"结构驱动的路径依赖（structure-driven path dependence）"与"规则驱动的路径依赖（rule-driven path dependence）"。相比较而言，德国的公司集团立法模式类似于"结构驱动的路径依赖"，而美国的立法模式则类似于"规则驱动的路径依赖"。前者认可集团利益一般地优先性，通过利益补偿机制平衡成员公司之间的利益；后者则强调成员公司的独立人格，不认为集团公司利益一般地优于从属公司，但在规范细节上通过强化管理层的诚信义务，防止控股股东的不正当干预。"路径依赖"对立法的影响，表现为在已形成路径依赖的立法格局下，即使经济转轨有重构立法的必要，但与建立新规则相比，沿用既有法律规则经常被认为是一种更为经济的选择。因为随着时间的推移，一种法律制度不但会深刻影响一国的司法体系和法官的裁判思维，更会引导相关市场主体、行政执法机关的思维和行动。如果切换一个全新的制度模式，不但会使社会不适应，而且要加大人员培训和配套机制的转换，并为此投入人力、物力和时间成本，同时经济转轨的不确定性也会带来制度的反复或修订。在公司集团立法上，由于历史上已经形成了"结构驱动"与"规则驱动"不同的路径依赖，因而公司集团立法趋同的可能性在降低。[3]路

---

[1] 参见黄辉："澳大利亚公司集团法律制度研究"，载王保树主编：《商事法论集》，法律出版社2009年版，第103~104页。

[2] 参见戴维·L.韦默："制度设计：概述"，载戴维·L.韦默主编：《制度设计》，费方域、朱宝钦译，上海财经大学出版社2004年版，第2页。

[3] See Lucian A. Bebchuk, Mark J. Roe, "A Theory of Path Dependance in Corporate Ownership and Governance", *Stanford Law Review*, Vol. 52, No. 1., 1999, pp.128-170. 参见邓峰："公司治理中的路径依赖：中国的例子"，载甘培忠、楼建波主编：《公司治理专论》，北京大学出版社2009年版，第43页。

径依赖理论对立法选择有很大的启发。在市场条件下，先进的生产方式必然催生新的法律制度，公司集团就是典型的例子。公司集团制度与原有制度体系如何最小成本地结合，是影响立法选择的重要因素。由此可见，美国法所采取的"就事论事""具体问题具体解决"的立法态度，也是"路径依赖"下的上佳选择。

（四）经济效益

公司集团立法需要回答一个原则性问题：母公司行使控制权损害到子公司利益的，是否应对子公司进行损害赔偿？如果坚持公司人格独立原则，那么母公司就应对子公司承担损害赔偿责任；如果将公司集团视为"一个独立实体"，那么在特定条件下可能就免除了母公司的赔偿责任，比如法国公司法就对母公司的经济补偿责任设置了豁免条件。而在立法选择上，除了考虑股权结构、政治经济制度、路径依赖等因素外，效益原则也是一个重要因素。决策高效是公司集团保持优势竞争力的根本原因，而"统一管理"的治理结构是决策高效的制度保障。因此，在公司集团立法中过于严苛地限制母公司的控制权，尤其是母公司对子公司决策的影响力，必然会影响公司集团的经营效率，限制公司集团的成长。所以，放松对母公司控制权的管制对提升公司集团经营效率也有重要影响。以日本为例，20世纪50年代，日本经济复兴进入高潮期，形成以三井、三菱、住友、芙蓉、三和及第一劝业六大企业集团为代表的以城市银行为核心的财团型企业集团和丰田、松下、东芝、日立等一批以特定产业为基础、以控股公司为核心的产业集团公司。为适应企业结构的发展变化，日本从1950年以后多次修改公司法律制度，[1]不但使日本公司法制度从沿袭、借鉴大陆法系与英美法系转向完善自身制度、谋求新发展的方向，使以金融机构为中心的纯控

---

[1] 1997年6月，日本大幅修改商法第409条~第416条，同年反垄断法的修改解除了对纯控股公司的禁止性规定。1999年，通过修订商法设立了股份交换和股份移动制度（商法第352条~第372条），允许按照准合并程序构建完全的母子公司关系，以灵活适应通过控股或母子公司关系组建企业集团的变化；2000年创设公司分割制度（商法第373条~第374条之31），设立将公司的事业分割成几个公司的法律程序；2001年6月，解除禁止持有库存股的制度，原则上公司可以取得自己的股份。2005年，日本以实现公司法制的现代化为目标，将公司法制度从《日本商法典》中独立出来，与其它公司法规整合，颁布了《日本公司法典》。

股公司得到了极大的发展。虽然在公司集团体制中，母公司利用子公司实施不正当行为的事件，以及母公司盘剥子公司、损害子公司股东以及债权人利益的事件备受诟病，[1]但是日本并没有建立控股公司的法律义务或责任制度，司法实践中也不主张判决母公司对子公司承担责任。[2]其中一个重要的理由就是：严格适用公司人格独立原则会阻碍公司集团的经营效率与创造力。相反，由于公司集团的经营业务大多在子公司中，作为母公司的纯控股公司及其股东对子公司经营的监管手段明显不足，极易因子公司的违法行为使集团利益遭受重创，日本公司法在 2014 年的修改中建立了多重代表诉讼制度、特别控制股东的股份出售请求权等，强化了母公司及其股东的利益保护。[3]此外，在日本法院的判例中，还认可了母公司的股东对子公司的查账权，实现了公司集团中查账权的"穿越"行使。这些规则对鼓励公司集团发展、促进经济效益发挥了重要作用。

---

〔1〕 参见王作全："日本公司法典的最新发展及其立法启示"，载《青海社会科学》2018 年第 4 期。

〔2〕 参见朱大明、[日] 行冈睦彦："控制股东滥用影响力的法律规制——以中日公司法的比较为视角"，载《清华法学》2019 年第 2 期。

〔3〕 特别控制股东股份出售请求权制度，即所谓的"现金剔除制度"，也称为"现金排挤制度"，是为了回应现实中通过支付现金对价的方式从公司中（多指子公司）剔除其他股东，使该公司变为全资子公司的做法。根据《日本公司法典》第 179 条的规定，凡持有其它公司（即对象公司）全体股东表决权的 90%以上（章程规定了高于该标准的比例时，从其该比例）的股东，即所谓的特别控制股东，不需要经过股东大会的同意可直接请求对象公司的其他股东将其所持有的股份出售给自己。如果对象公司发行了新股预约权时，特别控制股东的该项出售请求权也可对新股预约权行使，还可对发行附新股预约权公司债券中的公司债权行使。该制度是高效建立全资母子公司关系、实现企业集团化经营的重要制度安排。参见王作全："日本公司法典的最新发展及其立法启示"，载《青海社会科学》2018 年第 4 期。

第二章

我国公司集团的立法现状

一、我国公司集团的立法沿革

我国公司集团因民企与国企的区别而事实上形成了两种既相联系又相区别的立法路径。民企集团是市场化的结果，因我国公司法律制度中一直没有建立系统的公司集团制度，除了《公司法》《中华人民共和国证券法》（以下简称《证券法》）等法律中涉及的为数不多的个别规定外，民企集团的组织与运行基本上处于法律的真空地带。相比之下，国企集团的组织形式是我国国企改革与国资监管体制改革的主动选择，是国家利用公司集团的组织形式对国企控制权所做的法律安排，因而除了受到《公司法》《证券法》等基本法的调整外，我国历史上还形成了一系列有关国企集团组织与管理的组织性规范，比如《中华人民共和国企业国有资产法》（以下简称《企业国有资产法》）、《企业国有资产监督管理暂行条例》等。以 2005 年《公司法》修订为界，我国公司集团立法演变可以分为两个阶段：

（一）公司集团立法的萌芽阶段

1986 年《中华人民共和国民法通则》实施，专门规定了"联营"这一企业联合形态，并明确了法人型、合伙型和合同型三种联营形式。法人型、合伙型联营奠定了转投资的立法基础，为企业纵向发展创造了条件；合同型联营则为企业横向联合搭建了桥梁。只不过当时我国尚处于社会主义市场经济的萌芽阶段，早期的联营多由行政机关"捏合"而成，非联营方之间意思自治的结果，所以无法通过联营实现优化资源配置的核心目的，[1]

---

〔1〕 参见叶林：《中国公司法》，中国审计出版社 1997 年版，第 5 页。

也无法形成"统一管理"的公司集团组织。但是,随着国企股份制改革的推进,国家运用行政手段改制成功的诸多大型国有企业集团横空出世,直接推动了1993年《公司法》的出台。1993年《公司法》规定了转投资制度,为公司投资建立子公司提供了法律依据,加速了公司集团股权结构向纵深方向发展。1993年"宝延风波"暴发,深圳宝安集团通过二级市场举牌上海延中实业,打响了新中国上市公司收购兼并第一枪。1998年《证券法》颁布并规定了上市公司收购制度,为资本市场控制权交易打开方便之门。同年,原国家工商行政管理总局颁布了《企业集团登记管理暂行规定》,经登记的企业集团可以在其名称中使用"集团"字样,企业集团的合法市场主体地位也得到了认可。

在这一阶段,我国国有公司集团与《公司法》的诞生承载了国企改革的重大历史使命。1993年《公司法》是服务于我国国有企业公司制改造以及经济体制改革大局的时代产物。[1]1993年《公司法》在立法模式上借鉴了英美国家的"单一公司"立法体例,建立了公司法人制度,并未规定公司集团制度。为了减少国企转投资风险,1993年《公司法》还对转投资的对象与数额进行了限制,客观上抑制了公司的规模化发展。但是,1993年《公司法》建立了以股东会为最高权力机关的公司治理结构,使国家出资人可以凭借"资本多数决"原则成为国企的单一股东或者控股股东,掌握了国企的绝对控制权,极大减少了转型时期国家的治理成本,并保障了改革大局的平稳发展。可以说,我国首部《公司法》通过所有权与经营权的分离"分解控制权","进一步优化控制权的行使方式,最终加强国家对企业的控制。"[2]从这个意义上讲,1993年《公司法》奠定了国有企业的组织结构与控制权结构,为国有企业集团的长远发展提供了制度依据。1996年国家国有资产管理局印发了《关于企业集团国有资产授权经营的指导意见》(以下简称《指导意见》),确定了"企业集团国有资产授权经营"的国有

---

〔1〕 参见刘凯湘、刘晶:"我国股东会中心主义的历史成因——以国有企业改制为线索",载《法学论坛》2021年第6期。

〔2〕 刘凯湘、刘晶:"我国股东会中心主义的历史成因——以国有企业改制为线索",载《法学论坛》2021年第6期。

资产管理模式,[1]即由国家授权的集团母公司对子公司持股,形成母子公司产权结构下的国有资产监管体制,母公司对子公司享有股东权。2003 年 3 月,国务院国有资产监督管理委员会成立,依据国务院授权对中央企业履行出资人职责。2003 年 5 月,国务院公布了《企业国有资产监督管理暂行条例》,建立了国有资产监督管理机构为国有资产出资人、符合现代企业制度要求的国有资产监督管理机制,解决了长期困扰国企集团治理中"国家所有权人缺位"的问题。

与此同时,《公司法》所建立的"有限责任制度",也降低了民企的投资风险,而"一股一权""资本多数决"等原则所构建的"剩余所有权与控制权平衡"的治理机制,激发了民营企业家的投资与控股积极性,推动了民营企业的迅速发展壮大。但是,在控制利益的巨大诱惑下,证券市场逐步开始上演大股东"掏空"上市公司的悲剧,敲响了公司集团治理下上市公司及小股东的权益保护警钟,2002 年证监会和国家经济贸易委员会发布的《上市公司治理准则》,首次规定了控股股东诚信义务制度,为公司集团治理提供了制度依据。

(二)对控股股东、实际控制人进行直接规制的阶段

这一阶段《公司法》经历了几次重大的修改,其中 2005 年《公司法》作了修订,大量吸收国外先进公司制度,奠定了现行《公司法》的基础,也为我国公司建立现代企业制度创造了条件。虽然 2013 年与 2018 年《公司法》又有两次修正,但仅涉及资本制度,因此 2005 年《公司法》所建立起来的公司制度基本延续至今。在 2005 年《公司法》修订时,《证券法》同步修订。这一阶段立法涉及公司集团的内容主要包括:

1. 基本概念。《公司法》第 216 条第 2、3、4 项分别就控股股东、实际控制人和关联关系这几个概念作了定义,为判断公司集团成员控制关系提

----

〔1〕《指导意见》提出:"企业集团国有资产授权经营是指政府将企业集团中国家以各种形式直接投资设立的成员企业(指与集团公司为非产权关系的企业,下同)的国有产权授权集团公司持股,其实质是通过政府授权持股方式对集团企业进行产权重组,确定集团公司与成员企业间的母子公司产权关系,即集团公司作为成员企业的出资者。授权经营后集团公司依据产权关系,依法对子企业行使选择管理者、重大决策、资产受益等权利。"

供了依据。

2. 建立了禁止股东权滥用原则。《公司法》第 20 条第 1 款和第 2 款规定，股东不得滥用股东权利损害公司或者其他股东的利益；不得滥用公司法人独立地位和股东有限责任损害公司债权人的利益，否则承担赔偿责任。该规定对控股股东滥用控制权行为进行直接规定，奠定了公司法控制权规范的基础。

3. 建立了公司法人人格否认制度。作为权利不得滥用原则的延伸，《公司法》第 20 条第 3 款规定了公司法人人格否认制度。该规则在后来的司法实践中被延伸适用于关联公司的人格否认，成为当前追究公司集团法律责任的主要依据。

4. 建立了关联交易制度。《公司法》第 21 条明确规定，公司的控股股东、实际控制人、董事、监事、高级管理人员不得利用其关联关系损害公司利益。关联交易是公司集团进行不当利益输送的主要渠道，上述规定明确了控股股东、实际控制人进行不当关联交易的法律后果，体现了保护公司集团利益相关者权益的立法态度。最高人民法院《关于适用〈中华人民共和国公司法〉若干问题的规定（五）》（以下简称《公司法解释五》）第 1 条规定，被告仅以该交易已经履行了信息披露、经股东会或者股东大会同意等法律、行政法规或者公司章程规定的程序为由抗辩的，人民法院不予支持。该规定明确了关联交易的实质判断规则，补充了少数股东的代位诉权，强化了对控制权滥用行为的法律规制。

5. 建立了公司担保制度。《公司法》第 16 条第 2 款规定："公司为公司股东或者实际控制人提供担保的，必须经股东会或者股东大会决议。"第 3 款还规定了被担保股东及受实际控制人支配的股东的表决权回避规则，为控股股东、实际控制人利用担保侵吞子公司资产的行为划了红线。

6. 建立了少数股东代位诉讼制度。《公司法》第 151 条建立了少数股东的代位诉讼制度，其中第 3 款将被告范围拓展至"他人"，将控股股东、实际控制人纳入了调整范围。虽然《公司法》并未规定控股股东、实际控制人对公司的"信义义务"，但是第 3 款的规定拓宽了追究控股股东、实际控制人滥用控制权法律责任的诉讼途径。

7. 建立了清算义务人制度。2008 年最高人民法院颁布实施《关于适用〈中华人民共和国公司法〉若干问题的规定（二）》，将控股股东确定为清算义务人，并在第 18、19 条规定了相应的民事责任。2019 年最高人民法院在《全国法院民商事审判工作会议纪要》（以下简称《九民纪要》）第 14 条中明确，如果"小股东"并未参与公司管理，则慎重认定其清算责任，[1]这区分了公司治理中控股股东与弱势股东的地位与责任。

8. 在证券法律规范中建立了控股股东、实际控制人诚信义务。1998 年《证券法》第 63 条建立了以发行人为责任主体的"法人责任"。但随着实际控制人操纵下的以欺诈上市、违规担保、非法转移上市公司资金、非法关联交易等方式掏空上市公司的乱象增多，2005 年《证券法》修订中，在第 69 条新增了"发行人、上市公司的控股股东、实际控制人有过错的，应当与发行人、上市公司承担连带赔偿责任"的规定，将控股股东、实际控制人纳入了《证券法》的调整范围。2019 年《证券法》在总结监管经验的基础上进一步强化了对于上市公司控股股东、实际控制人的监管，将公开发行、信息披露中发行人、上市公司的控股股东、实际控制人法律责任，由过错责任原则改为过错推定原则。[2]此外，《上市公司治理准则》和《上市公司章程指引》还规定了控股股东诚信义务制度。诚信义务的内容除了《公司法》第 20 条、第 21 条规定的内容以外，还增加了不得违法干涉公司的决策、经营的义务，[3]不得利用利润分配、资产重组、对外投资、资金占用、借款担保等方式损害公司和社会公众股股东合法权益的义务，[4]以及公司高级管理人员不得在控股股东单位领薪的规定等内容。[5]

概括而言，2005 年《公司法》奠定了现行公司法的基础。此后 2013 年、2018 年的《公司法》修正仅是个别制度的调整，并未影响 2005 年《公

---

〔1〕　该条规定，小股东举证证明其既不是公司董事会或者监事会成员，也没有选派人员担任该机关成员，且从未参与公司经营管理，以不构成"怠于履行义务"为由，主张其不应当对公司债务承担连带清偿责任的，人民法院依法予以支持。

〔2〕　参见《证券法》第 24、85 条的规定。

〔3〕　参见《上市公司治理准则》（2018 年）第 63～66 条。

〔4〕　参见《上市公司章程指引》（2022 年）第 40 条。

〔5〕　参见《上市公司章程指引》（2022 年）第 126 条。

司法》所建立的公司法人制度的主要结构与内容。2005 年《公司法》的修订，在体例上比较接近于美国的立法：（1）在立法模式上，不像德国那样，对公司集团进行专门立法，而是仅就具体问题作出具体规范，比如建立公司法人人格否认制度和关联交易制度等；（2）在立法方法上，对控股股东、实际控制人采取直接规制的方法，比如《公司法》第 20、21 条均使用了"不得"字样，表明了规范的强制性色彩。此种立法方法，不同于日本、澳大利亚、英国和法国等以"影子董事"或"事实董事"制度进行间接调整的立法；（3）在具体规范上，在对 1993 年《公司法》转投资限制等保守性条款进行大幅删改修订的基础上，多处吸收了美国的立法经验，加快了公司法的现代化。在证券立法上，《上市公司治理准则》与《上市公司章程指引》虽然增加了《公司法》未曾规定的控股股东诚信义务的内容，并使用了"诚信义务"的概念，但是就其内容而言，基本上是对《公司法》第 20、21 条的重述与具体描述。〔1〕《公司法》第 20、21 条的规定与控股股东、实际控制人的忠实义务有一定关联，但没有明确规定控股股东、实际控制人的注意义务。〔2〕2019 年《证券法》的颁布实施，回应了监管部门对上市公司股权结构稳定性的监管要求，强化了对控股股东、实际控制人的法律责任。但本质上是公法责任，其所对应的法律义务的内容与公司法中控股股东、实际控制人的诚信义务的联系与区别尚待明确。

这一阶段，国企相关立法也取得了历史性的突破。2008 年公布的《企业国有资产法》明确了国有资产监督管理机构的国家出资人地位，在赋予其国有资产监督权与管理权的同时，确立了我国企业国有资产"统一所有，分级代表"的基本原则和国有资产监管模式。〔3〕《企业国有资产法》的颁布实施，对我国国有公司及公司集团的发展具有重要意义：（1）实现了与《公司法》的制度对接，为国企建立现代企业制度创造了条件。比如，它对

---

〔1〕 参见朱大明、〔日〕行冈睦彦："控制股东滥用影响力的法律规制——以中日公司法的比较为视角"，载《清华法学》2019 年第 2 期。

〔2〕 参见李燕、何滨妤："公司分拆上市法律监管的制度逻辑与建构"，载《西南政法大学学报》2017 年第 4 期。

〔3〕 参见《企业国有资产法》第 3、4、6、11~13、22、25~29 条和第五、第六章的规定。

《企业国有资产监督管理暂行条例》第 22 条进行了修改，删除向国家出资企业"派出董事"并要求其按照国有资产监督管理机构的指示发表意见、行使表决权并报告的规定，与《公司法》上董事的选举制度和董事的诚信义务规定对接。（2）明确了国家出资人的股东地位。因此，国有资产监督管理机构在行使股东权时必须遵守《公司法》的规定，不得滥用控制权损害国家出资公司、其他股东以及债权人的利益。（3）规定了国有控股公司董事、监事、高级管理人员的诚信义务、竞业禁止义务和法律责任。可以说，《企业国有资产法》的实施，为国企及国企集团建立现代企业制度疏通了道路，推动了国企的公司制改革。不足的是，在国有资产监管体制与公司制的对接上，《企业国有资产法》着眼于"单一公司"结构中的国有股权行使，而忽视了国企集团化发展下国有股控制权行使中的特殊问题，比如提名董事、控制权的"穿越"行使等，还需要探索国企集团公司治理的特殊规则。

二、我国公司集团立法、司法存在的问题

公司集团是由集团母公司领导下的企业联合体，其"统一管控"的特质决定了公司集团有优于单一企业的经营效率，子公司自愿加入公司集团也是被公司集团的效益所吸引，因此公司集团的母子公司控制关系，是市场经济的产物，是市场主体意思自治的结果。我国《公司法》在坚持公司人格独立原则上，建立了"股东权禁止滥用"制度，吸收了法人人格否认制度，强化了对控股股东、实际控制人的追责机制，但忽视了公司集团"统一管控"经营模式下"集团利益"和"集团战略"在公司集团经营中的地位与作用，忽视了母公司控制权对公司集团治理的意义，也忽视了子公司管理层服从、执行集团战略的现实必要性，因而体现出较大的经济不适应性。现行公司立法与司法存在的问题表现在以下方面：

（一）"一边倒"地强化追责机制，忽视公司集团的权利保障

我国《公司法》以"单一公司"为模板进行立法，坚持公司人格独立原则，不认可公司集团的独立法律地位，仅在"附则"中规定了控股股东、实际控制人以及关联关系的概念，没有对公司集团、母公司、子公司、关

联公司、控制权、控制与从属关系等作出定义。此外，《公司法》仅在第20、21条建立了控股股东、实际控制人的责任追究机制，但没有为控制权的正当行使提供法律指引，比如没有建立关联交易的合法性评价规则，也没有将公司集团治理纳入公司治理结构。从全国人大法工委先后两次发布的公司法《修订草案》来看，立法机关还是倾向于保持现行公司法的立法体例，并继续强化对控股股东、实际控制人的事后追责机制。比如，2021年公司法《修订草案》第191条让站在背后对董事、高级管理人员下达"指示"的控股股东、实际控制人承担连带责任。《公司法》"强化追责机制"的立法态度反映了立法与执法机关对"控制权"的警惕性。因为在很长的一段时间内，我国公司集团沐浴着改革开放的春风，在法律的真空下自由生长，在为繁荣我国社会主义市场经济作出重要贡献的同时，也制造了母公司利用担保、借款等关联交易"掏空"子公司，或滥用公司独立人格与有限责任制度欺诈债权人等经济乱象，严重破坏了诚实信用的市场交易秩序，对我国营商环境造成了恶劣影响。2005年《公司法》与《证券法》的同步修订，就明确了对股东权利滥用行为强化管制的立法思路，不但在《公司法》中建立了公司法人人格否认制度和关联交易的损害赔偿责任，而且加强了资本市场上的监管。在资本市场上，控股股东、实际控制人被认为是公司不法行为的"始作俑者"和"首恶"。比如，2005年《证券法》建立了控股股东、实际控制人的"过错责任"，2019年《证券法》又将过错责任改为过错推定责任，不能证明自己无过错的控股股东和实际控制人将与发行人和上市公司承担连带责任，明确体现了"强监管""追首恶"的立法思路。

其实公司集团的实践具有两面性效应：一方面，控制权的强大影响力与控制利益的巨大诱惑，容易引发控股股东、实际控制人的道德危机。而母子公司的组织结构与有限责任制度又为控股股东、实际控制人滥用权利、逃避法律责任提供了庇护。因此，公司集团内部容易滋生虚假交易、不当利益输送和无偿侵占等乱象，严重侵害子公司、少数股东及债权人的利益，需要立法严惩。但另一方面，公司集团作为市场主体的组成部分，是现代社会的重要经济力量，如果其"统一管控"的治理结构不能得到法律的认可，控制权行使受到过度限制，将严重影响其经济运行。因此，认可控制权的合法性、建立控制权行使规范与强化追责机制同等重要，缺一不可。当前立法对公司集团重视追责、轻视权利保障的做法，容易形成对公司集团"一边倒"的制约态势，不利于公司集团的健康发展。同时，这种"一边倒"立法态度，也容易使司法异化为束缚甚至打压公司集团的手段，刺激公司集团加大"寻租"力度，从子公司"盘剥"更多的控制利益以抵销其控制权风险。近年来我国法院法人人格否认案件数量逐年攀升、"否认率"居高不下的状况，不排除僵化执法下的恶性循环。在公司集团立法中，防范控制权"滥用"与鼓励控制权"善用"，具有同等重要的意义和价值。

（二）未将公司集团"事实上的控制"转化为"法律上的控制"

我国《公司法》第20条规定了股东权禁止滥用原则及其法律责任，奠定了对控股股东追责的法律基础。该条第1款的立法吸收了传统民法"权利禁止滥用"的一般原则，使用了"不得"的措辞，体现了法律对控制权滥用行为的否定性评价，表明了立法对控股股东进行直接规制的法律态度，具有强制性、规范性的特点。然而在公司集团中，事实上形成了以控股股东、实际控制人为中心的公司集团治理结构。如果单纯从"禁止股东权滥用"角度规制控股股东、实际控制人的行为，就忽视了控股股东、实际控制人在公司集团治理结构中的地位和作用，不能从改善公司集团治理结构入手建立起适合于公司集团发展的控制权规范和公司集团治理规范。

在2021年公司法《修订草案》中，以股东权禁止滥用原则为依据的直接规制模式得到进一步延续。该草案第191条规定，公司的控股股东、实际控制人利用其对公司的影响，指使董事、高级管理人员从事损害公司或者股东利益的行为，给公司或者股东造成损失的，与该董事、高级管理人员承担连带责任。该规定被认为是借鉴了英美法中的"影子董事"制度，让站在董事、高级管理人员背后事实上作出决策的人承担责任。二次审议稿删除了"利用其对公司的影响"这一文句，并将"指使"改为"指示"。对比该草案第191条与英国法的"影子董事制度"，可以发现二者还是存在较大的差异：其一，二者的立法逻辑不同。"影子董事制度"将控制权纳入公司治理结构，要求事实上行使董事职权的人承担董事的义务。这种立法模式，对控制权保持了中立态度，以当事人在公司治理体系中实际扮演的角色来确定其义务与责任。"影子董事"可以是控股股东、实际控制人，也可以是其他人。而 2021 年公司法《修订草案》第 191 条不以控股股东、实际控制人在公司治理中的角色和地位确定其义务和责任，而是援用了民法的"权利禁止滥用"原则与"共同侵权"理论，以直接规制加严格责任的立法，强化了对控股股东、实际控制人的法律责任。这种立法模式不将控股股东、实际控制人置于董事地位，也不适用董事信义义务，则法院在司法适用中不必纠结于董事信义义务的理解与判断，具有简单、直接、可操作性强的特点，降低了对控股股东、实际控制人追责的难度。但不利的一面是，它没有体现出法律对控制权的包容性，未能对控制权的行使提供法律指引。按照"影子董事制度"，控股股东、实际控制人只要履行董事的信义义务，就可以免责。而上述第 191 条并不考察控股股东、实际控制人行为的正当性，单从董事、高级管理人员的责任来判断控股股东、实际控制人的责任，不利于建立控制权正当行使的行为规范，指导公司集团完善治理结构。其二，二者的构成要件也不同。"影子董事制度"强调指示、命令行为的长期性与习惯性。比如 2006 年《英国公司法》第 251 条规定，影子董事为公司董事"习惯"听从其指令或命令而为行为之人。"习惯"一词，强调了控制权人有长期对董事发号施令的行为，使得董事已经"习惯"于听其指令行事。类似的规定也见于澳大利亚《公司法》第 9 条、新加坡《公司法》第 4 条。然而，我国 2021 年公司法《修订草案》第 191 条并未强调"指示"的长期性或习惯性，只要原告在个案中能举证证明控股股东、实际控制人有"指示"行为，就可对其追责，这也是"共同侵权"理论适用的结果。然而，公司法对控股股东、实际控制人规制的目的，不在于否定控制权的合法性，仅在于限制"过度支配与控制"。对于"过度支配与控制"，应当强调母公司对子公司的过度控制符合连续性、持久性、广泛性特点。[1]上述国家和地区"影子董事制度"立法中强调行为的"习惯"性，更符合

---

[1] 参见朱慈蕴："公司法人格否认法理在母子公司中的运用"，载《法律科学（西北政法大学学报）》1998 年第 5 期。

公司集团的实践。

　　我国援用"共同侵权"理论规制控股股东、实际控制人的做法，在其他国家立法中也有体现。比如，在日本现行法的解释论中，母公司（控制股东）行使其影响力的行为构成对子公司的侵权，应当承担损害赔偿责任（《日本民法》第709条）的法理被认为相对来讲较为合理与妥当。[1]但是学者的研究也发现，在日本的法律实务中，至今为止尚未出现正面讨论并判决母公司（或母公司董事）承担责任的案例。[2]反倒是在判例法中建立了"事实董事制度"，如"影子董事制度"一样，通过扩大董事制度的适用范围来解决控股股东、实际控制人的控制权滥用问题，而不是对控股股东、实际控制人进行直接规制。这是因为，日本对控股股东、实际控制人立法一直持谨慎的态度，立法者认识到"为了实现企业集团整体的利益而进行的统一指挥以及命令"才使得企业的经营更有效率，这也符合子公司的利益，因此唯恐因建立控制权禁止滥用规则而影响公司集团发展的积极性。

　　反观我国《公司法》及其《修订草案》引入"权利禁止滥用""共同侵权"等制度对控股股东、实际控制人进行规制的做法，确实忽视了控股股东、实际控制人在中国公司治理中的地位与作用，也未从公司治理角度建立控制权的规制方法。一旦2021年公司法《修订草案》第191条被立法采纳，司法机关若不采取保守谨慎态度，而该规定的宽泛适用很可能成为除法人人格否认制度之外另一把打击公司集团的"利器"。党的二十大报告提出建立"中国式现代化"和"中国特色现代企业制度"的奋斗目标。我国公司制度发展历史较短，公司股权集中度又高，法人人格不独立现象在现实生活中比较常见，加之"集权制""家长制"等传统文化因素的影响，控股股东、实际控制人掌控公司现象普遍，以控股股东、实际控制人为中心的公司治理结构不但是公司集团的治理特点，也是大量中小公司治理的

---

　　〔1〕　参见［日］江頭憲治郎：《会社法人格否認の法理》，東京大学出版会1980年版，第410页。［日］黒沼悦郎：《会社法》，商事法務2017年版，第367页。转引自：朱大明、［日］行冈睦彦："控制股东滥用影响力的法律规制——以中日公司法的比较为视角"，载《清华法学》2019年第2期。

　　〔2〕　参见朱大明、［日］行冈睦彦："控制股东滥用影响力的法律规制——以中日公司法的比较为视角"，载《清华法学》2019年第2期。

特点。我国立法与司法关注到了控股股东、实际控制人对公司的影响力，但是未将其置于公司治理的地位，未使其受到公司治理规范的约束，使得其对公司的事实控制长期不能纳入法律调整的范围，这也是造成市场上控制权滥用现象屡禁不止的根本原因。"中国特色现代企业制度"一定是建立在基本国情民情基础上的现代公司制度，如何实现"中国特色"与在世界范围具有高度识别性的"现代企业制度"的有效融合，是公司法修订中需要思考解决的问题，也是缩小公司法与现实的距离，避免公司法"形式化"所必须面对的问题。

（三）宽泛适用公司法人人格否认制度，影响公司集团发展

法人人格否认制度源于衡平法，其适用标准模糊，即便在英美法系国家也是难解之谜。我国没有衡平法的传统，人民法院也缺少判例法的裁判经验，在该规则的适用上也深受"适用条件不明确""证明标准模糊"的困扰，但是与其他国家"严格限制、例外适用"的裁判原则不同，法人人格否认制度在我国的司法适用呈现出宽泛适用的态势。《公司法》第 20 条原本将被告范围限于"股东"，但司法机关通过"指导案例"不断拓宽第 20 条的适用范围，在《九民纪要》第 11 条中，最高人民法院明确将"过度支配与控制"下母子公司和受同一控股股东或实际控制人控制的关联公司的人格否认纳入了裁判范围。2022 年公司法《修订草案》（二次审议稿）第 23 条第 2 款也增加"公司股东利用其控制的两个以上公司实施前款规定行为的，各公司应当对任何一个公司的债务承担连带责任"的规定，形成了"纵向刺破"与"横向刺破"并存的局面。有研究发现，我国法院适用"法人人格否认制度"审理的案件数量呈几何式增长，对母子公司、关联公司的人格否认已经成为此类案件的主流形态，否认率更是接近七成，[1]除此之外，我国法院在司法裁判中还将人格否认制度用于"逆向刺破""实际控制人人格否认"以及破产案件的"实质合并"等领域，可见法人人格否认制度适用范围的扩大化已成趋势。该制度在公司集团中"纵向""横向""逆向""穿越"至实际控制人的"刺破"，将公司集团解析到"体无完

---

[1] 参见李建伟："关联公司法人人格否认的实证研究"，载《法商研究》2021 年第 6 期。

肤",难免会影响到公司集团"统一管控"的经济运行机制。而其在公司集团全生命周期直至破产阶段的严格适用,将对公司集团的营商环境造成极大影响,让公司集团的经营如履薄冰。尤其是在经济形势下滑、市场不景气的条件下,更会导致雪上加霜的效果。因此,法人人格否认制度的宽泛适用,会使其实质性演变为摧毁公司集团的"利器"。尽管多数"横向刺破"案件以"人格混同"尤其是"财产混同"为由作出判决,以"过度支配与控制"为由判决"横向刺破"的案件占比并不高,但是不排除有原告举证难的原因,毕竟原告债权人作为公司外部人难以从被告公司内部取得股东"过度支配与控制"的证据,更何况"过度支配与控制"的证明难度较大,原告须举证证明母公司对子公司的过度控制符合连续性、持久性、广泛性,[1]这对原告来讲更是难上加难。在以"财产混同"为由作出的"横向刺破","财产混同"主要表现为交叉下单、交叉付款、交叉开票、交叉收货等交叉履行行为。这些行为在公司集团的运营中具有普遍性。与普通的市场交易不同,公司集团的关联交易经常不是相向的互利互惠,而是同向的、共同为"集团利益"的交易。集团成员公司为服从集团战略在某项具体交易中受损,公司集团可能在其他时段通过母公司或者受益的关联公司对其进行利益补偿以达到利益平衡,因此"交叉下单、交叉付款、交叉开票、交叉收货"等交叉履行在所难免。如果法院在人格否认案件中不全面考察公司集团治理全貌,仅截取特定时段、特定交易片段下个别企业的利益得失进行判断,可能会割裂公司集团关联交易的全链条、全流程,作出脱离事实的不公平判决。因此一定意义上讲,关联交易也是集团自治的手段之一,是企业自我调整化解纠纷的治理方式,应当受到鼓励。法人人格否认制度在我国司法实践中的宽泛适用也已经引起了很多学者的关注。比如蒋大兴教授就认为,由于中国现代企业发展历史短,法人人格不独立现象在现实生活中比较常见,如果广泛适用法人人格否认制度,将对中国企业基本秩序造成毁灭性打击。法人人格否认之泛化,也可能激发股东无

---

[1] 参见朱慈蕴:"公司法人格否认法理在母子公司中的运用",载《法律科学(西北政法大学学报)》1998年第5期。

限责任之危机，引发资本集体外逃，最终冲击公司法人制度。尤其是，虑及中国特有的家族经济/家族企业传统，特定的关系企业内部相互支持符合交易理性，因此，应适当缓和公司集团内部以及关联企业之间的法人人格否认之运用，限制法人人格否认无限扩大化，特别是企业破产过程中，滥用法人人格否认、随意进行实质 合并破产或者重整的问题较为突出，应当明确予以限制。[1]

综上所述，改革开放 40 多年，我国公司集团蓬勃发展，但是公司立法并没有认可公司集团的法律地位，没有建立判断公司集团的法律标准，更没有建立指导公司集团控制权行使和集团治理的法律规范。现行《公司法》中与公司集团有关的法律规定除了第 216 条中对"控股股东""实际控制人""关联关系"的定义外，有实质性内容的仅见于第 20 条的股东权禁止滥用原则、法人人格否认制度，第 21 条的关联交易的损害赔偿，以及第 151 条的代位诉讼制度。可以说，目前公司立法主要关注到了对控股股东、实际控制人的事后追责，除此之外对公司集团的立法几乎一片空白，这种立法状况与公司集团日趋重要的市场主体地位不相匹配。公司集团凭借"控制与从属"关系，建立了较"单一公司"更加稳固的控制结构。在这种控制结构下，"统一管控"是集团治理的灵魂。在母公司的"统一管理"下，"集团利益"成为指导母子公司一致行动的方针和指引，子公司自愿接受母公司的"统一管控"，有为集团利益而服从集团战略的义务，公司董事除了对本公司负有信义义务，还有义务服从集团战略与统一领导。"统一管控"的治理模式发挥了人、财、物的"协同效应"，提升了决策效率与规模效应，成就了公司集团的优势竞争力。但是，我国现行公司制度还局限于"单一公司"的立法结构，还停留在对控制权"谈虎色变"的阶段，立法中片面追求强化控股股东、实际控制人的法律责任，司法中不断扩展法人人格否认制度在关联公司和公司集团的适用范围，而忽视了肯定、维护公司集团组织形式的现实意义和建立符合公司集团运行特点的控股股东、实际控制人控制权行使规范与集团治理结构的价值。

---

[1] 参见蒋大兴："公司法修订草案中的关键缺失"，载《中国法律评论》2022 年第 5 期。

实际上，公司集团的实践已经给传统公司法带来了巨大的挑战。在公司集团中，"股东平等""资本多数决"原则的公平性受到质疑，法人人格独立原则、有限责任制度的合理性也受到前所未有的冲击，而公司集团治理中形成的"控股股东、实际控制人中心主义"治理模式与公司法上的"股东会中心主义"或"董事会中心主义"治理模式也已格格不入。正如学者所言，既然法律允许公司集团这一运营模式，就应该给予选择符合其自身发展需求的管理模式的自由。[1]在世界范围内，提升公司法的经济适应性已经成为各国各地区公司法现代化的共同特征。[2]就我国公司来讲，公司集团也已经成为企业"做强做优做大"的楷模，中国公司法要走向现代化，就不能忽视公司组织形式由传统单一公司向企业集团的发展变化。在公司立法中，有必要尊重公司集团组织形式下公司治理结构的变化，逐步确认公司集团的市场主体地位，建立适应公司集团运行的控制权行使规范和集团治理规范。此外，在公司集团制度建设中，有必要改变当前"只堵不疏"的立法格局，建立"既堵又疏"的立法体系。"堵"就是科学建立控制权规范制度，从强化控制权监督机制和完善控股股东、实际控制人的法律义务入手，构建防止控制权滥用的法律屏障；"疏"就是建立公司集团控制权行使机制，完善公司集团治理机制，确保在公司集团及其利益相关者的合法权益受到法律保障的前提下，鼓励和促进公司集团健康发展，达到良法善治的目的。

---

〔1〕　参见李建伟、林斯韦："全资子公司债权人保护的公司法特殊规则研究"，载《社会科学研究》2019 年第 2 期。

〔2〕　参见赵忠奎、周友苏："整合与扩容：公司组织形态变革的本土路径"，载《社会科学研究》2021 年第 1 期。

一、公司集团的立法原则

（一）"区分性"原则

我国公司集团具有多样性与复杂性。按照所有权的性质划分，有国企集团与民企集团之分；按照是否上市划分，有上市与非上市公司集团之分；按照组织结构划分，有严密的"金字塔"型集团与松散的"网格状"集团之分。区分公司集团的类型，是针对性解决各类公司集团发展问题的出发点。

就国企集团与民企集团的区分而言，虽然二者都具有"控制与从属"的组织结构及"统一管理"的集团治理模式，但不同的运作方式和管理目标决定了二者在公司治理结构上存在重要差异，由此也影响到公司集团立法上的差异。就国企集团而言，受国有资产监管体制的制约，国企集团在组织结构、运行规范、集团管理、权责分配等方面均有严格的制度保障，其组织运行具有高度规范性。国家在国企集团的管控上也形成了系列政策和法律法规，指导国企集团依法治企。[1]虽然现行立法与政策也存在庞杂、

---

[1] 比如，中共中央、国务院《关于深化国有企业改革的指导意见》明确提出"坚持党对国有企业的领导"，国务院办公厅《关于进一步完善国有企业法人治理结构的指导意见》提出"坚持深化改革、坚持党的领导、坚持依法治企、坚持权责对等"的国企法人治理的四项基本原则，国资委也印发《关于加强中央企业内部控制体系建设与监督工作的实施意见的通知》《关于进一步深化法治央企建设的意见》等规范性文件，强调"进一步完善企业内部管控体制机制""着力健全领导责任体系、依法治理体系、规章制度体系、合规管理体系、工作组织体系，持续提升法治工作引领支撑能力、风险管控能力、涉外保障能力、主动维权能力和数字化管理能力，不断深化治理完善、经营合规、管理规范、守法诚信的法治央企建设。"《企业国有资产法》和《企业国有资产监督管理暂行条例》还对国家出资企业负责人的选任考核制度，以及企业改制、资产评估、国有资产转让、关联交易等涉及国有资产出资人重大权益事项的法定程序都做了明确的规定。

散乱、操作性不强等问题，但这些政策与立法吸收、总结了我国国企改革与发展的成功经验，形成了一套独具中国特色的治理规范，对完善国有企业集团的治理有重要意义。在治理结构上，解决"所有者缺位"下的"内部人控制"问题一直是国企改革的目标，也是国企集团治理的症结。我国国企改革规范性文件中多次强调"健全领导责任体系"、落实"一把手"责任，就是要明确"一把手"在公司集团治理中的法律地位与法律责任，解决以"一把手"为代表的国企管理者的道德风险问题。体现在公司集团立法上，就是要明确国有资产监管体制下国家出资人与其代表人的法律关系及权利义务。相对而言，民企集团除了部分上市公司受到《证券法》的约束外，大量的非上市公司集团一直游走在法律的真空中。这种宽松的法律环境为民企集团带来蓬勃生机的同时，也容易被恶意利用欺诈债权人。近年来我国司法机关审理的公司法人人格否认案件数量逐年递增，适用范围不断扩张，与公司集团和关联企业的组织结构被恶意利用的经济现实不无相关。民营企业集团组织形式的滥用，不但破坏了市场交易秩序，也"反噬"了民企集团的营商环境。在治理结构上，民企集团控股股东及实际控制人直接掌握公司控制权，省去了管理层的代理环节，因此民企集团的治理重点不是管理层的道德风险问题，而是控股股东及实际控制人的控制权滥用问题。反映在公司集团的立法上，就是要建立控制权行使规范，尤其是控股股东、实际控制人的法律义务与责任。

就上市与非上市公司集团的区分而言，两种类型的公司集团治理规则也有很大差异。受证券法律法规的约束，上市公司在治理结构、信息披露等方面的要求更为严格，其股权透明度与交易透明度都远高于非上市公司，因而此类公司集团的管控较为规范。同时，由于集团控制权的行使受到并购市场以及股东集体诉讼制度的监督与制约，控股股东滥用控制权的风险明显降低。而非上市公司信息披露的内容仅限于公司登记文件中的信息，远不能全面真实反映公司的控制关系，更容易滋生控制权滥用问题。我国在证券法律规范中建立了控股股东、实际控制人诚信义务，对上市公司控制权规制提供了法律基础，而《公司法》对此并没有作一般性规定，以至于大量非上市公司集团的控制权不能被纳入公司治理结构加以规制。这种立法状况与公司集团的经济现实相去甚远。

除了上述区别外，实践中我国公司集团的组织形式也不尽相同。有的公司集团建立了规范的层层嵌套的"金字塔"组织结构，各层级之间建立了母子公司的控制结构，公司集团实施自上而下的"统一管控"，比如国企集团就普遍采用了此种集团组织结构。但也有的公司集团组织结构比较松散，表现为网络状的关联企业群。此类公司集团的控制关系较为复杂，混杂了股权控制、人事锁链、亲情关系、相互持股等因素，多存在人员交叉任职、银行账户及公章、财务专用章集中管理的情况，但各关联企业都听命于实际控制人的"统一管控"，经常被实际控制人用来进行不当关联交易，[1]还有的甚至被恶意用于虚假诉讼。[2]很多民企集团采用了此种组织机构。典型的"金字塔"结构公司集团与组织松散的关联企业群，共同构成了我国公司集团的全貌，由此也增加了我国公司集团立法的难度，需要照顾到两种不同组织形式的公司集团的实际需要。如果理想化地将公司集团的规范建立在"金字塔"结构上，不将关联企业群一并纳入公司集团立法，也不能从根本上解决我国公司集团的法律问题。

在公司集团立法中坚持"区分性"的原则，不一定是要对各种类型的公司集团分别立法，而是要在公司集团制度中体现"区分性"思维，改变以往"大一统"的立法模式，细化法律规制，建立包容性更强的公司集团制度。我国公司立法已经从学习与借鉴阶段迈入适应性发展的阶段，学者们在公司法修订的讨论中也提出了"宜细不宜粗"[3]的立法观点，在公司

---

〔1〕 比如，最高人民法院发布的"2021年全国法院十大商事案件"之九："河南省中原小额贷款有限公司、雏鹰农牧集团股份有限公司与河南新郑农村商业银行股份有限公司、郑州正通联合会计师事务所、西藏吉腾实业有限公司、河南泰元投资担保有限公司损害公司债权人利益责任案"河南省高级人民法院（2019）豫民终1565号民事判决书；再如，最高人民法院再审的"石嘴山青年乘用车有限公司、金华青年莲花控股集团有限公司股东出资纠纷案"，最高人民法院（2020）最高法民申200号民事裁定书。

〔2〕 参见最高人民法院认定的首例虚假诉讼案："上海欧宝生物科技有限公司与辽宁特莱维置业发展有限公司的虚假诉讼案"，最高人民法院（2015）民二终字第324号民事判决书。

〔3〕 参见刘俊海："新《公司法》的设计理念与框架建议"，载《法学杂志》2021年第2期；朱大明："公司法立法指导原则的研究——以日本公司法现代化改革为中心"，载《清华法学》2022年第2期。

集团立法中，将公司集团的一般制度与我国公司集团的特殊组织形式结合起来，丰富、细化公司集团的法律规则，提升公司集团法对各种形式的公司集团的适应性，对解决我国公司问题有重要意义。

（二）"本土化"原则

公司制度在各个国家的发展，都不可避免地受到政治经济制度、历史文化传统，甚至风土人情的影响而体现出"本土化"的特色。我国在1993年引入公司制度时就确立了"本土化"的立法思维。1993年公司法在吸收、借鉴西方国家传统的"实体法"模式，实现了中国公司法律制度与世界接轨的同时，助力完成了经济体制改革与国企转型发展的重大历史使命，使公司制度成为我国最基本的市场主体组织规范。2005年公司法在大幅剔除1993年立法中的行政管制色彩、强化企业自治理念的同时，吸收了国外立法，尤其是美国法新发展出来的公司法人人格否认制度和董事、高级管理人员信义义务等先进公司制度，为解决我国市场主体滥用"金字塔"的组织结构和法人人格独立原则逃避责任的问题提供了法律依据，优化了公司治理结构。2013年和2018年的两次公司法修订，充分发挥市场在资源配置中的决定性作用，放松了资本管制，进一步释放了市场主体的发展潜力，提升了我国公司法的竞争力。由我国公司立法的轨迹清晰可见公司法改革与市场经济体制改革的同频共振关系，我国公司法律制度已经成为我国社会主义市场经济制度的重要组成部分。只不过前期的公司立法更倚重于知识学习与制度移植，注重选取对我国有实用价值的公司法律制度，为我所用。前期立法所借鉴与移植过来的制度在与我国政治经济体制及传统文化相融合的过程中，也暴露出一些不相适应的问题，也对公司法的改革与发展提出了新要求。比如，虽然《公司法》自颁布之日起就致力于服务国企改革，2021年公司法《修订草案》"说明"中也再次强调，修改公司法，是深化国有企业改革、完善中国特色现代企业制度的需要，但《公司法》对国企的适应性还亟待加强。实践中，国有企业主要是按照国有资产监管体制的要求和国资监管部门的规章制度运行，包括国企董事会改革在内的许多新举措在《公司法》中并没有得到体现，因此对国企而言，《公司法》"形式化"现象较为突出，对国企改革的指导意义有待增强。《公司法》的

"形式化"问题在民企实践中也同样存在。我国民企主要建立在亲情、友情基础之上，由实际控制人事实操控公司的治理格局与《公司法》规定的公司治理结构大相径庭。因此，《公司法》治理结构在实践中被束之高阁，甚至还成为企业的"负累"，企业不得不为了"满足"公司法的需要而在公司决策中"补程序""补决议"，造成公司治理结构"空转"的问题。我国公司立法如何注意经济结构对公司法改革提出的要求和公司法对改善经济结构的引导、促进作用，[1]在"趋同与差异"之间找到平衡，建立中国特色现代企业制度、[2]建立与发展符合中国现实需要的先进公司法理念与制度？[3]学者们提出以"公司是什么"的实证性命题替代"如何是更好的公司法"的规范性命题，为公司提供多元、充分的规则供给，[4]这对解决当前中国公司实际问题有非常重要的价值。在公司集团已经成长为我国重量级市场主体的背景下，在借鉴国外公司集团理论与制度的同时，建立起适应我国市场经济发展所需要的、符合我国集团组织形式的公司集团制度，也是建立具有中国特色、适应中国社会主义市场经济发展的公司法律制度所需要遵守的原则与立场。

二、公司集团的立法模式

（一）"合并式"与"分离式"模式的选择

对于我国公司集团制度的立法形式，学界主要争议的是"合并式"立法和"分离式"立法。"合并式"立法是指在《公司法》中规定公司集团制度的基本规则，并在银行法、破产法、税法、反垄断法、反不正当竞争法等其他相关法律规范中作公司集团的特别规定；"分离式"立法，也称单独立法，是指制定"公司集团法"单行法，将所有与公司集团相关的制度一体规范。

---

〔1〕 参见王保树："竞争与发展：公司法改革面临的主题"，载《现代法学》2003年第3期。
〔2〕 参见陈甦："我国公司立法的理念变迁与建构面向"，载《中国法律评论》2022年第3期。
〔3〕 参见赵旭东："公司法修订的基本目标与价值取向"，载《法学论坛》2004年第6期。
〔4〕 参见邓峰："中国公司理论的演变和制度变革方向"，载《清华法学》2022年第2期。

　　"合并式"是我国商主体立法一贯采用的立法方式，此种立法形式符合商法理论及法教义学逻辑的"统分结合"模式，在总则中提炼出一般性规则，在分则中作个性化补充，体现一般与特殊、共性与个性相结合的特点，《公司法》也采取了此种立法模式。但是，随着公司组织形式的发展变化，提炼一般性规范的难度变得越来越大。目前，我国《公司法》以有限责任公司与股份有限公司对公司类型的简单划分，已经无法囊括所有公司的特征，在规范适用层面上也经常遇到难分彼此与顾此失彼的问题。在世界范围内，公司类型的多元化都对差异化立法提出了迫切需求。差异化立法能针对性解决各类公司出现的实践性问题，更好适应市场经济的需要，所以"分离式"立法模式也受到很多学者的赞同。从现代公司法的发展趋势看，"分离式立法"正在成为新趋势。比如《日本公司法典》就有"公司""外国公司""子公司""母公司""公开公司""大公司"等定义，[1]《英国公司法》也有"母公司"的定义，在 2018 年修订中还加入了"小公司优先原则"，为小公司量身打造公司制度。概括而言，"分离式"立法有两种形式：一是制定单行法，比如德国将公司法从商法典中分离出来，之后又制定了《有限责任公司法》和《股份公司法》；二是在《公司法》中，以专章规定某种公司类型。这种形式在表面上看来与"合并式立法"相同，但并未采取严格的统分结构，更似"形式上的合拢"，比如 2005 年《日本公司法典》完成了"一体化"立法，将公司类型重新划分为股份公司与持份公司，并在持份公司中包括了无限责任公司、两合公司、合同公司等，不同公司类型分编（章）的设置，呈块状立法结构，构成一种"形式合拢"的分离式立法结构。英国与美国虽然在历史上都经历了由单行法向"统一公司法"的法典化过程，但其公司法典也是将当时有效的成文单行法作形式上的合拢。

　　我国现行《公司法》采取了"合并式"立法模式，形成了"总则-有限责任公司与股份有限公司制度—法律责任"的"统分统"结构。目前来看，《公司法》实行的"统分统"合并式立法模式，以及有限责任公司与股

---

〔1〕　参见《日本公司法典》，崔延花译，中国政法大学出版社 2006 年版，第 1~4 页。

份有限公司的"二分法"立法方式，也已经不能满足我国公司类型多元化的经济现实，公司类型的创新与《公司法》的"分离式"立法受到越来越多学者的关注。在2019年开始的《公司法》修订讨论中，一些学者建议摒弃有限责任公司与股份有限公司的划分方式，吸收英美法立法传统，以股份的流动性与股东之间的信赖关系为基础建立以公众公司与非公众公司为基础类型的公司制度，[1]并在公众公司与非公众公司基础上，进一步做差序化安排，将公司类型分为上市公司、非上市公众公司、封闭性股份有限公司与合同公司。[2]也有学者提出对《公司法》来"一次解构与重组"[3]，对上市公司、国有企业、公司集团（关联公司）单独立法的建议。但从2021年公司法《修订草案》的"说明"来看，立法机关采取了在现行公司法基本框架和主要制度的基础上作系统修改、保持现行公司法框架结构的立法态度，未改变现行公司法的结构，在公司组织形式上也仅增加了"一人股份有限公司"和"国家出资公司"，并未将"公司集团""关联公司""合同公司"等新型公司组织形式纳入调整范围，与学者们期望的"结构性重塑"差距甚远。

现代公司立法受到公司组织形式发展变化的深刻影响，提升公司法的经济适应性已经成为各国各地区公司法现代化的目标。我国市场经济蓬勃发展，公司的组织形式已经从传统的"单一公司"发展出关联公司、合同公司、公司集团等新型公司组织形式，不同形式公司的控制关系与治理结构存在明显差异，在"分离式"立法模式下重构《公司法》的结构也是我国《公司法》需要作出的选择。不过，在"分离"的方式上，可以视情况作出区分选择。就公司集团的立法而言，可以有两种选择：一是制定公司集团单行法，二是在"一体化"立法结构下，设专章规定公司集团或关联公司的法律规则。立法选择受到政治经济制度、司法现状、制度供给和基

---

[1] 参见王建文："论我国公司类型的重构"，载《山西大学学报（哲学社会科学版）》2021年第4期。

[2] 参见刘斌："公司类型的差序规制与重构要素"，载《当代法学》2021年第2期。

[3] 冯果："整体主义视角下公司法的理念调适与体系重塑"，载《中国法学》2021年第2期。

础研究等各项条件的限制，在各项条件成就的前提下，单行法的立法模式显然更具有针对性与系统性。但是，在上述条件不充分的条件下，为应对公司集团发展的实践需求，可以考虑以专章规定公司集团法律制度。到目前为止，我国公司集团的前期立法准备尚不充分，不但《公司法》没有改变以"单一公司"为模板的立法格局，未认可公司集团的法律地位，也未建立公司集团控制权行使规范和公司集团治理规则，其他各部门法的相关规定也出于各自的监管目的，未明确相关主体权利义务的性质与内容。比如，《证券法》中控股股东诚信义务的法律性质是什么？是否为《公司法》第 20 条规定的"股东权禁止滥用"规则在《证券法》上的体现？诚信义务的内容又包含哪些？如何判断？这些立法的理论基础不明确，事实上已经引起了理解与适用上的混乱。同样的问题在《公司法》中也存在，比如《公司法》第 20、21 条以及 2021 年公司法《修订草案》第 191 条的规范基础是民法中的"权利禁止滥用原则"与"共同侵权"制度，而不是公司法治理规范，为何不从公司治理结构建立控股股东、实际控制人的义务与责任规范？类似问题的出现，很大程度上反映出我国前期立法对公司法基础理论研究的不足。不论对国外的公司制度，还是其他部门法（比如民法）中的制度，《公司法》采取了"拿来主义"和"实用主义"的态度，只要能解决我国公司的实际问题拿来就用，至于这些制度的法理基础、与公司法的协调性和对公司治理的影响，则少人问津。20 世纪末、21 世纪初曾有学者提出借鉴国外法，尤其是德国法，进行公司集团立法，但应者寥寥。近几年，随着与公司集团相关纠纷的增多，司法机关在案件纠纷的裁判中加大了对控制权滥用行为的惩戒和处罚，对公司集团及控制权的法律问题引起越来越多学者的关注，但相关研究主要局限于法人人格否认制度、关联交易、控股股东和实际控制人规制等有限的几个领域，而对公司集团的概念、法律地位、立法模式、治理结构等基础性理论和控制权行使中的权利保障等研究则少之甚少。可以说，我们前期的制度供给与理论研究还比较滞后。在这种情况下，制定"公司集团法"的选择难免牵强，可以考虑参考其他国家和地区的做法，因此，我国可以采取"形式上合并"的立法模式，专章规定公司集团与关联公司的基本概念和基础制度。遗憾的是，我国公司法《修订草案》的两次审议稿都没有加入公司集团与关联公司的规定，期待在后续的征求意见稿及正式颁布稿中采纳此种立法建议。

（二）"实体法""团体法"与"单一商业体"模式的选择

基于对公司的性质与目的的不同理解，在公司集团立法中出现了以英国为代表的"实体法"模式、以德国为代表的"团体法"模式，还有以美国为代表的"单一商业体"模式等，不同的立法模式体现了不同的法律思想。我国《公司法》采取了"实体法"立法模式，没有认可公司集团的独立法律地位，也没有建立公司集团的组织、运行与管理规范。一些学者认为目前的立法模式不利于公司集团的健康发展，主张选择德国的"团体法"模式，对公司集团进行单独立法或在《公司法》中专章立法。[1]也有一些学者认为不宜简单地从"实体法"模式转向"团体法"。因为"团体法"模式下，集团中的所有公司都可能对整个集团的债务承担责任，该制度的僵化适用不利于我国公司集团的成长，因而建议采用以英美法系的分离实体范式为主、德国的单一企业范式为辅的新范式，即在引入英美法系公司法人人格否认制度的基础上，批判性地吸收德国"康采恩"制度的有益成分，建立一个涵括一般适用规则、特殊适用规则和自由契约机制的母子公司债务责任体系。[2]

"实体法"与"团体法"两种立法模式各有所长，也各有其局限性。公司集团中，控股股东确实存在为扩大控制利益而损害子公司及其债权人利益的动机，而"实体法"所坚守的法人人格独立原则及有限责任制度对子公司及其债权人保护乏力，只能靠扩大法人人格否认制度的适用范围来填补制度漏洞。然而，法人人格否认制度在公司集团中的适用标准模糊，宽泛适用又可能影响公司集团的经营秩序。相比之下，"团体法"模式注重维

---

〔1〕 参见郭富青、王喆："公司集团化对公司法的挑战"，载《人文杂志》1999年第6期；朱慈蕴："论中国公司法本土化与国际化的融合——改革开放以来的历史沿革、最新发展与未来走向"，载《东方法学》2020年第2期；刘俊海："新《公司法》的设计理念与框架建议"，载《法学杂志》2021年第2期。

〔2〕 参见黄辉："公司集团背景下的法人人格否认：一个实证研究"，载《中外法学》2020年第2期；黄辉："国企改革背景下母子公司债务责任问题的规制逻辑和进路"，载《中外法学》2017年第6期。

护公司集团组织的稳定性和运营的规范性，有助于提升公司集团治理能力，并强化对子公司及其债权人的保护力度。但是"团体法"规制在实践中同样存在诸多问题，比如母子公司的年度经济补偿就受到关联交易长期性、继续性和复杂性的影响，难以准确计算。同时，子公司对公司集团在经济上的高度依赖决定了即使得不到充分补偿，子公司也不可能与母公司对簿公堂，这种情况下子公司债权人依然处于与"实体法"立法模式相同的境遇。因此，很难说哪一种立法模式就是最先进、最合理的选择，更何况在过往的立法中，一些看似理论合理的制度设计也容易在实践中"翻车"，我国的监事会制度、上市公司独立董事制度就是很好的例证。

　　本书在第一章介绍了"影响公司集团立法模式选择的因素"，从上文介绍的各个因素来衡量，我国公司股权高度集中，公司集团在国企和民企中普遍存在，而建设法治化营商环境、鼓励企业做强做优做大也是我国社会主义市场经济建设的目标，因此建立公司集团制度的政治、经济条件已经具备。影响我国立法模式选择的最大因素主要是立法成本。如果保持原有的立法体例，则不用投入很大的立法准备，也无需投入后期的培训、普法成本，是成本最小化的选择；如果打破原有的立法体例，重塑《公司法》结构，必将付出更多的成本与代价。2021年全国人大法工委在公司法《修订草案》"说明"中也表明了此次立法修订的基本态度，即"在现行公司法基本框架和主要制度的基础上作系统修改。保持现行公司法框架结构……"。这种立法态度虽然与学者们提出的对《公司法》进行彻底的结构性重塑的构想有较大差距，但从我国市场经济发展的现状与我国公司立法的路径依赖来看，也有其合理性。

　　首先，"实体法"模式以法人制度为基础，强调保障市场主体的独立地位。我国市场主体制度还不够完善，尤其是公司的独立主体地位尚未得到充分保障，控制权滥用现象普遍。如果采用"团体法"模式，容易混淆集团成员公司的独立人格，为控制权滥用埋下伏笔。更何况我国大量公司集团是国企集团，"团体法"模式容易放大集团母公司的权利，误导母公司重回对子公司实行行政管理的老路。

　　其次，从路径依赖的角度来看，我国《公司法》自2005年以来的历次修改，主要是借鉴了美国的公司制度。美国"单一商业体"模式的根基也还是"实体法"，只不过美国在公司集团立法上比英国更为开放，更多接受了"企业法"思想，灵活运用市场监管规则、司法判例和州立法，解决了"实体法"体例所不能容纳的公司集团特殊问题。美国"单一商业体"的立法模式最大的优势就是其灵活性，它既保持了"实体法"结构，维护了公司法人制度的根基，又通过判例法及成文法中公司集团具体规则的构建，实质性地对公司集团发展中的具体法律问题作出具体解决，体现出很强的实用性。

近年来，我国《公司法》在实践中的发展也体现出与美国法相似的特征。人民法院在民商事审判中的创新性司法很大程度上突破了传统的"实体法"格局，极大扩展了公司法律制度的适用范围。其一，在涉及公司集团破产案件的处理中，创造性采用"实质合并"破产制度，将公司集团视为一个独立经济实体，进行整体重整或实质合并破产。比如，在"深圳市深信泰丰（集团）股份有限公司整体重整案"中，司法机关首创"1+4"模式，将集团公司和下属四家主要子公司一并重整，保全了四家子公司经营性资产，成为全国首个具有公司集团重生重整意义的案例。最高人民法院发布的第29批指导性案例，均为企业实质合并破产案例，在第163号、164号和第165号指导案例中特别强调，对关联企业成员之间出现法人人格高度混同、区分各关联企业财产的成本过高、严重损害债权人公平清偿利益等情况下，法院可以依申请适用关联企业实质合并规则，对集团公司及关联公司进行实质合并破产。其二，在公司法人人格否认制度适用中，司法机关也逐步认识到公司集团运行的特殊性，开始慎重适用人格否认制度。比如，在上海金融法院审理的"长江证券（上海）资产管理有限公司与中国华阳经贸集团有限公司、中国华阳投资控股有限公司等公司债券交易纠纷案"[1]中，判决指出，各被告系属公司集团，在公司集团中，集团公司对其下属公司的人员、组织、机构进行统一管理为常态，如集团公司向下属公司派遣管理人员、对下属公司制定统一的业务规范、建立统一的财务

---

[1] 参见（2018）沪74民初1283号民事判决书。

管理制度等。该种统一的管理只要未超出合法范围，在集团公司未滥用权利的情况下，不能作为集团公司不当支配或控制下属公司的依据。其三，在股东权保护上，司法机关也逐渐突破了法人人格独立原则的限制，接受了公司集团中"股东权穿越行使"的理念。比如，"渤海银行股份有限公司大连分行、大连福美贵金属有限责任公司金融借款合同纠纷案"[1]的判决，就在母子公司关系中实现了"表决权穿越行使"的效果。在很多查阅权纠纷中，法院也判决母公司的股东可以依照公司章程的规定，查阅子公司的文件资料，实现了"知情权穿越行使"。人民法院在公司集团纠纷解决中的创新性司法裁判，在保持公司法"实体法"结构不变的情况下，灵活拓展了公司法的适用范围。这些审判经验以司法解释、会议纪要、公报案例等形式固定下来，在人民法院类案检索制度实施后，实质性转化为裁判依据，极大拓展了公司法的适用范围。

　　"实体法"立法加之司法机关的能动司法，也是美国公司集团法的发展特点。我国法院在公司集团制度上的创新思维也主要是借鉴了美国判例法的裁判经验，因而对美国法已经形成路径依赖。近年来，司法实践的创新性规则也不断地通过立法修订逐步被立法所吸收。虽然我国一直采取的成文法立法传统与美国的判例法传统有很大差异，但是不妨碍彼此的制度借鉴。考虑到我国公司高度集中的股权结构、公司集团普遍发展现状以及鼓励企业做强做优做大的经济政策，在公司集团立法模式选择上可以借鉴美国"单一商业体"模式，在维护"实体法"体系及法人制度的基础上，建立"公司集团"或"关联公司"专章，补充公司集团的具体规则。这种立法选择，既符合我国公司法的发展脉络，有利于保持立法的稳定性，节约立法成本，也有利于维护市场主体的独立人格。现行《公司法》没有规定公司集团，与公司集团相关的几个概念，包括"控股股东""实际控制人"

　　〔1〕　参见（2020）最高法民终532号民事判决书。大连控股将募集资金以福美公司名义存入渤海银行大连分行开立的专项账户，福美公司将此募集资金以自己的名义为大连控股的控股股东长富瑞华公司提供了质押。法院认为募集资金的实际所有人为大连控股，福美公司仅是形式上的出质人，案涉质押协议未经大连控股股东大会决议通过，违反了《公司法》第16条的规定，为无效协议。

"关联关系"都放在了"附则"中，这种做法有悖于常规的立法例。而关于禁止股东权滥用及关联交易的规定，则放到了总则的位置，[1]其余的一些规定还散见于"监事、高级管理人员的资格和义务"或"上市公司组织机构的特别规定"等章节中，这反映出现行《公司法》对公司集团的调整毫无章法、缺少系统性，同时也给法律适用带来困难。[2]其实，控股股东、实际控制人与关联公司等概念反映的是公司集团的组织结构，而关联交易、禁止权利滥用等规范调整的是与公司集团有关的法律行为。本书建议将这些概念与制度重新整合在公司集团专章中规定，建立"结构+行为"的规范体系。其中，公司集团的"结构规范"包括公司集团、关联公司、母子公司以及控制权的定义，法人人格否认制度，控股股东、实际控制人的诚信义务等与公司集团法律地位与组织结构有关的内容；"行为规范"包括股东权的穿越规则、公司集团关联交易的公平交易规则、公司集团的强制信息披露规则、公司集团中的债权人利益保护制度等。这种"结构+行为"的立法方式，不但从法律上认可了公司集团的法律地位及集团利益的合法性，而且为公司集团法律行为的效力判断提供了制度依据，有利于指导司法机关在裁判中考虑公司集团治理的特殊性，以行为是否发生在公司集团成员之间、是否符合集团利益、是否履行了集团章程规定的程序等为要素判断公司集团法律行为的效力和相关人员的法律责任，弥补一体适用"实体法"规范中产生的不足。

三、公司集团的法律定位

（一）公司集团的性质

在公司法理论研究中，学者们也曾以"经济联合组织""企业联合组织"[3]"企业联合现象""企业联合形式"等对公司集团进行定义，重点描述了公司集团的组织特点，但未明确其法律性质。1998年国家工商行政管

---

[1] 参见《公司法》第16、20、21条。

[2] 参见吴越："公司关联交易的安全港程序与公司集团立法研究"，载《北京理工大学学报（社会科学版）》2022年第5期。

[3] 郭富青、王喆："公司集团化对公司法的挑战"，载《人文杂志》1999年第6期。

理局印发的《企业集团登记管理暂行规定》（已废止）认可了公司集团的市场主体地位，在第 3 条规定："企业集团是以资本为主要联结纽带的母子公司为主体、以集团章程为共同行为规范的母公司、子公司、参股公司以及其他成员企业或机构共同组成的具有一定规模的企业法人联合体。企业集团不具有企业法人资格。"该定义明确了公司集团的非法人性。为统一企业名称登记规范，2020 年《企业集团登记管理暂行规定》被废止，同年 12 月国务院修订《企业名称登记管理规定》，在第 14 条对企业集团名称登记作了补充规定。[1] 2021 年 7 月国务院公布《中华人民共和国市场主体登记管理条例》（以下简称《市场主体登记管理条例》），在第 2 条列举的市场主体中未包含"公司集团"或"企业集团"，但依据该条第（六）项"法律、行政法规规定的其他市场主体"的规定，应当包括了《企业名称登记管理规定》中载明的企业集团。因此，我国公司集团的合法市场主体地位已经得到认可。

公司集团是典型的商主体，其经营活动的直接利害关系人是各类民商事主体，包括债务人、股东、职工等。因此，除了市场监管规范外，公司集团的法律性质还需要在民商事法律规范，尤其是在《公司法》中加以明确。目前来讲，包括《中华人民共和国民法典》（以下简称《民法典》）和《公司法》在内的民商事立法均没有规定"公司集团"或"企业集团"的概念，没有明确公司集团的法律地位，更没有认可维护集团利益的合法性。但是，《民法典》第 2 条将"非法人组织"规定为民事法律关系的主体之一，《市场主体登记管理条例》第 2 条也规定，本条例所称市场主体，是指在中华人民共和国境内以营利为目的从事经营活动的下列自然人、法人及非法人组织。公司集团作为合法的市场主体，理应属于《民法典》及上述条例的调整对象。原《企业集团登记管理暂行规定》第 3 条曾明确规定企业集团不具有企业法人资格。1991 年国务院批转国家计委、国家体改委、国务院生产办公室的《关于选择一批大型企业集团进行试点请示的通知》

---

〔1〕 该条规定："企业集团名称应当与控股企业名称的行政区划名称、字号、行业或者经营特点一致。控股企业可以在其名称的组织形式之前使用'集团'或者'（集团）'字样。"

中也强调了企业集团成员的独立法人地位。[1]结合现行《公司法》的"实体法"立法体例,显然"非法人组织"的法律定位与公司集团的组织形式更为契合。《民法典》第102条第1款规定:"非法人组织是不具有法人资格,但是能够依法以自己的名义从事民事活动的组织。"第2款规定:"非法人组织包括个人独资企业、合伙企业、不具有法人资格的专业服务机构等。"可以借助该条第2款规定中的"等"字,将公司集团纳入"非法人组织"中。在《公司法》修订中,应明确认可公司集团拥有不同于成员公司的集团整体利益,允许其作为一类单独的企业形态进行登记,并在《公司法》分则中设专章对公司集团的治理规则和内外部关系的特殊调整规则进行规定。[2]

(二) 公司集团的特征

学者一般认为公司集团具备以下特征:(1) 由两个以上的企业组合而成,且各企业具有独立法人地位。我国的一些法规、政策性文件和理论研究中习惯使用的"企业集团"概念,由于公司已经成为我国最普遍的企业组织形式,所以就其内涵而言,与公司集团已无大区别。(2) 成员企业之间具有"控制与从属"的关系。在众多关联企业中,只有构成控制与从属关系的关联企业才是企业集团。正如郭富青教授所言,公司集团众多的成员之间是一种关联公司的关系,但这种关系只有体现为控制与被控制的关系时才能构成公司集团。[3](3) 公司集团由集团母公司集中行使控制权。集团控制权也被称为"统一管理权",是集团母公司协调各个成员公司一致行动、实现集团愿景和维护集团整体利益的权利。公司集团之所以能取代单一公司占据优势竞争力,除了其有效规避风险的结构性优势外,控制权统一行使的经济优势不可小觑。控制权的统一行使,大幅降低了运营成本,提升了经营效率,是公司集团核心竞争力的源泉。

---

[1] 该通知提到:"企业集团的核心企业和其他成员企业,各自都具有法人资格。这是企业集团与单个大型企业的重要区别。"

[2] 参见汪青松:"关联交易规制的世行范式评析与中国范式重构",载《法学研究》2021年第1期。

[3] 参见郭富青、王喆:"公司集团化对公司法的挑战",载于《人文杂志》1999年第6期。

（三）公司集团的类型

对公司集团的类型有明确立法分类的，主要是采取了"团体法"立法模式的国家和地区，其中以德国最为典型。德国《股份公司法》将公司集团分为"契约上的康采恩"与"事实上的康采恩"（也称"实质性康采恩"）两种类型。[1]"契约上的康采恩"将合同理论引入公司制度，以"契约控制"为构想使控制公司对从属公司的事务与资产享有合法、不受约束的控制权，控制公司可以向从属公司直接下达指令，从属公司有服从领导的义务。德国法为"契约上的康采恩"设计了一整套保障制度，包括契约的签订、修订、废止的公开化与民主程序、提高法定盈余公积金、保障外部股东的股息及红利、赋予外部股东股票转换与现金收买权请求权、禁止控制公司滥用权力等制度，在鼓励公司集团发展的同时保障了从属公司、弱势股东及债权人的合法权益。德国建立的"契约上的康采恩"制度，旨在建立公司集团的规范形式，指引公司集团的发展，但并不强制性实施。企业可以选择建立"契约上的康采恩"，也可以采用"事实上的康采恩"的组织形式。"事实上的康采恩"制度主要用于不以签订控制契约为必要的控股型康采恩关系。这种康采恩组织比较松散，不具有典型的公司集团的集中权威性，但具有康采恩的实质性特征。在此类公司集团中，控制公司对从属公司并不享有当然的领导权，只有在向从属公司给予经济补偿并履行披露程序的前提下，控制公司才能对从属公司下达指令。虽然"契约上的公司集团"的完善制度设计常因企业想方设法地规避而被空置，而利益补偿制度的实施也因判断标准模糊而纠缠不清，但德国的康采恩立法还是对法国和中国台湾地区等国家和地区的立法产生了重要影响。

我国公司股权集中度高，公司集团化现象普遍，但公司集团的组织形式不尽相同。一些公司集团不但具有"金字塔"的外观结构，而且有严密

---

〔1〕虽然德国判例法中又发展出"适格的康采恩"理论（"qualified concern" doctrine，也称"推定的康采恩"），但该理论主要是为了解决"事实上的康采恩"制度适用中由原告举证所带来的从属公司维权困境，主要是通过司法手段实现举证责任的倒置，其解决的依然是"事实上的康采恩"的法律问题。"契约上的康采恩"建立于控制契约、盈余转移契约、共同体契约、部分盈余转移契约、营业租赁契约和营业委托等关系契约之上，其中控制契约居于最重要的地位，其他契约可围绕控制契约而产生；"事实上的康采恩"不以企业间的契约为基础，主要依据控股而产生。

的组织规范，国企集团大多具有此类特征。国企集团是国企改革中落实国有股权的控制地位、实现国有资产控制权的法律创造。其组织形式及经营模式受国有资产监管制度的约束，组织结构比较统一、规范，不但有公司集团典型的"金字塔"结构，而且进行了公司集团的名称登记，使用统一的字号，有集团章程或集团权力机构，还建立了风险防范机制等集团管控制度。除了此类公司集团外，还有一些公司集团不具有"金字塔"的外观结构，也没有严密的组织规范，传统的民企集团多具有此类特征。民企集团是市场经济发展的产物，具有家族性特点。与国企集团相比，民企集团的组织结构比较松散、自由，虽然母子公司之间也具有实质性的控制与从属关系，但很多不进行公司集团登记，甚至不使用集团名称和字号，没有集团章程，也不建立集团组织结构及治理规范。在集团运作中，主要依靠实际控制人的决策实现一致行动，公司机关的组织机构形式化严重，实际控制人可以通过"批准"等方式对集团事务作出实质性决策。[1]此类公司集团外在表现为规模不等的"关联企业群"，如果不深入了解其股权结构，很难从外观发现企业之间的关联关系。这种颇具"隐蔽性"的公司集团组织形式极易沦为实际控制人滥用权利的工具。近年来，随着一批以高新科技企业为代表的现代民企集团的崛起，民企集团家族色彩逐步淡化，股权多元化日趋鲜明，公司治理结构也更加符合现代企业制度的要求。因对资本市场与金融市场的高度依赖，这些企业还探索出差异化表决机制等创新性集团管控措施，有力推动了《公司法》《证券法》的改革。同时，随着国企混合所有制改革的推进，国企与民企融合发展的速度明显提升，公司集团的组织结构日趋规范。总之，我国公司集团具有多样性的发展特点，由此也决定了在公司集团制度构建中不可能以一个标准模式、整齐划一地制定公司集团运行规范。

现代公司法中，大多数的国家都以是否具有事实上的"控制"来界定母子公司。这种立法模式包容性强，也具有很强的灵活性，它抓住了公司集团的"集中管控"的核心特点，适合于将各种各类公司集团纳入法律调

---

〔1〕 参见湖北省高级人民法院（2013）鄂民二终字第00084号民事判决书。

整范围，而不论其是否建立了规范的组织结构或集团战略机构。不过，这种立法模式也有缺陷：一是它无法为公司集团的未来发展与公司集团治理提供规范性指引，这也是德国法要以"契约上的公司集团"为基础建立一套公司集团运行规范的根本原因。二是仅以"控制关系"为判断标准，则只能倚重事后救济弥补集团运营中子公司及其债权人的利益损失，而不能通过发挥公司治理结构的作用起到事前预规范的作用。实践也证明，德国司法实践中所遭遇到的损失认定难问题和我国司法实践中遇到的法人人格否认制度"水土不服"问题，都会影响事后救济的法律效果。

德国立法区分"契约上的康采恩"与"事实上的康采恩"，以"契约上的康采恩"为指导建立规范化的公司集团运营制度，并兼顾了实践中不具有契约控制关系但实质上具有公司集团特点的"事实上的康采恩"。这种"一般+特殊"的立法思路也比较适合我国公司集团的实际情况。我国公司集团制度的构建一定要有包容性，兼具普遍性与差异性，既能对典型的公司集团建立一般制度，指引公司集团的规范化发展，又能对非典型的公司集团进行法律调整，促使其走上透明化与规范化的发展轨道，减少乃至杜绝以公司集团或关联公司为外衣隐蔽实施市场欺诈的行为。不过在公司集团类型的立法选择上，要有所借鉴，也要有所取舍。我国公司集团我没有签订控制协议的习惯，因此我们建立公司集团制度，应当从中国公司的实际出发，如果我们照猫画虎建立"契约上的公司集团"反倒容易引起误解。

虽然说集团组织形式与治理结构是公司集团自治的范畴，法律无法也不该为其制定统一的模型，但是我国关联公司控制权滥用现象普遍，《公司法》尚无有效措施规制实际控制人，如果能通过公司集团立法推动控制关系的透明化和公司集团治理的规范化，可以极大地降低控制权滥用的风险。因此，我国公司集团立法应当鼓励公司集团的规范化经营。规范化经营的重点是公开化与透明化，即在集团章程中公开集团控制关系和公司集团运行规则，建立包括信息披露制度、少数股东保护制度以及子公司及其债权人保护制度等在内的法律强制性规范。具体而言，由于我国市场管理机关一直有对公司集团进行登记管理的传统，且我国传统文化中的"官本位"思想源远流长，市场主体更信任国家权力机关所做的登记与备案。因此，在我国公司集团的分类及制度构建上提出如下建议：（1）以是否进行公司集团登记为标准，区分"登记型公司集团"与"事实型公司集团"。（2）对"登记型公司集团"建立公司集团登记制度和集团章程的备案制度。其中集团名称、股权结构、集团权力机构及其组织规则、母公司对子公司的补偿机制等为集团章程必要记载事项。公司集团应否制订集团章程或者制订集团内部管理规范，属集团内部的事务，公司法无须过度干预，[1]因而公司集团登记制度与集团章程备案制度不具有强制性，但是一旦公司集团选择进行登记，则必须进行章程备案，并遵守登记型公司集团制度中的强制性法律规范，比如股东董事的信息披露义务、控股股东与实际控制人的诚信义务等。（3）参考德国"契约上的康采恩"立法，对"登记型公司集团"的控制公司（集团母公司）赋予法定的"统一管理权"，除非集团章程另有规定，否则其有权对从属公司直接下达指令，从属公司有服从指令的义务；[2]"登记型公司集团"的董事、监事、高级管理人员为服务集团利益而使本公司利益遭受损害的，可以免责；控制公司违反集团章程规定拒绝对从属公司弥补损失的行为，少数股东及债权人有权提起代位诉讼；放松"登记型公司集团"法人人格否认制度的适用标准，只要"统一管理权"的实施不违反集团章程，一般不认定为"滥用控制权"或"过度支配与控制"。（4）对于"事实型公司集团"，建立"控制关系"的判断标准，控制公司或实际控制人无法定的"统一管理权"，其只能依据公司法人制度行使控制权。除非控制公司或实际控制人履行了法定程序（事前信息披露、事中决议程序、事后补偿），不得对从属公司直接下达指令，也不得对从属公司的经营活动进行实质上的"审批"，否则适用公司法人人格否认制度对债权人承担连带责任。

---

[1]　参见吴越："公司关联交易的安全港程序与公司集团立法研究"，载《北京理工大学学报（社会科学版）》2022年第5期。

[2]　事实上这种决策机制已经被我国司法实践所认可。比如，在《九民纪要》"（六）关于公司为他人提供担保"部分第19条"无须机关决议的例外情况"第（2）项就规定"公司为其直接或者间接控制的公司开展经营活动向债权人提供担保"无需履行公司机关决策程序，反映了现实生活中集团公司为内部企业提供担保中公司决议程序的形式化与集团统一管理的实质性。

第四章

公司集团的控制权规制

一、控制权规制的意义

公司集团中，集团母公司对成员公司实施自上而下的"统一管理"，可以说集团控制权是落实集团战略、实现集团利益的抓手。集团控制权的行使，在母、子公司之间形成"控制与从属"的关系，集团母公司可以依据集团章程和集团权力机构的决议，直接对成员公司下达指令，而成员公司及其董事、高级管理人员则有服从集团战略、维护集团整体利益的法定或约定义务。控制权是一把双刃剑，用好了将提升集团治理绩效、扩大集团利益并为各个成员公司带来福祉；用得不好，就容易异化为侵占或掠夺成员公司财产、截取成员公司利益的工具。目前，我国公司法没有确认公司集团控制权的合法性，也没有明确公司集团的"控制与从属关系"的判断标准，更没有建立控制权行使的法律规则。司法机关主要依据《公司法》第 20 条处理公司集团内外部法律关系。然而，第 20 条第 1、2 款所规定的"股东权禁止滥用"原则的适用标准是模糊的，最高人民法院在《关于适用〈中华人民共和国民法典〉总则编若干问题的解释》中对于《民法典》第 132 条所称的"滥用民事权利"，也只是提出"根据权利行使的对象、目的、时间、方式、造成当事人之间利益失衡的程度等因素作出认定"的方法，并不能形成内涵明确的判断标准。[1] 而第 20 条 3 款规定的公司法人人格否认制度，以维护公司人格的独立性为目标，与公司集团成员企业人格不独立的实然状态存在着天然的反差，在公司集团中的泛化适用可能起到适得其反的效果。同时，由于《公司法》中缺少"控制"及"控制权"的

---

〔1〕 参见最高人民法院《关于适用〈中华人民共和国民法典〉总则编若干问题的解释》第 3 条。

定义和判断标准，在涉及关联企业人格否认的案件中，人民法院也难以准确理解并掌握"过度支配与控制"的判断标准，而宽泛的自由裁量极易使司法裁判异化为打压、限制和扰乱公司集团正常经营秩序的工具。

良法善治是全面依法治国的指导方针。在百年未有世界之大变局下，激发市场主体的活力是我国市场经济发展的重中之重。既然公司集团的市场主体地位已经为法律和行政法规所确认，公司集团已经成为我国最具竞争力的市场主体，且公司的集团化、规模化是我国新发展时期建设"世界一流企业"的努力方向，那么有必要建立完善的公司集团控制权运行规则。控制权规制的目的，一方面是明确公司集团控制权的正当性，构建控制权正当行使的规则，鼓励公司集团有效发挥控制权，提升公司治理绩效；另一方面是完善控制权滥用的防范机制，健全控制权监督机制和权利救济的体系，为公司集团的健康发展提供法律指引。

二、控制权的性质

"控制"本身是一个结构松散的概念，只能在具体的法律环境下探讨。同样的支配方式是否构成控制，在不同的法律关系中也有不同的解释，[1]所以立法者普遍认为"控制权"概念就像"主权"概念一样，难以明确。[2]但是，控制权又是公司集团实现"统一管理"的基础，有必要明确其法律性质，以建立控制权行使的规范。

在理论上，对控制权有"权利说"与"权力说"的争议，前者认为"控制"是控股公司以自己的意思支配和利用公司财产的权利，或者说是股东基于控股地位而对公司的人事、业务及决策所享有的支配和控制权利；[3]后者则认

---

〔1〕 See *Restatment Third*, *Agency*. 01, Tentative Draft, No. 2, 2001, . In Deborah A. DeMott, *Shareholder as Principals*, Duke Law School Public Law and Legal Theory Working Paper Series, Working Paper No. 15, 2001, p. 5. Downloads from http://papers. ssrn. com/paper. taf? abstract-id = 275049, 最后访问日期：2003 年 10 月 9 日。

〔2〕 参见梅慎实：《现代公司机关权力构造论——公司治理结构的法律分析》，中国政法大学出版社 1996 年版，第 141 页。

〔3〕 See Lewis D. Solomon, Donald E. Schwartx, Jeffrey D. Bauman, *Corporations Law and Policy*: *Materials and Problems*, West Publishing Co. 2000, p. 996. 转引自冯果："论控制股的转让"，载《法律科学（西北政法学院学报）》1999 年第 3 期。

为控制权是有能力主导一个公司董事会的选任并因此获得管理公司业务的权力，〔1〕是对一公司的业务经营及决策有主导之权力，〔2〕是对公司的所有可供支配和利用的资源的控制和管理的权力。〔3〕也有一些学者为避免争议，使用了"统一管理权"的表述。我国《公司法》没有"控制权"的概念和定义。美国法律研究院颁布的《公司治理原则：分析与建议》§1.08（a）将"控制权"定义为一项"权力"。该条规定，控制权是指直接或者间接地对一个商业组织的管理或者（经营）政策施加控制性影响的权力。这种权力可以一个人行使，也可以根据与他人达成的协议或者共识几个人一起行使。控制权可以通过对股权利益的所有权或表决权实现，控制权人一般根据合同或者其他安排通过一个或者几个中间人实施对公司的控制。〔4〕

"权利"是以特定利益为核心、在法律保障下一定范围内的行为自由。控制权并不具有"权利"的利益内核，也没有明确的主体与客体，不具备权利的基本特征。同时，根据权利平等原则，权利人也不得以为他人弥补损失为条件，干涉甚至损害他人的权利或利益。然而在公司集团中，只要母公司对子公司的损失予以适当弥补，控制权的行使就被认为是合法的、正当的。比如德国《股份公司法》规定，"契约型康采恩"中的支配公司有权向从属公司董事会下达有关公司领导方面的指示，如果合同没有其他规定，也可以下达对从属公司不利但对支配公司或和康采恩有利的指示，从属公司董事会有义务执行支配公司的指示。〔5〕在"事实康采恩"中，只要支配公司于营业年度内对从属公司的损失作了补偿，那么支配公司依据控制权迫使从属公司采取的不利于他们自己的法律行为就被推定为正当的。〔6〕由

---

〔1〕　See P. I. Blumberg, *Corporate Groups: Procedure Law*, S 22.01.1, 1983. 控制是指对一公司的业务经营及决策有主导之权力，See L. Loss, *Fundamentals of Securities Regulation*, 1988, 2nd Ed. P 393. 控制权是对公司的所有可供支配和利用的资源的控制和管理的权力（power），参见殷召良：《公司控制权法律问题研究》，法律出版社2001年版，第5页。

〔2〕　See L. Loss, *Fundamentals of Securities Regulation*, 1988, 2nd Ed., p. 393.

〔3〕　参见殷召良：《公司控制权法律问题研究》，法律出版社2001年版，第5页。

〔4〕　参见美国法律研究院通过并颁布：《公司治理原则：分析与建议》，楼建波等译，法律出版社2006年版，第13~14页。

〔5〕　参见德国《股份公司法》第308条。

〔6〕　参见德国《股份公司法》第312条。

此可见，控制权不符合"权利"的特征。

由于控制权的行使会造成"控制性影响"或"支配性影响"的效果，在母子公司之间形成控制与被控制、支配与被支配的关系，类似于"权力"概念所强调的"领导与服从"关系。同时，控制权的行使可以通过母公司对子公司下达指令的形式来完成，一般认为子公司有服从、接受的义务，因而有学者将控制权描述为权力。在法律上，"权利"与"权力"的划分源于市民社会与公权力机关的分离，"权力"特指公权力。如果将控制权的性质确定为"权力"，与公司及公司集团的私主体性质不符。另外，如果将控制权的性质定为"权力"，容易误读母公司与子公司的关系，将公司集团的治理置于母公司的专权之下。公司集团是典型的商主体，母子公司同为独立法人，是平等的民事主体，用"权力"来定义控制权偏离了公司集团及其法律关系的私法属性。

其实，控制权的"影响力""支配力"的定义，就是对公司集团治理状态的客观描述，是控制权在成员公司之间"穿越"行使的一种法律事实。只要母公司对子公司实现了"控制"，就具有了支配性影响力，掌握了该公司的控制权。至于控制权的行使，还需要通过法律认可的权利行使途径来实现。除了公司法规定的表决权之外，在公司集团实践中还创造了其他权利行使途径，如母公司股东权穿越规则、差异化表决权行使机制等。因此，"控制权"不是"权利"，也不是"权力"，而是对公司集团治理结构的事实描述。

三、"控制"的认定

（一）国外立法例考察

公司集团成员企业之间具有"控制与从属"关系是公司集团的重要特征，准确判断"控制与从属"关系也是确定母子公司权利义务的前提。国外对"控制与从属"关系的立法，有的是从"控制"的定义入手，有的是反过来从"从属性"的认定入手，前者如美国，后者如德国。还有的是从母子公司关系入手，比如英国。尽管各国的立法视角不同，但一公司是否对它公司形成支配性影响，是判断控制与从属关系的核心要素。

美国法主要通过对"控制""控股股东""控制集团"等基础概念的定

义，来揭示公司之间的控制与从属关系。美国1940年的投资公司法第2条（a）（11）规定，"控制"指对一家公司的管理或政策施加控制性影响的权力，除非这种权力是在此等公司中任职的结果。任何人直接或通过一个或多个下属公司拥有一家公司超过25%的有表决权的股份，则被推定控制了后一公司。美国证券交易委员会将"控制"解释为"直接或间接地拥有操纵某一法人的管理和政策或者导致此种操纵发生的权力，无论此种权力是通过持有有表决权的股份、合同或其他途径来实现"。[1]《美国联邦证券法典》第202条也规定，控制是直接或间接对一个公司的经营管理或方针政策或者对一个自然人的活动行使控制性影响的权力，不管是通过拥有表决权，还是通过一个或多个中间人，或者通过合同或其他方式。[2]上述法律及规则均要求公司的注册申请人必须就"有关可能存在的控制的实质性事实"做出说明。美国法律研究院颁布《公司治理原则：分析与建议》§1.10（a）还规定了控股股东的定义，控股股东是指一个人，该人单独或通过与其他人或多人达成的协议或共识：（1）持有一家公司发行在外的有表决权的股权证券的50%以上并有权行使这些股权凭证的表决权；（2）基于其股东的身份通过其他方式对公司的管理或政策或者公司的某项交易或行为实施控制性影响。在该条（b）中又规定了一种推定情形，即"一个人单独或通过与其他人达成的协议或共识持股公司中25%以上的发行在外的有表决权的股权证券，或有权决定25%以上的公司发行在外的股权证券的表决的人将被推定为对该公司的管理或者政策实施了控制性影响，除非存在另一个单独或者通过与其他一人或者多人达成的协议或共识持有或有权决定更高比例的公司有表决权股权证券的表决的人。一个人不能仅仅因为他持有或有权决定一家公司中的有表决权股权证券的表决，而被推定为对该公司拥有控制权；除非该人单独或通过与其他一人或多人达成协议或共识，持有该公司中25%以上的发行在外的有表决权的股权证券或有权决定25%以上的公司发行在外的股权证券的表决。"除此之外，《公司治理原则：分析与建

---

〔1〕　参见美国证券法项下的第405号规则，证券交易法项下的第12b-2规则，信托契约法项下的0-2规则。

〔2〕　See Federal Securities Code S202（29）.

议》§1.09 还规定了"控制集团"的定义："控制集团"是指根据相互间达成的协议或者共识，协调一致对某商业组织的管理或者政策实施控制性影响的一组人。[1]从这些概念的规定可见，美国公司法上"控制"是一个基础概念，"控制"的实质意义在于能"直接或者间接地"对一个商业组织的"管理或者（经营）政策""施加控制性影响"。控制可通过行使表决权来实现，也可通过其与他人达成协议或共识形成"控制集团"来实现，但是因任职关系形成的控制被排除在外。控股公司的判断也是围绕"控制"概念展开的，可以区分绝对控股与相对控股。其中，持有一公司发行在外的有表决权股的 50% 以上且有权行使这些表决权的股东构成绝对控股，可依法认定为控股股东。持有一公司发行在外的有表决权股的 25% 以上且有权行使这些表决权的股东构成相对控股，法律推定其为控股股东，被告可以举证推翻这一推定。

与美国的立法方式不同，德国法没有规定"控制"概念，而是以"是否具有从属性"为标准来判定公司之间的控制关系。比如，德国《股份公司法》第 17 条 1 款规定，若支配公司能够或间接地对从属公司施加支配性影响，就构成从属性。对于何谓"支配性影响"，立法者认为，只要存在影响的可能性就足够了。[2]与美国法相似，德国法推定持股多数意味着存在支配性影响的可能性，但是持有它公司多数股份的公司可以提供反证推翻这一推定。

英国法通过给"母子企业"下定义的方式来揭示公司之间的"控制与从属关系。"1985 年《英国公司法》在提供统一的集团账目、禁止公司购买自己的股份以及公司对董事的贷款和担保三个领域引入了集团法的观念，并在第 114 条规定了"母子公司"的定义：如果一个公司（母公司）符合以下条件之一，那么，就与另一公司产生母子公司的关系：（1）拥有另一公司大多数的投票权；（2）是其他公司的股东且有权任命或撤换董事会或其他机构的多数成员，或（3）是其他公司的股东，且根据与它公司或其他股东

---

[1] 参见美国法律研究院通过并颁布：《公司治理原则：分析与建议》，楼建波等译，法律出版社 2006 年版，第 15~16 页。

[2] Begründung RegE bei *Kropff*, S. 31. 转引自吴越：《企业集团法理研究》，法律出版社 2003 版，第 8 页。

的协议，单独控制该公司的大多数投票权。同时孙公司也作为母公司的子公司来看待。1989 年《英国公司法》进一步扩展了"母子公司"概念，只要满足下列条件之一，则一公司将被视为另一公司的母公司：（1）它拥有另一公司的多数表决权；（2）它是另一公司的投资人并有权决定后者的多数董事会成员的任免并因此决定着该企业的一切重大事务；（3）它有权对另一公司实施支配性影响。此种影响可以建立在对后者的表决权基础上，也可以是基于控制合同，该控制合同必须采取书面形式、不违背后者的企业组织形式而且不能违背后者成立的法律；（4）它是后者的投资人并且单独或者依据协议与其他公司一起控制着后者的多数表决权；（5）它对后者拥有实质性的投资，而且实际上对该公司发挥着支配性影响或者该二者有着统一的管理。这一定义，将母子公司的判断标准从传统的持股比例标准，扩大到凡是一个公司事实上控制着另外一个公司的管理的情形，还肯定了母公司可以通过控制合同或章程等对另一企业实施支配性影响。此外，《英国公司法》附表 4 第 7 部分第 81 节规定了"集团公司（Group Company）"的定义：指在和一个公司的关系上，作为任何一个公司的母公司或子公司的法人，或母公司的一个子公司。

（二）我国的立法经验

我国《公司法》奉行"实体法"的立法原则，以"单一公司"为立法对象，除了在第 216 条规定了控股股东、实际控制人和关联关系的定义外，没有对公司控制与从属关系作规定，但在会计法、证券法等市场监管法律法规中可见对"控制"及"控制权"的规定。财政部 2006 年公布的《企业会计准则第 36 号——关联方披露》第 3 条规定了"控制"概念：是指有权决定一个企业的财务和经营政策，并能据以从该企业的经营活动中获取利益。证监会 2007 年印发的《〈首次公开发行股票并上市管理办法〉第十二条"实际控制人没有发生变更"的理解和适用——证券期货法律适用意见第 1 号》规定了"公司控制权"概念。该规定明确了 3 层含义：第一，公司控制权"是能够对股东大会的决议产生重大影响或者能够实际支配公司行为的权力"。第二，公司控制权"是对公司的直接或者间接的股权投资关系"。第三，控制权的认定"既需要审查相应的股权投资关系，也需要根据个案的实际情况，综合对发行人股东大会、董事会决议的实质影响、对董事和高级管理人员的提名及任免所起的作用等因素进行分析判断。"《上市公司收购管理办法》（2020 年修正）第 84 条进一步细化了公司控制权的判断标准，规定"有下列情形之一的，为拥有上市公司控制权：（一）投资者为上市公司持股 50% 以上的控股股东；（二）投资者可以实际支配上市公司股份表决权超过 30%；（三）投资者通过实际支配上市公司股份表决权能够决定公司董事会半数以上成员选任；（四）投资者依其可实际支配的上市公司股份表决权足以对公司股东大会的决议产生重大影响；（五）中国证监会认定的其他情形。"

受部门法的性质、调整范围及立法目的差异性的影响，会计法、税法、证券法等法律规范中对控制与从属关系的规定都有一定的片面性或倾向性。比如我国会计法律规范将"控制"限定于"有权决定"一个企业的"财务和经营政策"的情形，而"决定"在公司法语境下对应的就是公司决议，因此该规定仅针对控股股东的控制行为，不能调整实际控制人实施的控制。同时，会计法律规范将控制的情形局限于决定一个企业的"财务与经营政策"，也与公司法理论中控制权概念的广泛性不符。而上述证券法律规范直接认定持股 50% 以上的控股股东和实际支配上市公司股份表决权超过 30%的人掌握控制权的做法，也体现出浓厚的公法强制性色彩，不似美国、德国公司立法及判例采纳的"推定"方法，没有给相对控股的股东以"自证清白"的机会。同时，其适用范围限于上市公司首次公开发行股票与公司收购领域，也不足以为证券市场的"穿透式"监管提供一般性制度支持。公司法是确定公司组织形式与公司法律关系的基本法，在公司上建立公司集团和控制权的概念，能为其他部门法提供规范性依据，方便其他部门法科学构建监管规范，而我国《公司法》恰恰缺少了对控制、控制权、控制与从属关系、公司集团、母公司、子公司、关联公司等基本概念的立法规定。

四、控制权的判断

（一）控制权的核心要素是"支配性影响"

控制的基本特点都是"支配"（dominant control），即对一个公司经营管理或方针政策形成的支配性影响力，也称为"控制性影响"（control influence)、"支配性影响"（dominating influence）或"支配性控制"（dominating control）等。因此，判断控制权的核心要素就是"支配性影响"，只要一公司对它公司的经营管理具有支配性影响力，就掌握了该公司的控制权。至于"支配性影响"的判断，则主要看是否实质上掌握了它公司的经营管理权。比如，美国新泽西州公司法规定，一公司对它公司所掌握之股权足以操纵它公司董事之选举者，即为控制股东。宾夕法尼亚州公司法规定，一公司实际控制它公司人事或者经营者，为控制公司。[1]特拉华州法院在关联交易案件的审理中一直遵循一个惯例，即如果一个股东仅持有相对多数的公司股份，则仅在原告能够证明，该股东与公司董事会成员之间的密切联系及对特定交易条款的影响程度足以使其操控该交易时，该股东在特定交易场合将被认定为控股股东。[2]

（二）控制权不以主观控制意图为要件

有学者认为，在主观上有支配从属公司的意思是控制权的核心之一。[3]从控制权的取得路径分析，该观点不无道理。实践中，无论是通过公司并购、转投资、相互持股、还是公司分立、合并等方式取得它公司的控制权，都须具有控制意图，否则即便对它公司持股多数，不实施支配性影响也不能被认定为掌握了控制权。但在我国公司集团立法中，考虑到建立控制权规范很大程度上是为了保护弱势股东、债权人的利益，而与控股公司相比他们处于信息上的弱势地位，诉讼中难以举证证明控股股东主观上是否有控制目的。如果将控制意图作为控制权的构成要件，可能会加重其举证负担。也有学者主张实行举证责任倒置，由作为被告的控股公司负举证责任，证明自己没有控制它公司的意图。即便如此，对主观因素判断上的灵活性和不确定性，也会为控股公司逃避法律责任留下余地。更何况在司法实践中，法院也越来越倾向于从客观方面来推断主观意图。比如在法人人格否认案件的审理中，尽管《公司法》第20条第3款蕴含了"逃避"债务的主观故

---

〔1〕 转引自冯果、艾传涛："控制股东诚信义务及民事责任制度研究"，载 https://old. civillaw. com. cn/article/default. asp？ id＝8975，最后访问日期：2003 年 9 月 10 日。

〔2〕 参见汤欣等：《控股股东法律规制比较研究》，法律出版社 2006 年版，第 20 页。

〔3〕 参见施天涛：《关联企业法律问题研究》，法律出版社 1998 年版，第 174 页。

意构成要件，但司法判决基本不考察主观要件，只要可以认定被告客观上实施了滥用公司独立人格与股东有限责任制度的行为，造成了债权人的严重损害，就认定其有逃避债务的主观目的。更何况，控制本身就是一个法律事实，立法应重在强调对它公司实施支配性影响力的客观事实，控制权人是否具有控制目的可以在所不问。

（三）控制权不以实施控制行为为要件

还有学者认为，只有实际实施了控制行为，才能被判断为控股公司。即使持有表决权的多数也不必然带来义务，除非持有人实际控制了公司，是控制带来义务。[1] 但判断有无控制权主要是看一公司是否有支配它公司的可能性。比如德国判例认为，从属关系并不以支配性影响之实际运用为前提；反之，只要由从属企业角度观之，存在支配的可能性就足够了。[2] 但是，这种可能性必须是确定的，偶然之情况尚不满足该条件。同时，支配的可能性或转化这种可能性之可能性必须持续一定时间，因为从属性并非纯粹偶然或零星的联系使然。[3] 由此可见，控制权概念强调在母子公司之间存在一种确定、持续、广泛的控制与支配关系。美国法上也有类似的表述。比如美国法律研究院颁布的《公司治理原则：分析与建议》§1.08（b）规定"一个人单独或者通过其他一人或者多人达成的协议或者共识持有商业组织 25% 以上的表决权或者有权决定 25% 以上股权代表的表决权的人将被推定为拥有该商业组织的控制权"，在该条的"评注"中解释道，只要有事实证明其实际上并无权对该商业组织的管理或者政策实施控制性影响，被告可以举证推翻这一推定。[4] 这里讲的"无权"，实则强调的也是有无可能性。在公司实践中，控股股东如果有权提名董事会的多数成员，就有了对子公司经营管理事项施加支配性影响的可能。但是，如果控股股东能举证证明其实质上没有控制公司的可能性，比如按照公司章程的安排，

---

[1] 参见汪传才："控制股东的诚信义务与少数股东的保护"，载《福建政法管理干部学院学报》2001 年第 1 期。

[2] 参见吴越：《企业集团法理研究》，法律出版社 2003 年版，第 8 页。

[3] 参见吴越：《企业集团法理研究》，法律出版社 2003 年版，第 8 页。

[4] 参见美国法律研究院通过并颁布：《公司治理原则：分析与建议》，楼建波等译，法律出版社 2006 年版，第 14 页。

公司的管理层掌握了多数董事提名权，该公司事实上形成了管理层控制的局面，就不能认定控股股东掌握了控制权。所以，控制权的判定不应以实际是否实施了控制行为为基准，只要居于控制地位，有行使控制性影响的可能，就可判定控制权已经存在。

五、控股股东与实际控制人的认定

（一）控股股东的认定

我国《公司法》在第216条第2项规定了"控股股东"的定义。控股股东包含两种：一是其出资额占有限责任公司资本总额50%以上或者其持有的股份占股份有限公司股本总额50%以上的股东；二是其出资额或者持有股份的比例虽然不足50%，但依其出资额或者持有的股份所享有的表决权已足以对股东会、股东大会的决议产生重大影响的股东。可见，在控股股东的认定上，我国《公司法》综合运用了"形式判断+实质判断"的双重标准：形式标准主要是看其持股比例是否超过50%，实质标准主要是看股东表决权能否对公司决议产生重大影响。

就形式判断标准而言，以出资额或持股多数为标准确定控股股东的做法符合现行《公司法》对公司治理结构的制度安排。公司以"单一公司"为模板立法，贯彻"股东平等""一股一票""同股同权"的立法理念，除了普通股之外，《公司法》并未规定其他有特殊类型的股份，因此在资本多数决原则下持股比例高的股东当然取得控制权。但是，随着现代公司股权多元化的发展以及差异化表决权机制等的出现，以持股比例多数认定控股股东就失之偏颇。在股权多元化背景下，一些股东持股多数但放弃表决权（比如持有优先股的机构投资者），一些股东持股占少数但通过协议或其他安排而拥有了多数表决权（比如持有多倍表决权股的创始股东）。对此，美国法上将"持有"且"有权行使"公司发行在外的有表决权的股权证券一定比例（25%）的股东推定为控股股东的做法值得借鉴，在控股股东的认定上，应将持股比例与所持股份的表决权挂钩，以股东持有的表决权的一定比例来认定控股股东。

对于控股股东的实质判断标准，《公司法》第216条第2项后半段规定："出资额或者持有股份的比例虽然不足百分之五十，但依其出资额或者持有的股份所享有的表决权已足以对股东会、股东大会的决议产生重大影响的股东。"该段规定存在的问题有：第一，在表决权的计算中，没有包括其他一致行动人的表决权。公司实践中，持股不足 50% 的股东经常通过协议或其他安排与其他股东采取一致行动扩大表决权的影响力，甚至形成支配性影响力。此类股东也应当属于控股股东。第二，"已足以对股东会、股东大会的决议产生重大影响"的规定不能涵盖控制权所及的所有范围。"已足以"表明控制事实已经形成，但控制权的对象限于"股东会、股东大会的决议"过于狭隘。在公司集团背景下，控股股东的控制权不但覆盖股东表决权行使的范围（比如股东会、股东大会决议），而且及于公司管理权行使的范围（比如董事会决议）。也就是说，控股股东已经发展为实际控制人，其控制权已经超出了表决权的范畴，形成了对公司经营管理的事实控制。只不过目前这种事实控制并无法律上的依据，需要通过对控制权合法性的认可使其转化为法律上的控制，并纳入公司治理结构的调整范围。由此可见，我国《公司法》上的"控股股东"概念，没有预见到股权多元化下控制关系的变化，也没有预见到控股股东会发展为实际控制人。为此建议将"控股股东"概念修改为"控制股东"，使其既包含凭借自身的表决权掌握公司控制权的股东，也包含通过协议或其他安排掌握控制权的股东，同时将"已足以对股东会、股东大会的决议产生重大影响"的表述改为"已足以对公司决议和经营政策产生重大影响"。

（二）实际控制人的认定

国外立法例上并没有"实际控制人"的规定，类似的概念见于法国法上的"事实董事"和英国法上的"影子董事"，这两个概念均指向没有被任命为董事但事实上行使董事职权的人，在理论上也被称为"实质董事"。我国《公司法》使用"实际控制人"的概念，第一是区别于控股股东，《公司法》第 216 条第 3 项将实际控制人定位为"不是公司的股东"的人；第二是区别于"董事"，毕竟我国实际控制人的范围很广，可以是董事，也可以不是董事。第三，实际控制人不限于"自然人"，公司及其他组织也可以成为实际控制人。第四，实际控制人泛指所有"能够实际支配公司行为的人", 而不论其控制方式如何。实践中的隐名投资、交叉任职、协议安排（比如股权质押协议、投票权委托协议、企业托管协议等）等都是实际控制人参与公司治理的通道。因此, "实际控制人"这一概念, 具有很强的包容性, 可以涵盖所有除股东以外对公司进行事实控制的人。同时, "实际控制人"这一概念也非常符合汉语的表达习惯, 寓意明确, 通俗易懂。

《公司法》第 216 条将实际控制人定义为"虽不是公司的股东, 但通过投资关系、协议或者其他安排, 能够实际支配公司行为的人"。但是, 由于我国立法上缺少对"控制"或"控制权"的定义, 对"实际控制人"概念中的"支配公司行为"这一客观要件的判断上就缺少了依据, 难以指导司法裁判。按照《民法典》对民事法律行为的分类, 公司行为可以理解为决议行为, 包括股东（大）会、董事会和监事会决议。"支配公司行为"可以理解为对公司决议的形成有重大影响力, 比如:（1）掌控了"三会"的多数表决权, 能够决定公司的人事、财务和业务。（2）能实质性取代公司机关的决策, 使公司机关"傀儡化";（3）控制公司的印章;（4）虽不是公司股东、法定代表人, 但长期对外代表公司行事等。在公司集团语境下, 实际控制人可以是集团母公司, 也可以是间接控股公司（即控股公司的控股股东）, 需要结合具体法律关系来判断。集团母公司对成员公司（包括孙子公司等）的实际控制主要表现为集团治理层面的"统一管控"。正如学者所言, 法律通过将施加于子公司之上的控制和管理授予母公司的管理层, 认可了一个前所未有的、权利在这样机构之上的聚集。[1]国外立法例中也有将"统一管理"作为母子公司认定标准的先例, 比如英国法上两个公司"有着统一的管理"就是母子公司的判断标准之一。所以, 在公司集团化发展背景下, 有必要将实际控制人概念扩展适用于公司集团, 将能够实际支配公司行为或对两个以上公司实施统一管理的人, 都认定为实际控制人。

（三）控股股东与实际控制人的法律地位

控股股东与实际控制人同为控制权的主体, 实际影响着公司的意志和

---

[1] 参见［英］珍妮特·丹恩:《公司集团的治理》, 黄庭煜译, 北京大学出版社 2008 年版, 第 50 页。

行为，对二者的法律规制也是公司集团立法的重点。但在法律规范的制定上，需要回答几个基础性问题：二者是否有包含关系？二者的法律地位是否一致？二者是否承担同样的法律义务与责任？

按照《公司法》第 216 条的规定，"控股股东"与"实际控制人"是有区别的：（1）前者是股东，后者不是股东；（2）前者通过行使股东权的方式行使控制权；后者则通过投资关系、协议或者其他安排实现对公司的控制。然而在司法实践中，法院有时并不严格区分实际控制人是否具有股东身份。如在最高人民法院审理的"松原市民信房地产开发有限公司与齐玉春建设工程施工合同纠纷案"[1] 中，法院认定被申请人佟毓凤、张庆民、许志生为民信房地产开发有限公司的实际控制人，滥用公司法人独立地位擅自处分公司财产损害公司及债权人利益。而佟毓凤持有民信房地产开发有限公司 50% 的股权，具有股东身份。

至于控股股东与实际控制人的法律地位与责任，我国立法中一般将二者同等对待。比如，二者均为《公司法》第 21 条规定的关联交易损害赔偿责任的主体，在 2021 年公司法《修订草案》第 191 条中，二者也都与董事承担连带责任。在人格否认案件中，司法机关甚至也将人格否认制度适用于实际控制人。比如，最高人民法院在裁判中就认为，尽管杜敏某、杜觅某"非能盛公司股东，但《公司法》第二十条规制股东滥用公司法人格之立法目的自应涵盖公司实际控制人滥用公司法人人格之情形。"[2]

在我国的证券立法上，也将控股股东和实际控制人统一认定为公司控制权主体，并在证券监管层面逐步形成了从首次公开发行到再融资、上市公司收购、重大资产重组、信息披露等方面对二者的一体化监管体制。[3] 比如，在证券市场的监管规则与实践中，首次公开发行股票（以下简称 IPO）的发行人是否有"稳定的股东结构"，拟上市公司是否存在"控股股东"和"实际控制人"受到特别关注。在这种监管思路下，IPO 阶段发行人更偏好于架

---

〔1〕 最高人民法院（2018）最高法民申 3222 号民事裁定书。

〔2〕 最高人民法院（2019）最高法民申 6232 号民事裁定书。

〔3〕 参见陈洁："实际控制人公司法规制的体系性思考"，载《北京理工大学学报（社会科学版）》2022 年第 5 期。

构有实际控制人的层层嵌套的股权结构，以证明有稳定性、合理的控制权结构。有学者针对 2007～2019 年经证监会核准并在沪深两地证券交易所成功上市的全部上市公司进行了"实际控制人"的分布统计，发现具有实际控制的发行人家数平均占比为 97.71%。[1]在公司被批准上市后，控股股东、实际控制人也被推定为上市公司一切不法行为的"始作俑者"和"首恶"，如果其不能证明自己无过错，就要与上市公司承担连带责任。比如《证券法》第 12 条规定："……（四）发行人及其控股股东、实际控制人最近三年不存在……刑事犯罪……"第 24 条规定："……发行人的控股股东、实际控制人……应当与发行人承担连带责任，但是能够证明自己没有过错的除外……责令负有责任的控股股东、实际控制人买回证券。"第 84 条规定："……发行人及其控股股东、实际控制人……作出公开承诺的，应当披露。不履行承诺给投资者造成损失的，应当依法承担赔偿责任。"第 85 条规定："……发行人的控股股东、实际控制人……应当与发行人承担连带赔偿责任，但是能够证明自己没有过错的除外。"这些条文均对控股股东与实际控制人的法律责任作了一体规定。

对控股股东与实际控制人同等责任的立法，符合控制权理论。实践中，虽然二者实现控制的渠道不同，但是效果是一致的，都能对公司的决策和行为产生支配性影响。在同一公司中，要么控股股东掌握控制权，要么实际控制人掌握控制权，要么控股股东与实际控制人共同控制公司。因此，将控股股东与实际控制人置于控制权主体法律地位，确定同样的义务与责任，符合控制权理论。目前我国公司、证券立法致力于建立控股股东、实际控制人责任制度，但是由于欠缺对控股股东与实际控制人法律义务的基础性规定，使得责任追究机制与公司治理之间不能形成良性互动，不能通过追责机制"倒逼"公司提升公司治理绩效，形成良法善治的局面。有学者提出，在公司集团法的组织规范框架下重构关联交易法律规则，将关联交易法律责任的法理基础建立在控股股东、实际控制人的法律

---

[1] 参见郑彧："论实际控制人的法律责任：公法的路径依赖与私法的理念再生"，载《财经法学》2021 年第 3 期。

地位及法律义务基础之上，以"行为+结构"的责任构成要件重塑关联交易制度。[1]该建议对公司集团控制权的规制也有很大的启发性。如果在公司法上能明确控股股东、实际控制人的"控制权人"法律地位，将控制权规制纳入公司治理结构，建立控制权行使的法律义务，则可以通过公司治理规范提升控制权行使的透明度和公平性，减少控制权滥用现象，并对控股股东、实际控制人的追责提供法律依据。

六、控制权规制的立法思考

（一）将控制权规则纳入公司集团治理结构

我国《公司法》采纳了"单一公司"的立法模式，没有容纳公司集团制度，公司集团控制权行使没有充分的法律依据，也难以得到法律的保障。在经济转型内，由于市场主体法治观念不强、市场监管不完善以及法律制度不健全，控股股东、实际控制人滥用公司法人人格现象普遍，严重破坏了诚实信用的市场交易秩序。这些问题反映在公司立法、司法与理论研究上，就出现"一边倒"地对控制权的防范与打压态势，少有人关注控制权在公司治理中的正当性与合理性。几年来，随着公司集团的普遍发展，控制权在公司集团治理中的意义及价值逐渐得到了认可。比如，在最高人民法院审理的一例案件中，司法裁判认可了控股公司对从属公司主营业务的调配、转移的合理性，并指出，根据"权利义务相一致"原则，义务与责任也应进行相应转移。[2]此外，最高人民法院在《九民纪要》"关于公司为他人提供担保"的规定中，也将"公司为其直接或者间接控制的公司开展经营活动向债权人提供担保"列入"无须机关决议的例外情况"，在集团内部担保关系中接受了集团"统一管控"的经济现实。在公司法理论研究中，以赵旭东教授为代表的一些学者也提出将控股股东作为公司治理主体，并对其权利的行使作出引导或规范性规定的立法建议。[3]

---

[1] 参见汪青松："关联交易规制的世行范式评析与中国范式重构"，载《法学研究》2021年第1期。

[2] 参见最高人民法院（2018）最高法民再82号民事判决书。

[3] 参见赵旭东："公司治理中的控股股东及其法律规制"，载《法学研究》2020年第4期。

从国外立法来看，受地域政治、经济、文化等因素的影响，各国公司集团和立法各异，但都不同程度地体现出了对控制权及公司集团的包容性。比如，德国公司具有股权集中度高、流动性小、公司集团化现象普遍的特征，[1]而且习惯于通过契约的方式建立控制关系，因而德国建立了以"契约型康采恩制度"为代表的公司集团法律制度，认可了公司集团控制权的合法性，完整规定了控制权的行使及约束规则。在英美等市场经济发达的国家，由于公司股权高度分散且流动性强，因而并未建立类似于德国法的公司集团制度。但是美国法上的控股股东诚信义务制度、英国法上的"影子董事制度"都将控股股东与实际控制人的控制权纳入了公司治理结构，不但认可了控制权的正当性，同时为控制权行使提供了法律指引。在日本，公司集团以金融控股集团为主要形式。20 世纪 90 年代，随着日本经济泡沫的破灭，日本经济进入长期滞涨期。为激活市场主体活力、增强企业在国际市场上的竞争力，日本采取了一系列修法措施，提振公司集团的信心。其中主要包括：一是为公司集团松绑。比如，1997 年修改《反垄断法》，解除了对纯控股公司的禁止性规定；1999 年修订《日本商法典》，设立了股份交换和股份移动制度；[2]2000 年《日本商法典》又创设了公司分割制度。[3]二是建立有利于公司集团发展的控制权行使规则。在金融控股集团中母公司作为纯粹控股公司，母公司及其股东对子公司经营的监督管理明显不足，母公司股东权的保护问题尤为突出。[4]2014 年，日本再次修改《日本公司法典》，创设了多重代表诉讼制度，[5]增加了母公司转让子公司股份超过母公司净资产 1/5 时的特别股东代表大会制度和异议股东股份回购制度，[6]并新设了特别控制股东的股份出售请求权制度，[7]强化了母公司

---

〔1〕 约有 3/4 的股份公司、90% 的资本以及大约一半的有限责任公司都与康采恩结合在一起。参见吴越：《企业集团法理研究》，法律出版社 2003 年版，第 4 页。

〔2〕 允许按照准合并程序构建完全的母子公司关系，以灵活适应通过控股或母子公司关系组建企业集团的变化。参见《日本商法典》第 352 条至第 372 条的规定。

〔3〕 即设立将公司的事业分割成几个公司的法律程序。参见《日本商法典》第 373~374 条。

〔4〕 参见朱大明、[日]神田秀树："日本上市公司的公司治理"，载《清华法学》2012 年第 5 期。

〔5〕 参见《日本公司法典》第 874 条的规定。

〔6〕 参见《日本公司法典》第 467 条第 1 款第 2 项之 2、第 309 条第 2 款第 11 项的规定。

〔7〕 也称"现金剔除制度"，参见《日本公司法典》第 179 条的规定。

股东的控制权。尽管日本法对母公司控制权的行使创造了诸多条件，但其并未像德国法那样直接规定母公司对子公司有直接下达指令的权利，子公司也没有遵循母公司指令的法律义务。同时，虽然 2005 年《日本公司法典》修改之后主要借鉴了美国的公司治理理念，但是也并未像美国公司法那样规定控股股东的法律义务与责任，甚至在实践中也极少见到判决母公司对子公司承担损害赔偿责任的案例。可见，日本不但为公司集团松绑，而且在立法与司法中审慎对待控制权，避免因立法与司法权的过度行使而影响公司集团的发展。

从上述国家的立法状况可见，在公司法现代化与公司法竞争的世界格局下，立法都对公司集团打开了大门，建立了鼓励公司集团发展、规范控制权行使的法律规范。即便最为保守的英国法，也规定了母子公司概念，将"统一管理"作为判断母子公司关系的标准之一。我国在新发展时期迎来了《公司法》的再次修订，建设中国特色的现代企业制度，就是要立足本国情，紧扣时代发展脉搏，对传统法律价值理念进行辩证地扬弃，在保守与创新之间找到有利于促进我国公司集团发展的路径。正如博登海默所言，如果把法律仅仅视为一种永恒的工具，那么它就不可能有效地发挥作用。我们必须在运动与静止、保守与创新、僵化与变化无常这些彼此矛盾的力量之间谋求某种和谐。[1]虽然控股股东对公司的控制经常承受理论和实务的批判，但无数公司的经营实践已经反复验证了这种控制的正当性和合理性。母子公司经济关系上的深度融合与相互扶持，是我国公司集团的特点。我国公司集团中，集团母公司普遍深度参与子公司经营，为子公司发展提供大力支持，形成了事实上的控制。母公司对子公司不仅有股权上的投资关系，还是其经营活动的重要参与者，甚至在子公司面临经营危机的时候，也是母公司慷慨解囊为子公司"输血"。公司作为经营实体，其运行未尝不存在对于主导力量和控制者的需要。[2]很多的实证研究也已证明，有大股东控制的公司其经营绩效显著高于没有大股东控制的公司。一些学

---

〔1〕 参见［美］E. 博登海默：《法理学：法律哲学与法律方法》，邓正来译，中国政法大学出版社 2017 年版，第 340 页。

〔2〕 参见赵旭东："公司治理中的控股股东及其法律规制"，载《法学研究》2020 年第 4 期。

者也提出，公司法当允许控股股东"独断专行"以创造价值，只要其产生的代理成本不超过合理限度，从而使小股东畏惧投资而极大提高社会的资本成本。[1]"在控股型公司中，公司治理不可能缺少控股股东的参与，缺少控股股东规制的公司治理制度也是不完整的。"[2]因此，我国公司集团控制权的立法，就应当立足于我国公司集团的特点，结合我国公司集团母子公司深度融合的经营特质，将控股股东、实际控制人置于公司治理主体地位，将控制权行使规范纳入公司治理结构，建立起鼓励公司集团发展，规范控制权行使的规则。将控制权规制纳入公司集团治理结构有几点好处，一是有利于在立法上确认控制权的客观性与合法性，方便公司集团名正言顺地行使"集团统一管理权"，激发公司集团的积极性。二是有利于结合公司集团运行特点建立科学的控制权行使规范，提升公司法对公司集团的经济适应性。三是有利于建立权责分明的控制权行使规则，为控制权的正当行使提供明确的法律指引。四是有利于借助公司治理的"权力制衡"机制，完善对控制权的监督，建立权利义务相一致的控制权行使机制。

从完善公司集团治理结构角度建立我国公司法上的控制权规范，就是要在传统公司治理结构基础上补充完善公司集团治理规范。包括：（1）在公司法中规定控制、控制权、控制公司、控制与从属关系、公司集团、母公司、子公司、关联公司等概念，避免实践中对法律主体及法律关系认识和理解上的混乱。（2）确认控制权的合法性。控制权的依法合规行使是公司集团治理的前提，在公司法中明确公司集团控制权的合法性，可以通过"登记型公司集团"制度的构建，认可集团战略决策机构的决议对成员公司的约束力。集团战略决策机构的决议对子公司造成损失的，由集团母公司承担经济补偿责任，但母公司有足够的证据证明子公司已经在集团战略实施中从其他商业机会中得到补偿的除外。（3）认可公司集团章程的法律效力。集团章程是公司集团登记的必备法律文件，备置于集团母公司及登记机关。集团章程对集团成员公司有法律约束力。公司决议的内容或者程序

---

〔1〕　参见周淳、肖宇："封闭公司控股股东对小股东信义义务的重新审视——以控股股东义务指向与边界为视角"，载《社会科学研究》2016年第1期。

〔2〕　赵旭东："公司治理中的控股股东及其法律规制"，载《法学研究》2020年第4期。

违反集团章程的，在效力上也属于可撤销的决议。控制股东违反集团章程的规定对从属公司下达指令的，从属公司有权拒绝执行。从属公司董事、监事和高级管理人员服从集团章程的，可以免于对本公司承担损害赔偿责任。(4) 尊重企业自治，除非法律、法规另有规定，公司集团采取哪种治理结构、是否设立集团权力机关、如何进行人事任免与考核、如何建立重大交易的决策机制以及控制公司对从属公司的利益补偿方式等，都属于公司集团自治的范畴，公司法应当放松管制，给公司集团灵活、机动的自治权。(5) 放松对公司集团为进行结构调整而实施的法律行为的立法管制。比如，公司集团为对成员公司的持股股东进行战略调整而在公司集团内进行的股权间接转让，虽然有规避其他股东的优先购买权之嫌疑，但未实质性改变目标公司的股权结构和控制权结构的，应当认定为合法有效。同理，在资本市场上发生的间接并购通常也是公司集团资本运作的方式，在信息披露制度保障下，应当予以允许。

(二) 审慎建立公司集团民事责任制度

公司集团运营中，控制公司经常为了资金的流转、债务的担保、业务的划拨以及利益的转移等在成员公司之间发起关联交易，对从属公司的业务、商业机会甚至资产进行调拨，其中也不乏将从属公司当成"吸金""捞钱"工具和利益输送渠道的现象。不正当的关联交易，使母公司或部分子公司财产不当增加，而部分子公司用于担保债务履行的财产则因非经营性原因减损，子公司的债权人面临着不同的经营风险和不公平的结果。因此，建立公司集团的法律责任制度，必要时让公司集团关联公司承担连带责任一直是理论与立法关注的重点。

公司法是否应当为公司集团设定法律责任? 对这个问题的回答涉及对公司集团法律地位的争议，因而也是公司集团立法中的一个敏感问题。如果认为公司集团仅仅是一个经济实体，不具有独立法律地位，就意味着成员公司应各自独立承担责任，公司集团无连带责任可言; 如果认为公司集团不仅是一个经济实体，还是一个具有独立法律地位的商事组织，那就意味着要认可集团成员公司之间的连带责任。如本书上文所述，因对公司集团法律性质理解上的分歧，公司集团立法中出现了"实体法"与"团体法"

的区分。以英国为代表的"实体法"理论，除了在例外情况下适用法人人格否认制度以外，原则上不认可股东对公司的连带责任。而以德国为代表的"团体法"理论，则认可控制公司不对从属公司为利益补偿时，债权人有直索诉权。美国、澳大利亚等遵循"实体法"立法传统的国家，也受到了"团体法"思想的影响。比如，美国发展出来的"实质合并"破产制度，认可了破产阶段公司集团的连带责任；澳大利亚则在其《公司法》第5.7B部分第5节第588V条明文规定了母公司为子公司破产交易承担责任的法定义务。[1]

　　抛开理论争议，就公司集团法律责任制度的现实意义来讲，也是利弊分明的。"利"的一面表现在可以显著提升对从属公司及其债权人的保护水平。对于从属公司来讲，利益补偿请求权可以维护从属公司的独立财产权及独立人格，使其不因控制公司控制权的行使而遭受损失；对于从属公司的债权人来讲，可以说其愿意与从属公司达成交易的重要原因，是其看重了公司集团的信用，如果让控制公司对从属公司债权人承担连带责任或者补偿责任，更符合其缔约目的。但是，建立公司集团民事责任制度"不利"的一面也是非常明显的。首先，法律以赋予诉权的方式对当事人实施的关爱，很可能被无良商人所利用，在占不到便宜的情况下就挑起诉讼倒打一耙。建立公司集团民事责任制度，就很可能鼓励"无赖"债权人利用司法手段要求与案件无关的公司集团其他成员公司承担连带责任，扰乱公司集团正常经营。其次，公司集团民事责任制度会倒逼控制公司强化集团内部治理，增加对子公司及其管理层的监督力度，由此必将增加集团的运营成本，不利于当前市场环境下举步维艰的民营企业的发展。最后，以德国法为代表的集团利益补偿制度在适用中困难重重，法院很难在纷繁复杂的关联交易中厘清利益得失并精准计算损失补偿数额。在我国法院对商业判断原则的运用还不够熟悉的司法环境下，很难要求法官做到统一裁判标准。如果寄希望于第三方机构的评估，又将为当事人增加巨额的诉讼负担。

　　相比之下，本书更赞同对公司集团民事责任制度采取审慎态度。首先，

---

　　〔1〕　参见黄辉："澳大利亚公司集团法律制度研究"，载王保树主编：《商事法论集》，法律出版社2009年版，第103~104页。

实践中从属公司愿意依附于母公司，说明公司集团是其利益最大化的选择。如果将是否加入公司集团作为一项商业风险来看的话，法律可以借用商法中的"买者自慎"原则，放手让企业自主选择、自担风险。只要控制公司的行为不违反诚信义务的底线，利益得失交由商主体自主选择。其次，我国公司集团"子强母弱"现象普遍，母公司通常是纯控股平台，子公司则是集优质资产与核心业务于一体的经营平台。母公司不但将优质资产全部注入了子公司，而且主动承担起集团的融资功能，已不堪重负，然而母公司投资者的利益保护问题却一直处于立法空白状态。如果再建立公司集团连带责任制度，恐将成为压垮公司集团的"大山"。最后，过重的责任负担唯恐使公司集团的经营从"地上"转入"地下"，从"公开"转向"隐秘"。我国公司制度发展较晚，公司治理结构不完善，恶意利用关联企业的组织结构欺诈债权人、逃避债务的现象普遍，亟待在立法上建立引导关联公司公开、透明、诚信经营的法律制度。而公司集团责任制度下的严格责任，只能使关联企业采取更为隐秘的措施掩盖关联关系，逃避法律责任，使制度适用效果与立法目的背道而驰。我国目前尚未建立公司集团制度，但是公司集团法律责任的适用后果与关联公司人格否认制度的适用后果相当，都会在关联公司中产生严格责任的法律后果，因而考察关联公司人格否认的司法实践对预判公司集团制度的适用后果有很大的参考价值。在关联公司人格否认案件中，虽然"关联公司"的主体要件是必要条件，但是司法实践中法官已不再囿于"关联关系"的判断，而是遵循"实质重于形式"的原则，着重分析公司之间是否存在持续的、经常性的整体利益协调关系。[1]这种透过"形式"追究"实质"的"穿透式"裁判思维，折射出一个严峻的现实，那就是在严格责任下，公司集团和关联公司正在由公开走向隐秘，一些存在实质性"过度支配与控制"关系的公司甚至褪去了"关联关系"的外衣。这种市场环境反过来增加了债权人判断、了解交易对手的难度。

---

[1] 参见毕宝胜、王梦迪："从157份判决书看横向人格否认的司法裁判路径"，载 icourt 法秀微信公众号，最后访问日期：2023 年 1 月 13 日。

在法律秩序的构建中，司法资源的有限性与责任追究的滞后性决定了仅仅依靠事后救济机制无法实现长治久安。因此我们也不能寄希望用公司集团民事责任制度解决公司集团的债务承担问题。更何况，任何一个公司在正常经营中都可能因各种原因而出现债务危机，如果仅因其与其他公司同处于一个公司集团，就让兄弟公司为其承担连带责任，这不但对兄弟公司的债权人不公平，而且会严重影响公司集团的营商环境，将公司集团的运营置于无法预期的境地，严重影响交易相对方的判断。所以，对公司集团法律责任的立法必须持审慎态度，不能单方面倚重公司集团法律责任制度解决问题，而是要学会"两条腿"走路：一是建立控制权行使规范，尤其是控股股东、实际控制人诚信义务制度，指引控股股东、实际控制人在公司集团运营中依法合规行使控制权，减少因控制权滥用而引发集团债务危机的可能。如果没有突破诚信义务的底线，控股公司及其关联公司不对从属公司及其债务人承担责任。二是将公司集团制度作为矫正公司法人制度无法公平保障全体债权人利益的兜底性规则，有条件地对濒临破产倒闭的关联公司的财产进行合并，让相关债权人公平受偿，此即破产清算中的"实质合并破产"规则。

实质合并破产规则是由美国判例法发展而来的一项规则，是将已破产之多数关联企业的资产和债务合并计算，并且去除关联企业间彼此之债权和担保关系，依债权比例将破产财产分配给该集团的所有债权人的一项制度。实质合并破产规则在破产阶段将公司集团视为"独立法律实体"，实现了以其全部财产对全体债权人承担责任的法律规制。从实质合并规则的适用后果来看，其对公司法人人格的否定是全面、永久的，尤其是在实质合并清算中。实质合并清算之后，破产关联企业会被解散，并注销工商登记，法律实体将不复存在。即便适用实质合并规则进行和解或重整，各关联企业原则上也应当合并为一个企业。根据和解协议或重整计划，确有需要保持个别企业独立的，还应当依照企业分立的有关规则单独处理。由此可见，实质合并破产规则的适用轻则对公司集团的股权结构、控制关系发生实质性改变，重则导致主体资格的注销。最高人民法院 2018 年 3 月印发的《全国法院破产审判工作会议纪要》（以下简称《会议纪要》）明确了"法人人格高度混同、区分各关联企业财产的成本过高、严重损害债权人公平清偿利益"三项适用条件和"审慎适用"的基本原则。《会议纪要》印发后，最高人民法院还发布了指导性案例，明确了在关联企业成员之间出现法人人格高度混同、区分各关联企业成员财产成本过高、严重损害债权人公平清偿利益等情况下，人民法院可依申请适用关联企业实质合并破产方式进行审理。采用实质合并破产方式的，各关联企业成员之间的债权债务归于消灭，各成员的财产作为合并后统一的破产财产，由各成员的债权人作为一个整体在同一程序中按照法定清偿顺位公平受偿。[1]

《会议纪要》及指导性案例的发布，极大统一了实质合并破产规则的裁判尺度，但还是应当限制该规则的宽泛适用。比如，在公司集团经营中，不是所有成员公司都会出现破产事由，在这种情况下就不适宜将公司集团所有关联公司合并破产，而应严格遵守《会议纪要》"三项"条件的规定，把适用范围限制在法定的范围内，防止公司集团因为个别关联公司的破产而整体走向消亡。更何况，符合实质合并破产条件的关联企业往往也情形迥异，在规则适用上也不宜简单划一。比如，有的公司具有重整价值，有的公司则不具有，在这种情况下也不能简单地对所有关联企业进行实质合并重整或实质合并清算，司法机关应当结合公司集团的具体情况，在尊重债权人意志的情况下作"精细化"裁判，对具有重整价值的关联企业进行合并重整，对不具有重整价值的关联企业则进行合并清算，实现保障债权人利益和保障公司集团生存权、鼓励企业生存与发展的"双赢"局面。此外，在实质合并破产规则适用中，还应当赋予利害关系人更有效的权利保障。《会议纪要》第34条规定"相关利害关系人对受理法院作出的实质合并审理裁定不服的，可以自裁定书送达之日起十五日内向受理法院的上一级人民法院申请复议。"由于是向上一级人民法院提起复议申请，不是上诉，因而法院无法在复议阶段全面听取各方意见。然而，公司集团成员企业众多，经营状况各异，企业能否存续关系到公司集团、关联企业、债权

---

[1] 参见最高人民法院指导案例163号"江苏省纺织工业（集团）进出口有限公司及其五家子公司实质合并破产重整案"。

人等利害关系人的利益。是否将集团关联公司一刀切地纳入实质合并清算，应允许各利害关系人提出意见，法律也应当为利害关系人创造更多表达意见的途径，方便人民法院审慎裁决。最高人民法院在第 165 号指导性案例"重庆金江印染有限公司、重庆川江针纺有限公司破产管理人申请实质合并破产清算案"中尝试了听证程序，综合考虑关联企业之间资产的混同程度及其持续时间、各企业之间的利益关系、债权人整体清偿利益、增加企业重整的可能性等因素，依法作出裁定。该裁判经验目前已经被大多数法院所吸收，也说明法院在行使相关裁判权时已逐渐趋向审慎和谦抑，这也符合《会议纪要》审慎适用原则的要求。最后，在实质合并规则适用上，还应尊重当事人的自主选择。市场机制自身具有调和、化解矛盾的功能。蒋大兴教授曾提出主张，公司法要改变赋予诉权解决纠纷的习惯，从"合则来不合则斗（诉）"转向"合则来不合则去（调）"[1]。该观点对我国公司集团法律责任的立法也有启发意义。债权人与公司集团成员公司进行交易时，其信赖的往往是交易相对人背后的集团信用。因此，在纠纷解决中，即便个别关联公司濒临破产，但是如果债权人与公司集团能达成债务清偿或长期合作的协议，决定不适用实质合并破产规则，也应尽量尊重利益相关人的意思自治。

（三）构建弱势股东利益保护机制

在公司集团中，由于层层嵌套的控制关系，集团各层级公司的控股股东及管理层事实上形成了一个控制集团[2]，而各层级中的非控制股东（中小股东）则构成弱势股东群体。在控制集团行使控制权的过程中，弱势股东被排除于公司治理之外，可以说控制集团与弱势股东之间的矛盾是公司集团治理的主要矛盾，弱势股东权保护也是公司集团立法的重要内容。

按照传统公司法的理论，在大股东或管理层滥用权利侵害公司利益的情况下，中小股东不得以自身利益受损为由向他们主张侵权损害赔偿，因

---

[1] 蒋大兴："走向'合作主义'的公司法——公司法改革的另一种基础"，载《当代法学》2021 年第 6 期。

[2] "控制集团"的概念在美国法律研究院通过并颁布的《公司治理原则：分析与建议》§1.09 中作了规定："控制集团"是指根据相互间达成的协议或共识，协调一致对某商业组织的管理或政策实施控制性影响的一组人。

为中小股东的损失是因公司利益受损而间接造成的，是"反射损失"，只要公司利益得到补偿，那么股东的损失就可以得到弥补。所以，在这种情况下只赋予中小股东代位诉权，在公司不主动提出损害赔偿请求的前提下以自己名义起诉大股东，但胜诉利益归公司所有，中小股东不能据为己有。如果公司不对中小股东的损失进行补偿，中小股东可以起诉公司，但这是另一个独立的法律关系。这一原则由英国法院在 prudential Assurance Co. Ltd. V. Newman Industries Ltd.（No. 2）案中确立，后来被称为"Prudential"原则。我国《公司法》也吸收了这一理论，在第 20 条、第 21 条以及第 149 条，分别规定了控股股东、实际控制人、董事、高级管理人员对公司的损害赔偿责任，在第 151 条规定了股东的代位诉权。可是，公司集团中控制权的滥用通常不是控股股东、实际控制人一个人来完成的，而是由实际控制人、各级控股股东及其代表人（董事、高级管理人员等）组成的控制集团通过集团性、组织性的控制权运行机制来完成的。股东代位诉权仅允许弱势股东起诉本公司的控股股东、实际控制人或者董事、高级管理人员，不能对控制集团形成有效的监督和制约，股东事实上也难以提供控制集团滥用权利的充分证据。另外，胜诉利益归公司所有的规定，也很难调动弱势股东的积极性，鼓励其以匹夫之力向整个控制集团提出挑战。更何况弱势股东对公司集团的依附性各不相同，实践中很难团结一致对抗控制集团。在一些特殊情况下，比如公司破产的情况下，即便股东行使了代位诉权，胜诉利益也要优先偿还债务，股东难以从诉讼中受益。在公司注销的情况下，由于公司的主体资格已经丧失，股东提起代位诉讼的实体法基础也已丧失，因此股东代位诉讼制度在公司集团的适用捉襟见肘，难以充分保障弱势股东的利益。

股东是公司的原动力，激励股东的积极性，是激发市场主体活力的关键。如果能通过制度的改进优化弱势股东的营商环境，将有利于在公司集团中建立和谐共处、共同发展的治理结构。刘俊海教授曾提出建议，将代位诉讼胜诉利益按照持股比例直接分配给原告股东，并引入控制权滥用连带责任制度，由公司与控股股东、实际控制人对弱势股东的"共同侵权行为"承担直接责任。[1]在国外的司法判决中，也有类似的尝试。比如英国法院的判例中也出现过对"Prudential"原则的松动。在 Giles V. Rhind 案中，英国上诉法院就主张，在违法行为致使公司无法对行为人提起诉讼时，应当允许股东对其间接损失提起损害赔偿之诉。[2]

全国人大法工委在公司法《修订草案》（一次审议稿）第191条新增规定，公司的控股股东、实际控制人利用其对公司的影响，指使董事、高级管理人员从事损害公司或者股东利益的行为，给公司或者股东造成损失的，与该董事、高级管理人员承担连带责任，该规定在"二次审议稿"中作了一些文字上的删改，删除"利用其影响力"，并将"指使"改为"指示"。与《公司法》第151条规定的股东代位诉讼制度相比，该条规定中的诉讼类型为直接诉讼，股东在提起诉讼时不必履行前置程序，且胜诉利益归自己所有。另外，被告的范围包括了公司的控股股东、实际控制人、董事、高级管理人员，可以说涵盖了"控制集团"的主要成员。虽说该条规定的适用标准还不够明确（比如，"指示"一词的理解），但该规定改变了诉讼模式，并扩大了责任的主体范围，让弱势股东有对"控制集团"提起直接诉讼的可能，提升了对公司及弱势股东的保护力度，还能避免控股股东、实际控制人将公司治理机构异化为系统性、协同性的侵权决策和执行平台，[3]对优化公司治理结构有积极意义。同时，要求实质上行使公司管理权的控制权主体承担法律义务，也符合权利义务相一致的原则。事实上，在此之前，最高人民法院就在《关于审理证券市场虚假陈述侵权民事赔偿案件的若干规定》第20条作出过规定，发行人的控股股东、实际控制人组织、指使发行人实施虚假陈述，致使投资者在证券交易中遭受损失的，投资者可以直接起诉控股股东、实际控制人，请求其作为第一责任主体承担赔偿责任。控股股东、实际控制人作为"第一责任主体"的司法态度改变

---

〔1〕 参见刘俊海："论控制股东和实控人滥用公司控制权时对弱势股东的赔偿责任"，载《法学论坛》2022年第2期。

〔2〕 See HC Hirt. *In What Circumstances Should Breaches of Directors Duties Give Rise to the Remedy under SS.* 459-461 *of the Companies Act* 1985, (2003) 24 Company Lawyer p. 100.

〔3〕 参见刘俊海："论控制股东和实控人滥用公司控制权时对弱势股东的赔偿责任"，载《法学论坛》2022年第2期。

了我国自 1998 年《证券法》以来形成的"以发行人、上市公司"为第一责任主体的法律责任模式，体现了优先保护中小投资者合法权益的立法理念。因为上市公司作为第一责任主体承担赔偿责任可能对现有中小股东造成二次伤害，从而出现证券违法行为"大股东犯错、小股东买单"的归责结果。只有让上市公司背后实际的违法者得到有效的惩戒，才能真正起到有效打击财务造假、净化市场环境的效果，这也符合我国证券监管中要管好"关键少数"，在惩罚对象上追"首恶"的监管理念。

不过，无论公司法《修订草案》第 191 条的规定，还是《关于审理证券市场虚假陈述侵权民事赔偿案件的若干规定》第 20 条的规定，其法理基础都是"共同侵权"理论。虽然"共同侵权"理论在公司法中适用有其合理性，但"共同侵权"理论适用的主要目的在于惩治侵权行为，而不是为相关主体建立行为规范。控股股东、实际控制人是公司及公司集团的控制权主体，公司法作为组织法应当建立控制权行使的规范。只有公司法为侵权责任法提供了控制权行使的组织性规范，才能为侵权责任法的适用提供"过错"判断标准。因此，公司法《修订草案》第 191 条和《关于审理证券市场虚假陈述侵权民事赔偿案件的若干规定》第 20 条的适用，存在一个逻辑上的断层，该断层就是所谓的"组织""指使"或"指示"行为合法性的判断标准。在公司集团中，控股股东或实际控制人进行有效"组织"、下达"指示"，"指使"子公司一致行动人是控制权行使的常态，一概否定这些经济现象的正当性，也不利于公司集团的经济运行。一定意义上讲，为集团利益所做的"指示"即便使个别成员公司或其股东利益受损，只要控股股东、实际控制人不存在损公肥私等利己行为或有违商业判断原则，就不对其他股东的损失承担责任。从国外立法体例来看，不论美国法上的控股股东诚信义务制度，还是英国法上的"影子董事制度"，亦或法国法上的"事实董事制度"，都将控制权人的法律责任建立在了可衡量的法律义务基础上，不论控制行为是以"指示"还是其他的任何方式作出，只要不违反法律义务，就不得要求其承担单独的或共同的侵权责任。因此，公司法《修订草案》第 191 条和《关于审理证券市场虚假陈述侵权民事赔偿案件的若干规定》第 20 条的规定，由于缺少了对控股股东、实际控制人法律义务的规定，变成了无本之木。司法机关如果不结合公司集团治理的特点考虑"组织""指使"或"指示"行为的正当性而僵化适用这些规定，直接追究控股股东、实际控制人的法律责任，将严重打击公司集团发展的积极性。

（四）限制"法人人格否认制度"的宽泛适用

公司集团利用了公司人格独立原则的漏洞，使控股股东和实际控制人在不丧失公司控制权的情况下享受了股东有限责任的特权，因而也带来了控制权滥用而损害债权人的法律问题。为保护债权人利益，"实体法"补充了法人人格否认制度（也称刺破公司面纱制度），要求滥用控制权的股东对公司债务承担连带责任。我国《公司法》也吸收借鉴该制度，但是被告范围仅限于股东，理论上称之为"顺向人格否认"。目前，在公司集团人格否认案件中，母子公司之间的"顺向人格否认"已非诉讼主流，反倒是非母子公司关系的关联公司人格否认案件占据了七成以上的比例，[1]最高人民法院在第 15 号指导性案例"徐工集团案"就认可了关联公司之间的"横向人格否认"，受同一股东控制的关联公司可以适用人格否认制度。近年来，关联公司之间的人格否认案件的裁判又有新发展，一是延伸"顺向人格否认"至实际控制人，二是认可了"反向刺破"，即判决公司为股东债务承担连带责任。法人人格否认制度适用范围的不断扩张，说明我国公司集团化发展中控制权滥用现象普遍化，对债权人救济更具紧迫性。不过，法人人格否认制度犹如一把双刃剑，不排除债务人有企图利用该制度提升债务清偿率的侥幸心理。在公司集团中宽泛适用法人人格否认制度，容易使司法手段被恶意利用，扰乱公司集团的正常经营，并打击公司集团化发展的积极性，破坏公司集团的营商环境。同时，公司集团"统一管控"的经营特质，决定了成员公司人格不独立的经济现实。如何准确划定控制权行使的合理界限，掌握"过度支配与控制"的界限，对法官也提出了越来越高的要求，需要法官结合案情作出灵活判断。在一些司法判决中，人民法院就注意到了公司集团治理的特殊性，对公司集团中的人格否认保持了审慎态度，认为"若企业集团对成员公司的管理或者控制行为系基于集团整体运

---

〔1〕　参见李建伟："关联公司法人人格否认的实证研究"，载《法商研究》2021 年第 6 期。

营需要，不存在逃避债务的主观过错，则不能认定为滥用成员公司法人人格的行为"。[1]

在公司集团中审慎适用法人人格否认制度，是为了在保护债权人利益与鼓励集团发展之间找到平衡点，本书对公司集团中法人人格否认制度的适用有两个建议：一是软化适用标准。对于公司集团普遍存在的"统一管控"与"一体化经营"现象，不宜轻易认定为"人格混同"或存在"过度支配与控制"。最高人民法院在《九民纪要》第19条第2项中规定，"公司为其直接或者间接控制的公司开展经营活动向债权人提供担保"无须机关决议，在《关于适用〈中华人民共和国民法典〉有关担保制度的解释》第8条第2项规定，"公司为其全资子公司开展经营活动提供担保，公司以其未依照公司法关于公司对外担保的规定作出决议为由主张不承担担保责任的，人民法院不予支持。在第9条第3款规定，相对人与上市公司已公开披露的控股子公司订立的担保合同，如相对人根据上市公司公开披露的关于担保事项已经董事会或者股东大会决议通过的信息，与上市公司订立担保合同，相对人主张担保合同对上市公司发生效力，并由上市公司承担担保责任的，人民法院应予支持。这些举措已经表明了司法机关对公司集团"统一管控"的经营模式逐渐被认可和接受。二是认可集团章程的效力。公司集团的"统一管控"，是集团的内部治理问题，与外部债权人无直接的关系，因此立法及司法应当为公司集团的内部治理留出足够的自由空间，允许其通过集团章程规定集团管控制度，包括集团决策机关、决策程序等。在不违反法律、行政法规强制性规定的前提下，应维护集团章程的效力。凡是符合集团章程规定的公司治理措施，一般不宜认定为"过度支配与控制"。同时，已备案的集团章程具有公示性，与公司集团的成员公司进行交易的相对人理应知晓集团章程的内容，不得事后以章程已经明确的集团治理规范构成"过度支配与控制"为由，要求相关关联公司承担连带责任，除非该规范违反了法律的强制性规定而被确认为无效。

---

[1] 参见浙江省杭州市中级人民法院（2019）浙01民终4820号民事判决书。

第五章

控股股东与实际控制人的法律义务

一、控股股东与实际控制人法律义务的理论基础

由于我国公司法将实际控制人定位为非股东，公司集团中的实际控制人就应当是指与其没有直接投资关系但事实上掌握控制权的人。在典型的"金字塔"型公司集团组织架构中，处于"金字塔"顶端的集团母公司对于其全资或控股的二级子公司而言，是控股股东；而对于三级以下子公司而言，就是实际控制人。因此，公司控股股东与实际控制人的区分，主要由其在公司集团组织关系中所处的位置而定。从集团控制权的最终归属来说，均实质性指向了集团母公司。另外，我国公司集团的形式比较复杂。在一些家族性民企集团中，虽然也有集团母公司，但实质性掌握集团控制权的，可能是母公司的股东或隐藏在股东背后的人，比如家长、子女、夫妻等。本书在探讨公司集团控制权人的法律义务时，继续使用公司法已经明确规定的"控股股东"与"实际控制人"的称谓，在每个公司集团中可视具体控制关系而指向特定的控制权人。

在传统公司法理论中，"控制权"与"管理权"是两个独立的概念。控制权是股权的延伸，股东通过行使表决权来实现控制权；管理权则泛指董事、经理的职权，包括经营决策权与事务执行权。伯利与米恩斯发现，虽说随着现代公司规模化与股权分散化的发展，股东对公司的控制性影响力逐渐减弱，公司的控制权正在向管理层聚积，在股权高度分散的公司中，出现了"经营者控制"，没有哪个股东能够仅仅凭借其持有的股票而处于对经营者施加较大压力的地位，或者以其持有的股票为核心，票中多数投票权而取得控制地位。[1]因此公司治理的重心应由股东会向董事会转移，公司治理的主要问题转化为股东与管理层之间的矛盾问题。但是，La Porta 等学者的研究则发现，但是，伯利与米恩斯的论断仅在股权分散的英美国家公司中具有说服力，在大量的欧亚国家，甚至包括同属英美法系的澳大利亚，其现代公司的股权结构多具有股权集中的特征。在股权集中型的公司中，"资本多数决"原则可以使得股东向董事会、监事会选派自己的代表人，实现对整个公司的控制与支配。因此，在股权集中的公司中，股东的控制权与公司的管理权"合二为一"，公司治理的重心不是股东与管理层的利益冲突问题，而是大股东与小股东（亦称控制股东与弱势股东）的利益冲突问题。另外，现代市场经济中出现的新型股权结构也正在加速公司控制权与管理权向个别股东的聚集。比如，双重股权结构下的差异化表决机制，以及对赌协议、让与担保等新类型交易模式下对股权的特殊安排，也实质性改变了"资本多数决"原则下的公司控制权结构。创始股东可以凭借少数股份而掌握对公司的控制权，机构投资者也可因签署对赌协议而在合同期内放大其对公司的控制力，甚至出现"一票否决权"章程条款。所以，集中型股权结构与股权的多元化、股东的异质化，都推动了控制权与管理权向个别股东的聚集，在公司中形成了"控股股东""实际控制人"这些事实上控制公司的人。

在公司集团的组织架构中，层层嵌套的股权控制结构使得集团的控制权与管理权向集团母公司聚集，集团母公司居于实际控制人地位并事实上对从属公司行使"统一管理权"。这种控制权结构实质性改变了传统公司的治理结构，并对传统公司法赖以建立的公司法人制度产生前所未有的冲击。第一，公司集团对法人人格独立原则提出了挑战。在传统公司法人制度中，公司人格独立原则使公司拥有了像自然人一样独立的民事主体资格，享有民事权利能力和民事行为能力，能独立参与民事活动，拥有独立的财产权，并能独立承担民事责任。公司人格独立包括意志独立、财产独立与责任独

---

[1] 参见［美］阿道夫·A. 伯利、加德纳·C. 米恩斯：《现代公司与私有财产》，甘华鸣等译，商务印书馆 2005 年版，第 93~94 页。

立，其中意志独立是财产独立与责任独立的前提。然而，公司集团的"统一管理"模式，严重限制了成员公司的独立意志，成员公司须服从"集团利益"或"集团战略"。因此公司集团"人格不独立"的实然性与法人制度下"人格独立"的应然性之间存在天然的冲突。第二，公司集团对有限责任制度的合理性提出了挑战。公司法人制度下，股东以其出资额或所认缴的股份为限对公司债务承担责任，由此大大降低了股东的投资风险，激发了股东的投资热情。因此，有限责任的制度设计将法律的天平倾向了股东，而使债权人承担了相较于合伙制度而言更多的投资风险。可是，在公司集团的控制权结构下，有限责任制度经常沦为股东欺诈债权人的"保护伞"，让本已处于弱势地位的债权人苦不堪言。比如，为了"逃避"债务，母公司利用孙子公司名义签订合同，并通过关联交易将合同利益转移至母公司。由于其并非孙子公司的股东，即便孙子公司不能偿还债务，母公司也可免于因法人人格否认而承担法律责任。因此，公司集团的组织形式被认为是股东规避法律的有意设计，集团母公司实质性享有了"超级有限责任"的"双重保护"，[1]而债权人则承担了无限的法律风险。第三，公司集团对股东平等原则的合理性提出了挑战。股东平等原则坚持"同股同权""一股一票"，对所有股东一视同仁，不因其身份的不同或者持股数的多少而有所区别。建立在股东平等原则基础之上的资本多数决原则坚持股东剩余索取权与控制权的比例平衡，将持股多数的股东的意志推定为公司意志，使控股股东行使控制权变得顺理成章。但是在公司集团中，由于从属公司必须服从控股公司的统一管理，从属公司很大程度上丧失了意志上与经济上的独立性，二者无法实现事实上的平等。在控制利益的巨大诱惑下，控股股东为实现自身利益最大化而牺牲从属公司及少数股东的利益的现象屡见不鲜。传统公司法中的股东平等原则与资本多数决原则，已经异化为控股股东滥用控制权的工具和手段，对股东平等保护提出了严峻的挑战。

　　公司集团控股股东、实际控制人利用公司人格独立原则、有限责任制

---

〔1〕　参见虞政平等："论公司人格否认规则对实际控制人的适用"，载《法律适用》2021年第2期。

度和资本多数决原则实现集团控制，但又反过来打破了传统公司法的利益平衡格局，将从属公司、债权人和少数股东等弱势群体暴露在了不确定的法律风险之下，"反噬"了传统公司法律制度的合理性。而作为公司治理法定主体的董事、高级管理人员等，因受控股股东、实际控制人的指派，实质性沦为控股股东与实际控制人的"代言人"。他们不掌握决策权与管理权，却要承担公司法上的信义义务与法律责任。这种"有权者无责、有责者无权"[1]的制度安排，也凸显了公司集团治理结构与传统公司治理结构的严重脱节。如果不在公司法上建立起控股股东、实际控制人控制权行使的法律规范，则公司法将严重落后于公司集团的经济现实。近年来，我国在证券监管领域实施"穿透式""强监管"措施，将发行人的法律责任穿透至控股股东与实际控制人。但在公司法领域，虽然《公司法》第 21 条规定了关联交易中控股股东、实际控制人的法律责任，2021 年公司法《修订草案》第 191 条也规定了控股股东、实际控制人与董事、高级管理人员的连带责任，但整体而言《公司法》对控股公司、实际控制人的法律规定极为"吝啬"，对控股股东、实际控制人法律义务的性质、责任构成要件等规定并不明确。在公司法理论研究中，对控股股东、实际控制人规制的理论基础与规范路径也存在较大争议。因此，重新审视控股股东、实际控制人的法律地位，明确控股股东、实际控制人规制的法律路径，确定控股股东、实际控制人的法律义务，对解决公司集团控制权滥用问题有重要意义。

二、控股股东、实际控制人法律义务的立法例

控股股东、实际控制人对公司的事实控制，能对公司的经营决策产生强有力的支配性影响力。"控制者"可采取以下三种方式的任何一种来实施控制：（1）影响或引诱那些正在行使公司权力的董事们；（2）基于自身的合法权利，自己来完成某项公司活动——如投票选举董事、修改公司章程或对董事们过去的各项活动予以认可；（3）可以完成某些名义上与公司没有关系、而实际上会对公司命运产生重大影响的活动，例如将"控制权"

---

〔1〕　朱慈蕴："资本多数决原则与控制股东的诚信义务"，载《法学研究》2004 年第 4 期。

出售给他人。[1]任何一种方式的控制，都会影响到利益相关者的合法权益，因此对控股股东、实际控制人进行法律约束已成为理论共识，只不过在实现路径上，各有特色。

（一）控股股东的诚信义务制度

以模糊性和开放性著称的美国判例法塑造了诚信义务制度（fiduciary duty）。[2]1919年，大法官 Brandeis 在 Southern Pacific Co. v. Bogert 案中指出，大股东掌握着控制公司经营的实力，当大股东行使控制权时，不论其所用方法如何，诚信义务即应产生。[3]控股公司诚信义务理论在美国判例法中经历了曲折的发展历程，因判例的冲突、法规的差异和司法见解的对立，而持续处于争议之中。正如 AA. Sommer, Jr. 所说，从诉讼结果来观察，也许在公司法中，没有任何一处能像忠实义务那样被矛盾的司法意见、迥异的法律规定以及其他众多困惑和不确定性所困扰。[4]但控股股东诚信义务制度已在美国判例法中渐成体系，并为美国商业示范公司法及一些州立法所效仿。[5]尽管美国公司法（尤其是特拉华州公司法）已经从相当程度强制性立法向任意性立法转变，[6]但是美国法院认为股东（尤其是那些控制公司章程和细则制定过程的人）不能排除诚信义务的适用，诚信义务与公司法的任意性有同样重要的意义。[7]

---

〔1〕　参见［美］阿道夫·A. 伯利、加德纳·C. 米恩斯：《现代公司与私有财产》，甘华鸣等译，商务印书馆2005年版，第247页。

〔2〕　See Henry Hansmanss, Reinier H. Kraakman, "The End of History for Corporate Law", *The Georgetown Law*, Journal, Vol. 89, No. 2., 2001, pp. 439~459.

〔3〕　See Southern Pacific Co. v. Bogert, 250 U. S. 43, 487 (1919).

〔4〕　See AA. Sommer, Jr., "The Duty of Loyalty in the ALI's Corporate Governnace Project", *George Washngton Law Review*, Vol. 52, No. 4-5., 1984, p. 719.

〔5〕　See Modern Business Corporate Act. S 8. 30 (a); al. Gen. Corp. Law, S 309 (a); N. Y. Corp. Law, S 717. 转引自冯果、艾传涛："控制股东诚信义务及民事责任制度研究（一）"，载 http:// old. civillaw. com. cn/article/default. asp? id=8975，最后访问日期：2023年7月1日。

〔6〕　See, Cofee 1989; Black & Kraakman 1996。Refer to Katharina Pistor, Chengguang Xu, "Fiduciary Duty in Transitional Cvil Law Jurisdictions Lessons from the Incomplete Law Theory", 载 http:// doi. org/ 10. 7312/milh12712_ 005，最后访问日期：2023年7月1日。

〔7〕　See, Coffe 1989. Refer to Katharina Pistor, Chengguang Xu, "Fiduciary Duty in Transitional Cvil Law Jurisdictions Lessons from the Incomplete Law Theory", Downloaded from: https://doi. org/10. 7312/ milh12712-005，最后访问日期：2003年6月7日。

控股股东诚信义务理论源于信义义务理论。伯利与米恩斯曾主张在公司法中引入衡平法的信托理论，将公司合同的参加者置于信托法律关系中。根据"基于拥有对他人利益的高度优越与影响之地位的人即为受托人"的衡平原则，公司管理者和实际控制者作为股东的受托人，其权力行使仅限于为谋求全体股东的利益。[1]否则，权利受侵害的股东可以依据该理论向法院提起诉讼。信托义务理论在英美法国家产生了很大影响。正如学者所说，从传统上讲，最起码在形式上，诚信义务在英美国家的适用很难与信托义务相区别。[2]兼具灵活性与现实性的法官，如果不被成文法束缚住手脚，可以依据信托理论给受害人以救济。[3]不过，信托义务理论本身也有局限性：其一，信托义务理论建立在公司"契约论"基础之上，根据公司"契约理论"，当事人可以约定条款排除法律的适用。如果控股股东利用表决权的强大优势，在股东大会上或公司章程制定过程中排除诚信义务的适用，那么诚信义务对其就无约束力。其二，如果以信托义务理论为基础追究控股股东滥用控制权的民事责任，则原告需举证证明被告有损害公司或少数股东利益而谋取个人利益的主观意图（intention）。这对原告而言成功的可能性极小。

不过，美国判例法的发展逐渐克服了信托义务理论的弊端，巩固了控股股东诚信义务的理论基础。一方面，契约论的反对者所主张的"当事人不得以约定的合同条款排除诚信义务的适用"[4]的原则，现在已被普遍接受。诚信义务已经超越了以契约论为基础的信托义务理论，而被当作一项

---

〔1〕 See *Ibid.* 220. Cited from William W. Bratton, "Berle and Means Reconsidered at the Century's Turn", *Journal of corporate law*, Vol. 26, No. 3., 2001, p. 737.

〔2〕 See Michael J. Whincop, "Another Side if Accountability: The Fiduciary Concept and Rent-Seeking in the Governance of Government Corporations", Downloads from https://papers. ssrn. com/sol3/Delivery. cfm? abstractid=258668，最后访问日期：2003年6月7日。

〔3〕 See *Ibid.* 197, 295. Cited from William W. Bratton, "Berle and Means Reconsidered at the Century's Turn", *Journal of corporate law*, Vol. 26, No. 3., 2001, p. 737.

〔4〕 William W. Bratton, "The Economic Structure of the Post - Contractual Corporation", *Northwestern Universtiy Law Review*. Vol. 87, No. 1., 1992, pp. 180-215. Cited From William W. Bratton, "Berle and Means Reconsidered at the Century's Turn", *Journal of corporate law*, Vol. 26, No. 3., 2001, p. 763-764.

法定义务来看待。比如，美国法律研究院通过并颁布的《公司治理原则：分析与建议》§5.11 就规定，控股股东不得为谋取金钱利益而使用公司财产、其在公司的控制地位或者（在对公司证券进行交易时）公司的重大非公开信息，除非（1）为这种使用和交易已经支付了达到§5.10（控股股东与公司之间的交易）标准时的对价；（2）任何为该控股股东所得的利益，要么已经按比例提供给其他处于类似情形的股东，要么使用这种控制地位对其他股东并无不公，且这种使用并不违法。"另一方面，"股东期待说"（shareholder expectation）等新理论的发展，也弥补了信托义务理论的不足，丰富了控股股东诚信义务的理论基础。"股东期待说"理论认为，股东对控制权人的依赖决定了他们有理由"合理的期待"（reasonably expect）控制权人可以自我克制（self-abnegation），不去损害公司和其他股东利益。如果控股股东的行为违背了股东的上述期待，就构成对诚信义务的违反。[1]"股东期待说"实质上是以保护少数股东利益为出发点来设定控制权人的诚信义务。由于其摆脱了契约论的束缚，所以在诉讼中原告和法院不必再纠缠于被告的主观意图，为诉讼带来更大方便。此外，"商业判断理论"的引入，也使诚信义务的发展进一步超越了信托义务理论的限制。按照信托义务理论，"负有诚信义务的人不得从事与其（或可能与其）有个人利益冲突或与其应保护的人有可能产生利益冲突的事业。"信托法要求受托人为信托人的利益保存信托财产的价值，不允许受托人在可能使信托人冒很大商业风险的前提下使用信托财产，所以在提名董事采取措施促成公司向其所代表的大股东提供担保的情况下，[2]这一行为就可能与公司利益相冲突，违背了信义义务。但是，美国判例法在实践中引入"商业判断理论"。"商业判断理论"鼓励公司管理者和实际控制人冒一定的商业风险来实现公司的最大利益。如果提名董事的上述行为对公司来说是一项商业决策，公司可能从中受益，那么提名董事的行为就不违反诚信义务。[3]还有，判例法允许控

---

〔1〕 William W. Bratton, "Berle and Means Reconsidered at the Century's Turn", *Journal of corporate law*, Vol. 26, No. 3. , 2001, pp. 763-764.

〔2〕 提名董事是指由大股东提名进入公司董事会的董事。

〔3〕 See Berlei-Hestia (NZ) Ltd v Fernyhough [1980] 2 NZLR 150 at 161.

股公司独享控制权溢价，也从根本上动摇了信托义务理论基础。伯利与米恩斯在阐述诚信义务信托模式时一再强调：控制权转让的利益必须与其他股东共享。可是，判例法的发展并没有遵循这一命题。[1]特拉华州法院的大量判例确立了控制权溢价转让的基本原则，即控股公司可以溢价转让控制权而不与少数股东分享控制权溢价。美国法律协会的《公司治理准则》第 5.16 条也对上述原则予以确认。[2]控制权溢价转让的认可，表明在控股公司诚信义务问题上，已经摆脱信义义务理论的束缚，放弃控股股东利益不得高于少数股东的立场，明确承认了控股公司独享控制利益（private benifits）的合法性。

总之，尽管在美国公司法上，诚信义务源于信托义务理论，但是判例法的新发展肯定了诚信义务的强制性法律效力、控股股东获取控制利益的正当性和对控制权行使适用商业判断原则的可行性。同时，考虑到控制权滥用可能对其他股东造成的不利后果，从保护少数股东合法利益的现代公司法理念出发，诚信义务理论的发展也极大减轻了少数股东的诉讼负担。美国法上的控股股东诚信义务制度，对其他一些国家和地区的立法与司法也产生了影响。比如，澳大利亚公司法为加强对公司集团的监管，建立了母公司为子公司破产交易承担法律责任的法定义务。[3]作为抗辩事由之一，母公司证明其已经采取了所有的合理措施去阻止子公司进行该交易，就可以免责。[4]该抗辩事由的规定，就体现了诚信义务的理念。

（二）"事实董事""影子董事"制度

信义义务理论不但影响了美国法，对英国、法国等欧洲国家的立法与司法也产生了重大影响。法国判例法上的"事实董事制度"，就是比照衡平法上董事对公司及股东的受托义务，要求事实上处于董事地位参与公司经

---

[1] See William W. Bratton, "Berle and Means Reconsidered at the Century's Turn", *Journal of corporate law*, Vol. 26, No. 3., 2001, p. 762.

[2] See The American Law Institute, *Principle of Corporate Governance: Analysisi and recommendations*, American Law Institute Puibishers, 1994.

[3] 参见《澳大利亚公司法》第 5.7B 部分第 5 节 588V 条。

[4] 参见黄辉："澳大利亚公司集团法律制度研究"，载王保树主编：《商事法论集》，法律出版社 2009 年版，第 103~104 页。

营管理的控股股东、实际控制人承担与董事相同的法律义务。法国首先在破产法上发展出"被动填充行为"（action en comblement du passif）理论。"被动填充行为"是指，公司管理人员（包括董事、经理等）由于对公司承担信义义务，所以在公司进入破产后，这些公司管理人员对公司破产和清偿能力的丧失承担连带责任。"被动填充行为"制度应用到公司集团中，就发展出"事实董事（dirigeant de fait）制度"。不管控股股东是否担任从属公司的任何正式职务，只要控股股东如同从属公司的董事一般经营从属公司业务，就可被认为是从属公司的董事，并对已破产的从属公司的债务负责。[1]因此，如果控股股东介入从属公司日常业务经营，即使控股股东未被选为从属公司董事，控股股东也会成为从属公司的"事实董事"，受到信义义务理论的规范。[2]不过，原告仍需证明控股股东未尽从属公司董事之信义义务以及控股股东之作为或不作为与从属公司所受损害之间的因果关系。

法国的"事实董事制度"，对瑞士、英国、澳大利亚等国立法与判例产生了很大影响。瑞士联邦法院在判例中认为：事实董事（或称隐匿董事或匿名董事）可与正式董事一样，使其负应负之责。[3]瑞士判例法还发展出"责任代偿"理论，在母子公司关系中只要能证明从属公司受到控股公司的指挥监督，控股公司就有可能被认为应对从属公司的侵权行为负责，除非控股公司证明其在行使对从属公司事务之监控上已尽适当的注意义务（due diligence）。[4]该理论不但确立了控股公司对债权人的直接责任，而且通过过错推定和举证责任倒置减轻了债权人的负担。法院首先根据控股公司的支配状态，推定控股公司对从属公司的支配行为违反了信义义务，如果控

---

〔1〕　参见刘连煜："控制公司在关系企业中法律责任之研究——'公司法修正草案'第三百六十九条之四的检讨"，载刘连煜：《公司法理论与判决研究》，法律出版社2002年版，第52页。吴越：《企业集团法理研究》，法律出版社2002年版，第346~347页。

〔2〕　参见刘连煜："控股公司在关系企业中法律责任之研究"，载刘连煜：《公司法理论与判决研究》，法律出版社2002年版，第52页。

〔3〕　参见BGE 111 II 182, 107 II 349. 转引自刘连煜："控制公司在关系企业中法律责任之研究'公司法修正草案'第三百六十九条之四的检讨"，载刘连煜：《公司法理论与判决研究》，法律出版社2002年版，第52页。

〔4〕　See Karl Hofstetter, "Parent Responsibility for Subsidiary Corporations: Evaluating European Trends", *International and Comparative Law Quarterly*, Vol. 39, No. 3., 1990, pp. 576-598.

股公司能证明其已尽信义义务，就可免责。

英国公司法引进了"事实董事制度"，创造出了"影子董事"概念。2006年《英国公司法》第250条规定，所谓董事包括任何占据董事职位之人，而不论其称谓为何；第251条规定，影子董事为公司董事习惯听从其指令或命令而为行为之人。与英国相类似，澳大利亚《公司法》（2001）第9条规定，公司董事意指依法选任的董事、事实上执行董事职务者，以及董事习惯于听从其指令或意愿者。新加坡《公司法》第4条规定，董事包括以任何名义担任公司董事的任何人，以及公司董事或大多数董事习惯于听从其指示或指令的人，以及候补或替代董事。我国香港地区《公司条例》第2条也分别规定了董事（director）、备任董事（reserved director）与幕后董事（shadow director）三个概念。董事是指包括备任董事在内的担任董事职位的人（不论以何名义担任董事职位），备任董事是指私人公司中的提名董事，幕后董事则特指法人团体的一众董事或过半数董事惯于按照其指示或指令（不包括以专业身份提供的意见）行事的人。

"事实董事制度"和"影子董事制度"都是为了对不具有董事职位和董事名义但实质上行使董事之管理权的所谓"实质董事"设定法律义务而作出的规定，将"实质董事"置于董事的地位，以董事的信义义务来衡量其控制行为的正当性。我国台湾地区于2012年修改"公司法"时新增了第8条第3项，引入"实质董事"概念，规定公开发行股票之公司之非董事，而事实上执行董事业务或实质控制公司之人事、财务或业务经营而实质指挥董事执行业务者，与本法董事同负民事、刑事及行政法之责任。其立法理由为，董事的认定，不宜再根据形式上名称，需使实际上行使董事职权，或对名义上董事下达指令者，均负负责人责任，使其权责相符藉以保障公司及投资人权益。因此，特引进实质董事观念，藉以提高控制股东在法律上应负的责任。[1]

（三）直索责任制度

德国学者鲁特（M. Lutter）认为，控股股东与公司机关负有同样的对公

---

〔1〕 参见周振峰："评公司法第8条第3项之增订"，载《中正财经法学》2014年第8期，转引自刘斌："重塑董事范畴：从形式主义迈向实质主义"，载《比较法研究》2021年第5期。

司的诚信义务，不仅对公司负有诚信义务，而且一般地对少数股东负有公正且适当地运用自己所处的控股股东地位的义务。这种义务是基于控股股东地位即控股股东就公司和少数股东所拥有的影响力而产生的。[1]伊蒙格（Immenga）认为，正因为大股东可以通过多数表决票替代小股东做出决议，从而间接地支配小股东的合理利益，诚信义务就是从处分他人利益的可能性而产生的结果；[2]德国联邦最高法院也认为，由于大股东有可能通过公司经营管理上的影响而损害其他股东的利益，因而特别要求，作为公司法上的一项相应义务，大股东对其权利的行使应有所顾忌。大股东的这种顾忌义务对其行使权利是一种限制，甚至成为其法定权利的组成部分。[3]所以，德国学者和法官认为，控制权的"支配性影响力"（dominating influence）可能使控股公司的实际权限完全超越股东为维护自身利益所需要的限度，因此在公司法上，控制权就蕴含着一种因介入公司利益和其他股东利益而产生的诚信义务。这些法律思想体现在立法上，典型的就是《德国股份法》规定的支配公司为其对从属公司之不利行为或不利指示所造成的损害承担补偿的责任。[4]如果支配公司于会计年度结束时仍未作补偿，则从属公司对支配公司取得损害赔偿请求权。从属公司的债权人也可依照代位诉讼的方式，行使这一权利。[5]债权人的代位诉权不因支配公司与从属公司债权抵销或达成和解而受影响。[6]此即所谓的"直索责任"制度。

三、我国对控股股东、实际控制人规制的路径选择

我国《公司法》对控股股东、实际控制人的法律规定很少，具有实质意义的条文仅见于第 20 条和第 21 条的规定。第 20 条为股东权利禁止滥用原则与法人人格否认制度，第 21 条为控股股东、实际控制人关联交易的损

---

[1]　参见刘俊海：《股份有限公司股东权的保护》，法律出版社 1997 年版，第 297 页。

[2]　参见刘俊海：《股份有限公司股东权的保护》，法律出版社 1997 年版，第 297 页。

[3]　参见 Wüedinger，《公司法》（第 2 卷），第 13 页。转引自邵万雷："德国资合公司法律中的少数股东保护"，载梁慧星主编：《民商法论丛》（第 12 卷），法律出版社 1999 年版，第 465 页。

[4]　德国《股份公司法》第 311、317 条。

[5]　德国《股份公司法》第 317 条第 4 款。

[6]　德国《股份公司法》第 317 条第 3 款。

害赔偿责任。2022 年公司法《修订草案》（二次审议稿）在第 191 条又增加了控股股东、实际控制人与董事、高级管理人员承担连带责任的规定。从立法逻辑来看，对于控股股东、实际控制人的规制，我国没有建立控股股东、实际控制人诚信义务，也没有采纳"实质董事"制度，通过董事信义义务规范控股股东、实际控制人的控制权行使，而是援用了民法原理，利用"'权利不得滥用原则'与'共同侵权'"理论规制控制权。在公司法修订中，对控股股东、实际控制人进行法律规制的立法态度也已经明朗，但是如何选择规制路径还值得研究。

（一）"股东权禁止滥用"原则的局限性

《公司法》第 20 条第 1、2 款规定是民法上的"权利不得滥用"原则在公司法上的体现。"权利不得滥用"原则具有普遍的正当性与合理性，它划定了民事权利行使的边界，任何权利的行使均不得损害他人的合法权益。但是，作为一个基本原则，其内涵与外延并不清晰，无法单独适用，需要与具体规范相结合，综合考量权利的类型、行使的方式、适用的情境等因素来判断具体行为的合法性。最高人民法院在《关于适用〈中华人民共和国民法典〉总则编若干问题的解释》第 3 条第 1 款也规定："对于民法典第一百三十二条所称的滥用民事权利，人民法院可以根据权利行使的对象、目的、时间、方式、造成当事人之间利益失衡的程度等因素作出认定。"

《公司法》在第 20 条原则性规定了股东权利禁止滥用原则以及权利滥用的法律后果，但没有对控制权及其行使方式作出过具体规定，不但"控制权"的内涵与外延无法确定，而且控制权行使的正当途径与权利边界也不清晰，以至于在司法实践中经常出现矛盾的裁判观点。有的法院保持矜持的态度，认为《公司法》第 20 条属于衡平性条款，只有债权人利益通过其他途径无法获得救济时方得适用，[1]但更多法院采取了宽泛适用的态度，将其作为一般性规定普遍适用于控股股东、实际控制人侵占或挪用公司资产、篡夺公司交易机会、压制中小股东等场景。

---

〔1〕 参见"中国长城资产管理股份有限公司吉林省分公司与吉林市中小企业信用担保有限公司、吉林市人民政府国有资产监督管理委员会侵权责任纠纷、股东损害公司债权人利益责任纠纷案"，载《中华人民共和国最高人民法院公报》2019 年第 3 期。

其实，较之一般的民事法律行为，在公司纠纷中判断"权利滥用"确实有非常大的困难性与复杂性。受控制权主体范围、股东控制权行使方式以及公司法组织性规范性质等因素的限制，"权利禁止滥用原则"在公司法上的适用有很大的局限性。

第一，在传统公司法上，股东通过行使表决权参与到公司管理中。而表决权的行使奉行意思自治，公司决议是全体股东"合意"的结果。虽然这种形式平等的民主决策机制容易为控股股东所利用沦为其专制的工具，但是我们也不能简单认为，资本多数决原则下控股股东行使表决权的行为就是损害公司及其他股东利益的"权利滥用"行为，也不能因为控股股东出于自身利益最大化的考虑行使了表决权就认定其滥用了控制权，更不能从是否有损害后果倒推控股股东是否"滥用"了表决权。更何况"表决权的正当行使"，需要因地制宜地权衡公司短期利益、中期利益与长期利益来决定，公司或股东一时、一事的利益得失并不能真实反映公司的经营全貌。正如赵旭东教授所言，对控股股东表决权行使的正当性作出事实判断，或者认定股东滥用表决权并追究其法律责任，是近乎不可能完成的法律任务。这种抽象的权利滥用行为不仅极难认定，而且通常指向股利分配权、剩余财产分配权、知情权等非管理性权利，或者违规担保、关联交易、直接侵占公司财产或恶意掏空公司等具体损害行为。对于表决权以及由此形成的公司治理中的控制权能否滥用、能否产生权利滥用的损害赔偿责任，不仅在立法上旨意不明、学理上的阐释和研究也极其薄弱，遑论达成广泛的共识。[1]退一步讲，即便控股股东行使表决权操纵股东大会或者董事会，对公司事务的决定施加了不恰当的影响，直接受损的也是公司而不是其他股东。其他股东所受的损害是一种"反射性损害"，是间接损害，对此少数股东能否直接依据第 20 条第 2 款要求控股股东对其承担损害赔偿责任值得商榷。

第二，对"滥用权利"的宽泛解读，容易将集团"统一管控"的治理结构认定为滥用权利，打击公司集团发展的积极性。《九民纪要》第 11 条

─────────

〔1〕　参见赵旭东："公司治理中的控股股东及其法律规制"，载《法学研究》2020 年第 4 期。

已将《公司法》第 20 条第 3 款规定的法人人格否认制度扩展适用于公司集团及关联公司。该条规定将 "过度支配与控制" 定义为："公司控制股东对公司过度支配与控制，操纵公司的决策过程，使公司完全丧失独立性，沦为控制股东的工具或躯壳，严重损害公司债权人利益" 的行为，但是在实践中如何认定 "操纵公司的决策过程" 却是一个司法难题。可以说，该规定为控制权集中行使的公司集团治理留下隐患。公司集团治理与单一公司治理存在诸多差异，比如 "表决权的穿越" 行使在公司集团中就具有正当性基础，即便控股公司的股东会决策了从属公司的事务，该决议也不一定构成 "滥用" 表决权。因此，判断表决权行使的正当性，还要充分考虑公司集团组织结构与单一公司的区别，适应公司集团治理的经济需要。

第三，公司法并不一般地禁止控股股东获得控制利益。[1]控制利益分为共享的控制利益 (shared benefit of control) 和独享的控制利益 (private benefit of control)。前者是指控股股东或其代表居于公司董事或高级管理人员之位而直接影响公司决策中所生的利益，后者指控股股东利用控制权消耗公司资源、利用公司机会等所牟取的个人利益。控制利益是控股股东取得控制权的经济动因，为鼓励股东积极参与投资，公司法并不一概否定股东取得或维护控制利益的行为。共享控制利益为控股股东与少数股东所共享，如果控股股东 "滥用表决权"，则在损害公司利益和其他股东利益的同时，也会危及自身利益。学者们的研究也发现，通常情况下控股股东利益与公司利益一致的概率远大于少数股东与公司利益一致的概率。即便控股股东 "滥用表决权" 谋取了 "独享的控制利益"，普通法国家也通常仅将其法律义务限制在 "不得压迫少数股东""不得进行不公平交易""不得篡夺公司机会""不得违反信息披露义务" 等有限的领域，[2]并不宽泛地对控股股东施加法律义务。

第四，权利禁止滥用原则适用的法律后果是使滥用权利的行为 "不受

---

〔1〕 参见白慧林：《控股公司控制权法律问题研究》，北京大学出版社 2010 年版，第 78 页。

〔2〕 See William T. Allen etc, *Commentaries and Cases on the Law of Business Organization*, Wolters Kluwer, 2012, p. 417.

法律保护"，"权利人的目的不能实现"。[1]最高人民法院在《关于适用〈中华人民共和国民法典〉总则编若干问题的解释》第 3 条第 3 款规定："构成滥用民事权利的，人民法院应当认定该滥用行为不发生相应的法律效力。"如果将该原则严格应用于《公司法》，将大面积导致股东会决议无效，并影响到交易的效力。但是，公司组织规范的"内部性"限制了其对交易法上合同效力的影响。换句话说，公司依据无效的股东会决议与善意第三人达成的交易，并不必然无效。对此，虽然《公司法》没有规定，《民法典》第 85 条的"但书"已做补充。因此，将"权利不得滥用"原则应用于公司法，其法律后果变得不再确定。这种立法路径凸显了"权利不得滥用"原则这一"行为规范"与公司法的组织性规范对接上的困难。控股股东、实际控制人是公司控制权主体，对其法律义务的设定属于公司治理的内容，是组织法的调整范围。违反法律义务的后果也应仅限于公司组织内部，主要体现为控股股东、实际控制人对公司、少数股东或公司债权人的损害赔偿责任，并不影响公司外部交易的效力。而用"权力禁止滥用"原则规制控股股东与实际控制人的立法路径，可能产生法律效果上的扩张，并带来对《民法典》第 85 条"但书"中"善意"一词的解释困难。

第五，《公司法》第 20 条没有将"实际控制人"纳入调整范畴。对于实际控制人的法律规定，除了该法第 216 条第（三）项规定的定义外，仅在第 21 条关联交易的损害赔偿责任中有所涉及。除此之外，司法解释中又补充规定了未及时清算、恶意处置公司财产、恶意注销公司和协助抽逃出资情况下实际控制人的法律责任[2]。包括《公司法》第 21 条在内的上述法律责任，均建立在侵权责任理论基础上，实际控制人要么有利用关联侵害损害公司利益的行为，要么有不出资或侵吞公司财产的行为，要么就是有帮助侵权的共同侵权行为。由于《公司法》第 216 条已明确将实际控制人排除在股东之外，因而第 20 条规定的"股东权利禁止滥用"原则并不是上述规定中实际控制人承担责任的法律基础。但是公司集团实践中，实际

---

〔1〕　参见魏振瀛主编：《民法》，北京大学出版社、高等教育出版社 2000 年版，第 29 页。

〔2〕　参见《关于适用〈中华人民共和国公司法〉若干问题的规定（二）》第 18~20 条、《关于适用〈中华人民共和国公司法〉若干问题的规定（十三）》第 14 条的规定。

控制人是控制权的主体，第 20 条不能适用于实际控制人，就使其事实上处于"有权无责"的"法外之地"，由此也造成了对实际控制人规制难的司法困境。实践中，法院在对实际控制人适用法人人格否认制度时不得不在理论上"旁征博引"，将实际控制人置于与控股股东同一地位来说明判决结论的正当性。这种司法困境，与上述立法技术有直接关系。

"法律是不能禁止'控制权'的，而且法律最好也不要去尝试禁止。"[1]《公司法》援用民法上的"权利禁止滥用"理论对控股股东进行规制有其固有的局限性。如果不从公司治理结构上建立控股股东、实际控制人的行为规范，就缺失了控制权行使正当性的判断标准，也容易造成"权利禁止滥用"原则的适用困境。赵旭东教授曾提出，在公司立法中"肯定控股股东参与公司治理的管理权，把控股股东对公司治理的事实控制变成法律上的控制权，把控股股东纳入法定治理主体"的构想。[2]我国公司股权高度集中，公司治理实践与法律上的公司治理结构发生了严重偏差，相比于单一公司，公司集团中"现实与理想"之间的差距更大。在公司集团的组织结构下，"单一公司"的治理结构已经完全沦为控股股东、实际控制人落实集团管控的工具，如果不能对公司集团中控股股东、实际控制人的事实控制进行必要的法律约束，就无法为其他市场参与者创造法治化营商环境。所以，将事实上的控制转化为法律上的控制，是对控制权规制的新要求。

至于立法上以何种方式实现这种转化，还存在相当大的争议。一种观点认为，应当借鉴美国法建立控股股东、实际控制人诚信义务理论。[3]当然对此也有学者补充道，在公司法未赋予控股股东、实际控制人相应法律上权利的情形下，径行赋予其信义义务或将导致权利和责任的失衡。[4]公

---

〔1〕［美］阿道夫·A. 伯利、加德纳·C. 米恩斯：《现代公司与私有财产》，甘华鸣等译，商务印书馆 2005 年版，第 247 页。

〔2〕参见赵旭东："公司治理中的控股股东及其法律规制"，载《法学研究》2020 年第 4 期。

〔3〕参见王保树、杨继："论股份公司控制股东的义务与责任"，载《法学》2002 年第 2 期。王建文："论我国构建控制股东信义义务的依据与路径"，载《比较法研究》2020 年 1 期。陈洁："实际控制人公司法规制的体系性思考"，载《北京理工大学学报（社会科学版）》2022 年第 5 期。

〔4〕参见刘斌："重塑董事范畴：从形式主义迈向实质主义"，载《比较法研究》2021 年第 5 期。

司法应当顺应公司控制权发展现状，认可控股股东、实际控制人控制权的合法性，并在此基础上建立诚信义务制度。另一种观点认为，公司法建立控股股东、实际控制人的诚信义务，预设其控制地位合法性，只能进一步加剧董事花瓶化。公司法应当回归到传统公司治理体系内，通过强化董事责任来实现对控制权的规制，认为英国法上的"影子董事制度"更有助于我国建立和完善"以董事会为中心"的公司治理结构，更顺应专业化经营的世界趋势。[1]

（二）"事实董事""影子董事"制度的局限性

"事实董事""影子董事"制度的立法遵循"单一公司"治理结构，以公司人格独立为原则，将控制权的行使纳入了公司治理结构，通过董事信义义务制度建立了事前防范机制与事后追责制度。这种规制方式不改变"所有权与控制权"分离的现代公司治理结构，有利于减少股东控制权对公司治理的过度干预，强化董事的独立性。但"事实董事""影子董事"制度不认可控股股东、实际控制人的公司治理主体地位。不论是台前还是幕后，只要行使了公司管理权，就纳入董事制度调整，让其承担董事的法律责任，这与公司集团中"控制权"与"管理权"由控股股东或实际控制人统一行使的经济现实不符。另外，公司集团中控股公司和实际控制人与董事在地位与职权上有明确的区分。控股股东、实际控制人对董事有监督与考核的权利，董事（尤其是股东董事）也有听从控股股东、实际控制人指示的义务，二者之间的关系类似于委托关系。因此，股东董事在公司集团中负有"双重信义义务"，不但对公司负有信义义务，对其背后的派出股东（控股股东或实际控制人）也负有信义义务。以"事实董事""影子董事"制度将控股股东、实际控制人置于董事的地位加以规制，与公司集团的治理结构也不符。此外，在公司集团治理结构中，控股股东、实际控制人行使控制权的方式和渠道不一而足。而"事实董事"或"影子董事"的适用范围有限，仅对实质上行使了董事职权的人施加法律义务，对于其他方式下的控

―――――――――

〔1〕　参见郑彧："论实际控制人的法律责任：公法的路径依赖与私法的理念再生"，载《财经法学》2021 年第 3 期。

制权行使行为则无法予以规制。更何况，在我国公司中"真正掌握公司大权的是公司经理，而非法律所安排的董事，公司丑闻的主角也是公司经理。"[1]因此，在我国公司集团的组织形式下，按照"事实董事"或"影子董事"的立法思路还无法全面规制控制权。

（三）建立控股股东、实际控制人诚信义务制度的合理性

相比之下，控股股东、实际控制人诚信义务制度不以控股股东、实际控制人是否事实上扮演了董事角色而确定其法律义务，能普遍考察并全面衡量控股股东与实际控制人控制权行使行为的正当性，这种立法模式更符合公司集团控制权行使的广泛性与复杂性特征。此外，控股股东、实际控制人诚信义务制度，明确了控股股东、实际控制人在公司集团治理中的主体地位，将控股股东、实际控制人的控制行为纳入公司治理结构，也比较符合我国公司控股股东、实际控制人事实上控制公司治理的特点，有利于将我国普遍存在的"事实上的控制"转化为"法律上的控制"。最后，控股股东、实际控制人诚信义务制度提供了控制权正当性行使的判断标准，为落实《公司法》第20条规定的"股东权利禁止滥用"原则提供了具体的规范性依据，实现了基本原则与具体规范的衔接，有利于准确判断"过度支配与控制"，加强从属公司、少数股东及债权人等利益相关者权益的保护。因此，在我国建立控股股东、实际控制人诚信义务是较为恰当的选择。

当然，也有很多学者反对为控股股东、实际控制人设立法律义务，认为股东有别于董事，他们不必为公司和其他股东负此义务。首先，就股份的性质而言，"股份是一种财产，它是一种股东为自己利益而享有和控制的财产"，股东得以追求本身之最大利益为原则行使其股东权，而无须顾及其他。[2]其次，就法律人格来讲，股东和公司是两个独立的法律人格，股东除去其出资义务外，不应对公司承担其他责任。[3]最后，就股东的身份而

---

[1] 吴伟央："论公司经理义务——与董事义务的比较为视角"，载《证券法苑》2009年第1期。

[2] See Chatlesworth, Mores, *Company Law*, Sweet & Maxwell, 1991, p. 430-431.

[3] 参见汪传才："控制股东的诚信义务与少数股东的保护"，载《福建政法管理干部学院学报》2001年第1期。

论,在股东大会上投票的股东,不同于在董事会上行使表决权的董事,他们并非以任何形式的公司代理人身份在表决,他们的行为取决于自身的意志,不应附加其他条件或苛以其他特殊的义务。但是,当控股股东、实际控制人成为控制权的主体,并事实上控制公司和公司集团时,公司治理中的"一言堂"现象很大程度上取代了法律上的公司治理结构,使得公司治理结构"空转"。因此,在公司集团面前,公司的独立人格与董事的独立性都是美好的"理想",只有将"权力关进制度的笼子",将控股股东、实际控制人作为公司治理的主体看待,将控制权规制纳入公司治理结构,将事实上的控制转化为法律上的控制,才能拉近现实与理想之间的距离。

国外立法中,控股股东、实际控制人的诚信义务制度建立在信义义务理论基础上。在司法实践中,信义义务理论的契约性与任意性特征逐步被克服,法定性特征逐渐强化,控制权与法律义务之间的关联性逐渐明晰,控制事实与控制权的本质被认可为控股股东、实际控制人法律义务的根源。比如,德国"契约型康采恩"立法在明确规定控制公司有权对从属公司下达直接指令的同时,规定控制公司对从属公司的损失补充责任,以及股东及债权人的直索诉权。在美国法上,也有判例认为控制者的责任是"持有并行使普通财产控制权的结果",而控制权人行使控制权的手段或方法不对其法律义务产生影响。[1]

我国缺乏信托法与衡平法的传统,现行法律也没有"信义义务"的立法表达,信义义务内涵和标准成了困扰无数人的戈尔迪乌姆之结。[2]而我国公司集团治理方式因国企与民企也有区别。在国企集团中,集团母公司与国有资产监督管理机构之间是行政上的"监管关系",不是信义关系;在民企集团中,集团管理权建立在"亲情+信义"逻辑之上,要么由控股股东、实际控制人直接管理公司事务,要么通过其任命的有血缘、亲情关系

---

〔1〕 参见布兰代斯法官在 *Southern Pacific Railway Co. v. S. Bogert* 一案中的简要说明。转引自〔美〕阿道夫·A. 伯利、加德纳·C. 米恩斯:《现代公司与私有财产》,甘华鸣等译,商务印书馆2005年版,第247页。

〔2〕 参见冯果:"整体主义视角下公司法的理念调适与体系重塑",载《中国法学》2021年第2期。

的亲信来确保管理者不越权或滥权，这种"亲情+信义"的关系与西方国家的信托理论中的"信义"内涵也有明显的区别，而更倾向于传统文化中的"忠义"概念。考虑到我国公司实践中其实并没有形成所谓的"信义"观念和"信义义务"实践基础，如果在控股股东、实际控制人的法律义务的立法上使用"信义义务"这一生僻概念，反倒容易造成理解和适用上的困难。相比而言，我国企业与司法机关更熟悉"诚实信用"这一表达。在我国立法与政策的宣传下，"诚信原则"已经成为民商事交往的基本原则，"诚实""守信"也是中华民族传统文化的精髓。《民法典》第 7 条就规定："民事主体从事民事活动，应当遵循诚信原则，秉持诚实，恪守承诺"。在《上市公司治理准则》以及《上市公司章程指引》等证券监管法律规范中，也都使用了"诚信义务"的概念。[1]因此，对公司集团中控股股东、实际控制人法律义务的规定使用"诚信义务"，更符合我国的立法习惯，更能为企业所接受和理解，同时能以《民法典》的"诚信原则"为统领，倡导控股股东、实际控制人"秉持诚实，恪守承诺"，善意地为公司利益行事。近年来的司法案件中，也体现出了对控股股东、实际控制人违反诚信义务追责的倾向。比如，在最高人民法院审理的"李严、深圳市华佗在线网络有限公司损害公司利益责任纠纷再审案"[2]中，李严为美谷佳科技有限公司（简称美谷佳公司）的股东、法定代表人、董事长及总经理，华佗在线公司为美谷佳公司的全资子公司。李严未经美谷佳公司股东会决议，将华佗在线公司与省二医合作网络医院项目的商业机会转给了自己实际控制的友德医公司。最高人民法院在裁判文书中指出："李严对华佗在线公司亦负有忠实义务和竞业禁止义务。公司法关于董事对公司所负的忠实义务、竞业禁止义务应不限于董事所任职的公司自身，还应包括公司的全资子公司、控股公司等，如此方能保障公司及其他股东的合法权益，真正实现公司法设置忠实义务、竞业禁止义务的立法本意。"该案中，从李严身份来看，虽然裁判文书没有

---

[1] 《上市公司治理准则》第 63 条规定："控股股东、实际控制人对上市公司及其他股东负有诚信义务。"《上市公司章程指引》第 40 条第 2 款规定："公司控股股东及实际控制人对公司和公司社会公众股股东负有诚信义务。"

[2] （2021）最高法民申 1686 号民事裁定书。

对其是否是实际控制人作出认定，但是从其在公司中的职务和对子公司商业机会调拨的事实，可见其实质上已构成了实际控制人。只不过囿于现行法对控股股东、实际控制人忠实义务规定的空白，法院只能依据李严的董事身份及公司法对董事的忠实义务规定作出裁决。但无论如何，该案将母公司董事的忠实义务扩展适用于子公司，已经极大扩展了忠实义务的范围，体现了公司集团法的裁判思维。

四、控股股东、实际控制人诚信义务的内涵

（一）忠实义务的内涵及衡量标准

1. 对从属公司的忠实义务

在国外立法与司法中，对控股股东诚信义务的考察主要聚焦于注意义务与忠实义务，二者的基本划分点在于是否涉及个人利益（self-interest）。一般来说，如果控股公司处理的公司事务没有掺杂个人利益，则只需尽到注意义务即可；如果控股公司在处理从属公司事务中掺杂了个人利益，比如与从属公司进行关联交易、有排挤少数股东的行为等，则涉及忠实义务问题。在普通法上，忠实义务主要是指控股股东的利益与从属公司或其他股东利益发生冲突时的公平交易（fair dealing）义务。[1]

当控股股东的利益与从属公司利益发生冲突时，以谁的利益为先？很多学者认为应以从属公司利益为先，控股股东不得利用自己在从属公司中的优越地位为自己或与自己有利害关系的第三人谋求在常规交易中不能或难以获得的利益。[2]但是，如果把控股股东、实际控制人利益与从属公司利益的衡量置于整个企业集团利益框架下考虑，上述结论仍有进一步商榷的余地。公司集团化的首要目的是使联合企业之间结合成为经济上的统一体，这种统一体的主要特征就是从属公司在经济上服从支配公司的领导，服从集团利益最大化的整体目标。如果某项经营策略的实施，可能导致从属公司利益与集团利益的冲突，那么控股股东、实际控制人要优先考虑集

---

〔1〕　See Harry G. Henn, John R. Alexander, *Laws of Corporation*, West Publishing Co., 1983, p.627.

〔2〕　参见冯果、艾传涛："控制股东诚信义务及民事责任制度研究（二）"，载 http://dd.civil-law.com.cn/articledefault.asp? id=8928.，最后访问日期：2023 年 7 月 6 日。

团利益而不是个别从属公司的具体利益，因为控股股东、实际控制人设立从属公司的目的就是为了增进集团利益。尤其是近些年来涌现出来的众多项目公司，其业务范围有限，完全是为了承担公司集团的特定经营项目而设立，在经营上难谓有"独立意志"或"独立利益"。因此，公司集团利益与从属公司利益的平衡，是为了在经济现实与法律公平之间找到恰当的支点。只要从属公司与其少数股东得到补偿或得到其他利益平衡机会，就可以优先考虑集团公司和控股公司利益。所以，德国《股份公司法》规定，当存在支配合同且局外股东与债权人得到相应担保时，允许支配公司为了自身利益或康采恩利益损害从属公司的利益。在不存在支配合同的情况下，支配公司对从属公司从事了不利的交易或采取了不利的措施，只要这些不利后果在当年的营业年度内得到了补偿，就不违反诚信义务。[1]

比德国法更进一步，法国法院在坚持集团利益平衡的基础上，提出衡量控股股东行为合法性的三个前提条件。法国最高法院在著名的 Rozenblum 案例中，从从属公司的经济活动服从整个集团活动的角度来理解控股股东对从属公司干预的正当性，认为只要满足下列三个前提条件，控股股东的行为即使不利于从属公司，也不违反诚信义务：第一，公司集团的组织结构已经形成，即各个成员公司的利益和不利从经济上和组织上连接成为一个整体的集团，每个成员的经济活动构成了集团的活动；第二，集团有着一贯的政策，即集团的政策是全面的，不是出于短期利益的具体活动，它应当平衡集团利益和成员自身利益，任何一个成员不得长期地全面地排除在集团利益之外；第三，平衡成员公司从集团得到的好处和承担的不利后果，即只要成员公司承担的不利后果可以通过其它好处得以平衡（虽然可能需要往后几年的时间），该第三个条件就满足了。[2]法国判例法这一新发展，由于其先进性，已被欧盟论坛采纳，并建议在此基础上发布一项欧盟指令。[3]

德国《股份公司法》的立法态度和法国法院的态度，一方面坚持权利

---

〔1〕 参见德国《股份公司法》第 311 条。
〔2〕 参见吴越：《企业集团法理研究》，法律出版社 2003 年版，第 325 页。
〔3〕 参见吴越：《企业集团法理研究》，法律出版社 2003 年版，第 329 页。

平等理念，否认了集团利益和控股股东利益（一般地）优于从属公司利益；另一方面从促进集团结构性功能发挥的角度，承认在集团政策能确保集团成员利益平衡前提下集团利益优先的合法性。这种立法态度，兼顾原则性与灵活性，也符合公司集团的运营特点。在一个有效的企业联合体中，如果成员企业的活动是集团活动的有效组成部分，成员企业受集团政策的全面领导，成员的利益与不利在集团运作中能自行有效互补，那么，控股股东、实际控制人为实现集团利益所采取的经济措施即使对从属公司不利，也不应一概认定为违反诚信义务。

2. 对少数股东的忠实义务

当控股股东、实际控制人的利益与其他股东利益发生冲突时，以谁的利益为先？这个问题的讨论备受争议。在有关控制权溢价分配的争论中，就集中体现了学术界和司法界对上述问题的不同态度。控制权溢价是控股公司控制利益在控制权转让中的价值体现。伯利与米恩斯从信托义务理论出发，认为"当普通法信托上的受托人从受托财产的交易中取得利益时，即便交易并无损及受托财产，他也必须将受益转移给受托财产或委托人……"[1]，所以，控股股东转让控制权所得溢价，应由公司所有股东共同分享。另一位学者 Andrews 也提出，无论控股股东在什么时候出让其股份，（同类别的）任何一位其他股东都应有平等的机会、或按比例以大致相同的条件出售其股份。换言之，控股股东在出让其股份前，必须保证其他股东有平等的机会或相同的条件去出售他们手中的股份；[2]还有学者认为，至少在某些时候，控股溢价是可能的劫掠者为占据有利地位以剥削少数股东而向控股股东支付的"贿赂"，应当从控股股东手中剥夺而使之归于全体股东。[3]但是，也有学者从经济学的角度分析坚决反对上述控制权溢价分享理论。其

---

〔1〕 See Berle, " 'Control' in Corporate Law", *Columbia Law. Revies*, Vol. 58, No. 8., 1958, pp. 1221-1222. 转引自汤欣：《公司治理与上市公司收购》，中国人民大学出版社 2001 年版，第 279 页。

〔2〕 See Andrews, "The Stockholder's Right to Equal Opportunity in the Sale of Shares", *Harvard Law Revies*, Vol. 78, No. 3., 1965, pp. 505-563.

〔3〕 See Robert W. Manne, "Mergers and the Market for Corporate Control", *Journal of Political Economy*, Vol. 73, No. 2., 1965, p. 113. 转引自汤欣：《公司治理与上市公司收购》，中国人民大学出版社 2001 年版，第 279 页。

中 Esterbrook 和 Fischel 认为，"那些（因转让控制权）创造收益的人应当被允许保留此项收益，只要参与交易的其他各方至少维持了和交易完成前同样的状态（即没有因交易受损）。任何想要分配（控制权转让收益）的努力都会减少收益发生的可能。"他们试图证明，相比每个人都得到平等的收益而言，现实的投资者更愿意把蛋糕做得更大，以增加属于自己的那一块的分量，而不在乎是否平均。控制权分享理论只会削减控制权交易的机会并阻止公司财产向能实现其价值最大化的使用者转移，从长远上看，也必将损害少数股东利益。[1]

从各国的制定法和判例来看，在欧洲，在强制要约收购制度（mandatory bid）实施前，由于少数股东没有退出公司或以手中股份换取控股股东股份的机会，所以出于对少数股东的保护，要求控股股东将转让控制权所得溢价必须与其他股东分享。但是强制要约收购制度实施后，由于少数股东有了退出公司的机会，大大减少了与控股股东的利益冲突，控制权溢价分享与否的问题基本上不再发生。[2] 在美国，轰动一时的 Perlman v. Feldmann 案也曾认定，在不与非控股股东分享控制权溢价的情况下，控股股东不得溢价出让控制权。但是，随着判例法的发展，尤其是进入 20 世纪 90 年代，情况就有了不同。现在美国制定法和判例通行的原则是，控股股东可以独享控制权溢价，但是下列三种情况例外：（1）控股股东的行为构成掠夺公司机会；[3]（2）控股股东出售公司职位（the sale of corporate office）；[4]

---

〔1〕 See Frank H. Easterbrook, Daniel R. Fischel, *The Economic structure of Corporate Law*, Harvard University Press, 1991, pp. 109−144.

〔2〕 See Eddy, Wymeersch, Some Recent Trends and Development in Company Law, *Financial Law Insitute working Papers Series*, Universiteit Gent, 2001. p. 3. Downlonds From http://www.ssrn.com/abstract =273881，最后访问日期：2003 年 7 月 2 日。

〔3〕 在 Brown v. halbert 一案中，控股公司劝告少数股东以较低的价格向收购人转让股份，自己却通过协议获得了转让溢价，法院认为其行为明显违反了禁止掠夺公司机会原则。See *Brown v. halberd* 271 Cal. App. 252, 76 Cal. Rptr. 781 (1969).

〔4〕 有判例认为如果控股溢价不是出让股份而是出让公司职位，鉴于该行为违反公共政策，公司应出于对少数股东的保护取回溢价。法院在如下两种情况下更倾向于做出类似判决：（1）给付溢价以迅速转移职位为前提；（2）出让股份的股东只在公司发行在外的股份中占有极小的份额，却在协议中同意分期辞去董事职位并由收购人的代表接任。

（3）控股股东不予披露或错误陈述。[1]本书认为，控股公司没有义务将少数股东的利益置于自己利益之上，其实上述主要国家的司法实践也已表明这一立场。控股公司对少数股东的忠实义务的主要内容就是不得侵害少数股东利益的不作为义务。

3. 忠实义务的衡量标准

关于控股股东的忠实义务，主要体现在与公司的关联交易中。在美国，控股股东与公司的关联交易被称为"公平交易"，而"实质公平原则"（intrinsic fairness test）被认为是忠实义务的衡量标准。"实质公平原则"包含两个方面，即公平交易（fair dealing）和公平价格（fair price）。[2]具体来讲，前者包括（收购项目）创意、策划、谈判中的公平性以及对从属公司少数股东的披露；后者则是对一项潜在的收购从经济上和财务上的评判：包括评定其资产、市场价值、盈利、预期利益等其他可能影响公司股票本身价值的因素。"实质公平原则"对实体与程序两个方面的要求，缺一不可，且举证责任由控股公司一方承担。在实体上，公平性应从客观标准考虑，即在具有可比性的常规交易中，某项交易价格对于处于从属公司地位的交易主体是否具有公平性；在程序上，一般来讲需要控股公司事先向董事会或由少数股东组成的独立委员会披露交易事实并获得授权。

在我国，关联交易也被认为是控股股东、实际控制人在从属公司不当攫取利益、非法侵占、转移财产的主要方式。虽然《公司法》没有规定关联交易的概念，仅在第216条规定了"关联关系"的概念，"关联关系"被定义为关联关系人"与其直接或者间接控制的企业之间的关系"，可见控制关系之下的关联交易也是公司法关注的重点。此外，《公司法》第21条对"控股股东、实际控制人"关联交易的法律责任作了专门规定。本书主要结合第21条规定的不足，来看我国对控股股东、实际控制人忠实义务衡量标准的构建。

（1）第21条的规定较为简单笼统，适用中易在过错责任和损害结果的

---

〔1〕　参见美国法律研究院通过并颁布：《公司治理准则：分析与建议》，楼建波等译，法律出版社2006年版，第433页。

〔2〕　See Weinberger v. UOP, Inc.（Del. 1983）

认定上产生争议，[1]而过错责任认定上的争议，源于"过错"认定标准的缺失。虽然说第 20 条规定的"股东权利禁止滥用"原则可以作为规范控股股东、实际控制人控制权行使的"统领性"规定，为第 21 条提供了理论依据，但如上文所述，"权利不得滥用"原则抽象而笼统的规定，不足以为不当关联交易提供明确的判断标准。只有在立法上建立控股股东、实际控制人控制权行使的具体规范，才能为第 21 条的适用提供充分的制度依据。从立法渊源来看，第 21 条规定的控股股东、实际控制人关联交易中的法律义务与董事、高级管理人员的"忠实义务"具有同质性，因此在控股股东、实际控制人诚信义务制度中，明确忠实义务的内涵与判断标准，才能为控股股东、实际控制人关联交易的"过错责任"提供判断依据。

（2）第 21 条规定的归责原则不明确，有必要在适用中强调"主观故意"。第 21 条规定的法律责任是侵权责任。但是，该条第 2 款"违反前款规定，给公司造成损失的，应当承担赔偿责任"的表述，仅强调了"损害后果"对责任承担的意义，容易引发"无过错责任"的错误理解，并过度打击关联交易。关联交易是公司集团的重要交易形式，它有利于降低交易成本，也有利于在集团内部进行资金、财产、项目的调配与调拨。公司法并不一概禁止关联交易，只防范"不正当"的关联交易，此类关联交易一定具有谋取个人利益的"主观可归责性"。如若采取"无过错责任"理论，只要存在损害后果即追究责任，可能过度打击关联交易，也会使得集团母公司经营畏手畏脚，不利于营造公司集团健康发展的营商环境。此外，第 21 条司法适用中存在的"损害后果"认定难的问题，与立法上过度强调"损害后果"对责任承担的意义有直接关系。如果将关联交易规制的重心从"损害结果"转移到"主观过错"，尤其是有谋取不正当利益的主观故意上来，该条的适用就更为简单易行。主观故意是构成"不当关联交易"的必要条件，也是其可归责性成立的前提和基础。这种主观过错可以通过客观行为反映出来，比如不经法定程序强取豪夺，或者控股股东、实际控制人

---

[1] 例如：上海红富士家纺有限公司诉董服龙、苏玲损害公司利益责任纠纷案，（2020）沪民申 296 号再审裁定书；上海钰城医疗科技有限公司与顾晴损害公司利益责任纠纷案，（2020）沪 01 民终 10267 号二审民事判决书。

长期一贯地以类似交易从从属公司转移利益等行为。法律需要做的就是明确主观过错的判断标准。

（3）第 21 条没有建立主观过错的认定标准，亟待认可关联交易的公平程序对主观过错认定的意义。第 21 条在司法适用中存在的"主观过错"认定难的问题，主要是因为认定标准不明确。公司行为具有典型的"理性人"特点，难以从外观判断行为人的主观目的或意图。而公司是一个商事组织，公司决议程序可以最大程度上保证民主、公开与公正，所以公司实践中，是否履行了法定或章程规定的程序被认为是判断行为人主观过错的依据。如果行为人履行了法定程序，则其交易目的、交易内容与交易形式等均已向公司全面公开并经决议程序通过，该决议被推定为对公司及其他股东是"公平"的，不存在"损人利己"的主观过错，否则就可以认定其存在过错。比如，《公司法》第 16 条第 2、3 款规定了公司为股东提供担保的决议程序，如果控股股东、实际控制人对此"明知故犯"，足以证明其具有"主观过错"，应对给公司造成的损失承担责任。在最高人民法院公报案例"招商银行股份有限公司大连东港支行与大连振邦氟涂料股份有限公司、大连振邦集团有限公司借款合同纠纷案"[1]中，二审法院认定上述条款为"公司内部控制程序"的管理性强制性规范，对强化公司内部治理具有重要意义。只是《公司法》对控股股东、实际控制人关联交易的程序性规定仅见于第 16 条规定的关联担保。按照"法无规定即可为"的惯例，除非公司章程对控股股东、实际控制人的关联交易作出了程序性限制，否则除第 16 条之外的其他关联交易均无需履行公司决议程序。考虑到关联交易的规制对限制控股股东、实际控制人滥用控制权的意义，建议将第 21 条第 1 款修改为"公司的控股股东、实际控制人、董事、监事、高级管理人员不得违反公司章程的规定，未经股东会、股东大会决议，利用其关联交易损害公司利益"。

（4）第 21 条没有对举证责任作出合理分配，而建立控股股东、实际控制人关联交易的程序性规范，可以产生举证责任合理分配的法律效果。经公司决议批准的关联交易，在法律上被推定为具有合理性，除非原告（从

---

〔1〕　最高人民法院（2012）民提字第 156 号民事判决书。

属公司或少数股东）能证明该关联交易"具有损害后果"；未经公司决议批准的关联交易，在法律上被推定为不具有合理性，除非被告（控股股东或实际控制人）能证明其"不具有损害后果"。在这方面，美国的立法经验值得借鉴。美国法特别强调"公平程序"在关联交易"公平性"判断中的意义。由于遵行了交易的许可程序，使法院可以得出公平交易事实上已经达成的结论。[1]如果母子公司之间的交易采取了公平程序，则"交易不公平"的举证责任转移给了原告。我国建立关联交易的"公平程序"，可以从两方面入手：其一，是否对从属公司无利害关系股东进行了充分的信息披露，包括关联关系的披露以及交易内容的披露。比如德国关联企业法就全面地规定了涉关联企业的对其他非关联方的告知义务（第20~22条）。这种法定告知义务的最大优势在于让利益攸关方（少数股东与债权人）及时知晓关联企业的形成过程，即形成所谓"预防性保护"。2006年《英国公司法》第177条规定，涉事董事（包括控股股东、实际控制人）如果在一项与公司的交易或安排中享有利益，则必须在交易前以通过（书面或口头）通知或在董事会上说明的方式向其余董事披露这种利益的性质和范围。通常，仅当其他董事已经知道或者该涉事董事根据自己的合理判断认为并不产生利益冲突的情况下或者该董事自己都不知道关联交易的存在的情况下，才可以免于披露。《美国示范商业公司法》第8.62条（b）项的规定与此类似，但如果该董事合理地认为如果披露会违背其法定的责任或职业伦理，或者有约束力的保密义务，则董事可以免除这一部分的信息披露。即使如此，其仍然应当对无关联董事披露冲突利益的存在，并说明不予披露部分信息的性质。[2]其二，是否征得了从属公司其他无利害关系股东的认可，比如事前的授权、事中的股东会的批准决议或事后的追认。如果已经进行了信息披露且经过从属公司无利害关系股东的同意，那么该项关联交易就应当被推定为合法的交易，除非从属公司或异议股东有其他证据证明交易的"不

---

〔1〕 参见美国法律研究院通过并颁布：《公司治理原则：分析与建议》，楼建波等译，法律出版社2006年版，第245页。

〔2〕 参见吴越："公司关联交易的安全港程序与公司集团立法研究"，载《北京理工大学学报（社会科学版）》2022年第5期。

公平"性。如果控股股东、实际控制人在进行关联交易时未履行信息披露义务，也未经从属公司无利害关系股东的事前批准或事后追认，那么其有义务证明关联交易的公平性，否则承担损害赔偿责任。比如，美国《特拉华州普通公司法》第144条（a）款规定，公司与1名或数名董事或高管之间的合同或交易，或者公司与任何其它公司、合伙、协会或者组织的合同或交易，在上述组织中本公司的董事或高管在该其他组织中任董事或高管，或拥有金钱利益，不得仅仅因为上述理由而无效或撤销，或者仅仅因为该董事或高管在董事会或专门委员会的现场或者参与了批准该合同或交易的投票，或者仅仅因为该董事或高管的投票为此目的而计算在内，如果（1）该董事或该高管与该合同或该交易的关系或利益的实质性事实已经向董事会或专门委员会披露或者被其知悉，并且董事会或专门委员会通过非利益关联董事的多数表决善意地批准了该合同或该交易，即使非利益关联董事达不到法定人数；或者（2）该董事或该高管与该合同或该交易的关系或利益的实质性事实已经向有表决权的股东披露或者被其知悉，并且股东以特别表决的多数方式善意地批准了该合同或该交易；或者（3）在合同或交易被董事会、专门委员会或股东授权、批准或者追认的当时，该合同或交易对公司是公平的。至于未经内部决议程序的关联交易的法律效力，在英国和美国公司法上，欠缺公平程序的关联交易在法律上是以交易可撤销作为基本原则的，除非被告能证明交易的公平性。我国最高人民法院在《公司法解释五》第1条第1款中规定："被告仅以该交易已经履行了信息披露、经股东会或者股东大会同意等法律、行政法规或者公司章程规定的程序为由抗辩的，人民法院不予支持。"该规定虽然认可了被告控股股东、实际控制人以程序要件相抗辩的合理性，但是否定"仅以"程序要件相抗辩的效力，这就意味着控股股东、实际控制人还有义务以实质上的公平性提出抗辩。如此一来，被告不但需要证明程序的正当性，而且要证明实质的公平性，而原告只要能证明自己的损失即可。这种举证责任分配规则，很容易纵容滥诉，也会对控股股东、实际控制人等施加较重的举证负担，影响公司集团的正常经营。上述国家的立法对我国关联交易制度的完善很有启发意义。公司法的组织法特性，决定了程序性规范在公司法中的重要地位，程序公平是交易公平的前提和保障。控股股东、实际控制人的关联交易是否经过了法定或者公司章程规定的程序，能很大程度上反映出其是否具有损害公司及少数股东利益的"主观"过错。同时，公司决议的程序性规范，也可以保障少数股东的知情权，对关联交易风险防范具有积极意义，也符合对控制权监督的公司治理理念。因此，经过正当程序性所进行的关联交易，只要不损害公共利益，就应当维护其合法性，除非原告能举证证明交易的不公平性。至于控股股东、实际控制人是否会凭借表决权多数而使程序"虚设"或"空转"的担忧实为不必，因为大多数情况下控股股东、实际控制人的利益与集团整体利益以及从属公司的利益是一致的。此外，对欠缺正当程序的关联交易，应当允许无利害关系股东事后追认，也应当允许控股股东、实际控制人在诉讼中证明关联担保的公平性，一概否定交易效力的做法不符合促进交易的商法理念。

（5）第21条以"损害后果"判定法律责任的归责方式，不符合公司治理实践。在公司集团中，控股股东、实际控制人是公司治理的主体，控股股东、实际控制人诚信义务制度的建立，实质上是将控股股东、实际控制人置于公司管理者的地位，要求其履行管理者的义务。因此，在责任判断上，也要符合管理者责任的构成要件。比如，在美国法上，如果被告股东的关联交易履行了法律或章程规定的程序，则举证责任转移至原告，原告需证明交易实质不公平。而法院将"公平性"的司法审查限制在了是否构成"浪费公司资产"这一兜底性原则的商业判断上，而不是如我国《公司法》第21条所强调的是否"给公司造成损失"。究其原因，还是在于我国公司法对关联交易的规制思路没有采用公司法路径，而是采取了民法路径。第21条承接第20条的立法精神，把侵权责任理论引入关联交易，所以强调损害后果对责任追究的意义。可是，在公司实践中，关联交易既是一项交易，也是公司治理的手段。美国法院引入"商业判断原则"，仅对关联交易是否造成公司资产的浪费进行司法审查，[1]就是将控股股东、实际控制人

---

[1] 参见美国法律研究院通过并颁布：《公司治理原则：分析与建议》，楼建波等译，法律出版社2006年版，第62页。

置于公司管理者地位，从公司治理角度对其设置法律义务。这种立法模式，也比较符合公司集团关联交易的长期性与复杂性特点。实践中确实难以从单个交易的利益得失来断定公司集团关联交易的公平性。另外，公司集团的经营具有组织性特点，成员公司在控股公司或实际控制人安排的特定关联交易中受损，也可能从被安排的其他交易中获益，如果仅就受损的交易进行审查并判决控股股东或实际控制人承担赔偿责任，就实质性肢解了公司集团组织管理的一体性，这也是造成司法实践中"损害后果"认定难的重要原因。

综上所述，关联交易是控股股东、实际控制人侵害从属公司及少数股东利益的重要渠道。对关联交易的规制，关键在于建立公平交易的判断标准，而该标准的理论基础就是控股股东、实际控制人的诚信义务制度，尤其是忠实义务。控股股东、实际控制人的诚信义务制度是建立在公司治理结构基础上的法律制度，因此在关联交易公平性的判断上，也要符合公司治理的要求。在程序上，需按照法律、行政法规或公司章程的规定，在股东会、董事会或少数股东组成的独立委员会中履行信息披露义务并获得授权。未履行公平程序的关联交易，可以认定被告有损害公司及少数股东利益的主观故意，被告须承担交易实质公平的举证责任；只要被告能证明关联交易经过公平程序，则举证责任转移至原告，由原告对交易的实质公平性承担举证责任。在实体上判断交易的实质公平性，需引入商业判断原则，衡量处于管理者地位的控股股东、实际控制人是否不当浪费了公司的财产，而不是一味追求"损害结果"。况且原告作为主张损害赔偿的一方，对自身损失和交易的公平性承担举证责任也是其提起损害赔偿之诉的应有之义。

我国在2022年公司法《修订草案》（二次审议稿）第183条建立董事、监事、高级管理人员关联交易的程序性规范。[1]按照该条第2款"与董事、监事、高级管理人员有其他关联关系的关联人，与公司订立合同或者进行

---

〔1〕　该条第1款规定："董事、监事、高级管理人员，直接或者间接与本公司订立合同或者进行交易，应当就与订立合同或者进行交易有关的事项向董事会或者股东会报告，并按照公司章程的规定经董事会或者股东会决议。董事会决议时，关联董事不得参与表决，其表决权不计入表决权总数。出席董事会的无关联关系董事人数不足三人的，应将该事项提交股东会审议。"

交易，适用前款规定"的规定，该条第 1 款规定的程序对与董事、监事、高级管理人员有关联关系的控股股东、实际控制人进行的关联交易也有适用性。但遗憾的是，该条规定没有建立类似于美国法的举证责任合理分配规则，也没有建立关联交易实质公平性的判断标准，不能让控股股东与实际控制人避免过重的诉累，也不能为关联交易的公平性判断提供明确标准，还不能为企业从事关联交易提供全面指导。

（二）注意义务的内涵及衡量标准

1. 注意义务的要求

注意义务（duty of care）是指在处理公司事务时，应出于实现公司利益最大化的考虑，以诚实的态度，尽到一个如同处于同等地位的普通谨慎之人在类似情形下应有的注意。有观点认为，股东与董事不同，"当董事以董事的身份在董事会上表决支持或反对任何特定的决议，他是作为对公司负有受托信义义务的人对公司应该采取某种行动表决。而股东在支持或反对某个特定决议时，他不是作为对公司负有受托信义义务人的人，而是作为一个行使其财产权的人，他可以按自己认为适宜的方式表决。"[1]为此，控股股东不负注意义务。我国台湾学者干脆将控股公司的诚信义务（fiduciary duty）译为忠实义务。[2]但是也有反对的观点认为，控股公司的诚信义务与权利不得滥用原则的关系实为"一体两面"，一旦控股公司掌握了从属公司控制权，即使其并不居于董事职位，没有董事的职权，也可通过控制权的支配性和影响力介入从属公司和其他股东的利益。所以，控股股东应当负注意义务。

普通法系下，控股股东对提名董事或高管人员负有持续监督责任，并在出售公司控制权等极其特殊且例外情况下负有注意义务，但其无需像公司董事那样必须处于对公司经营高度注意的常态。与董事的注意义务相比

---

〔1〕 Northern Counties Securities Ltd. v. Jackson Steeiple Ltd. ［1974］1WLR1133, 1144；Charlesworth, Mores, *Company Law*, Sweet & Maxwell Press, 1991, p. 430.

〔2〕 参见许美丽："控制与从属公司（关联企业）之股东代位诉讼"，载《政大法学评论》第 63 期。转引自冯果、艾传涛："控制股东诚信义务及民事责任制度研究（一）"，载 http://www.civillaw.com.cn/article/default.asp? id＝8975，最后访问日期：2003 年 9 月 10 日。

较，控股股东、实际控制人的注意义务主要体现在控制权行使及转让中对从属公司和少数股东利益的保护。具体来讲，包括以下情形：

第一，控股股东不得利用在股东大会行使表决权的方式损害从属公司及少数股东合法权益。若控股股东通过自己的表决权操纵股东大会或者董事会对公司事务的决定施加不恰当的影响，则该行为通过损害公司的利益而可能间接损害非控制股东的利益。此时，控股股东对公司与其他股东承担信义义务就成为普通法系下追求各方利益平衡的一种衡平法表现，因为对于控股股东信义义务的要求符合了保护公司和非控制股东双重利益的法益目标。

第二，反收购中的注意义务。控股股东行使表决权同意收购或支持目标公司的反收购方案，必须善意地尽一个普通谨慎之人如同处于同等地位之下应尽到的注意程度，为目标公司及全体股东最大利益勤勉尽责。当目标公司被收购或出现收购迹象时，通常目标公司控股股东有两种选择：一是配合收购人的收购行为，通过管理层向本公司其他股东积极推荐此次收购；二是控股股东由于不愿意放弃控制权或认为收购价格偏低，而采取积极的反收购措施，通过增加收购成本或降低目标公司自身吸引力等手段，使收购人退却或者被迫提高收购价格。收购与反收购的决议无论是通过股东大会作出还是董事会作出，都可能受到控股股东、实际控制人的操纵。由控制权溢价使然，敌意收购通常会大幅抬高公司股价，有利于中小股东搭便车高价售出股票而分享控制权溢价的利益。如果控股股东、实际控制人实施反收购，尤其是实施"负债式""股权回购式""毒丸计划"时，目标公司的现金流会受到极大威胁，因此在采取反收购中，出于保护目标公司及其少数股东的利益，控股股东、实际控制人负有注意义务。

第三，控股股东对从属公司下达指示时，应尽正常的忠实管理人之注意义务。[1]当控股股东充任公司经营者职务时，与公司董事、经理承担同样的合理注意义务。

---

〔1〕　参见德国《股份公司法》第309条第（1）、（2）项。

2. 注意义务的衡量标准

控股股东、实际控制人的诚信义务建立在权利义务对等原则基础上，是公司集团法认可"控制"与"控制权"合法性的逻辑后果。既然控股股东、实际控制人在行使公司集团控制权的过程中，事实上对被控制、被支配的从属公司及弱势股东有"支配力"和"重大影响"，那么依据诚实信用原则承担必要的注意义务也符合基本法理。但是，我们也应当认识到，控股股东、实际控制人在公司集团中行使控制权的方式与在单一公司行使控制权有重要区别。单一公司中，控股股东、实际控制人直接掌握公司管理权，实质上扮演了"影子董事"的角色，因而国外立法多通过对其施加董事的义务与责任进行规制。但是在公司集团中，控股股东、实际控制人仅是公司集团治理的组成部分，作为控股股东或实际控制人的集团母公司，其旨意以母公司股东会决议的方式产生，并通过母、子公司董事会来落实，并非如单一公司中的控股股东、实际控制人那样直接地、实质上扮演子公司董事的角色。子公司董事会的决策才是影响子公司及其股东利益的直接因素。因此，公司集团中控股股东与实际控制人的注意义务的范围，应区别于董事的注意义务，以适宜公司集团的治理结构。具体来讲，在控股公司通过股东大会行使表决权的方式影响公司决策的情况下，对控股公司的注意程度的要求应低于对董事的要求，其注意义务应理解为"通常交易上的注意义务"，而不是对董事适用的越来越严格的专家义务。在美国法上，如果控股股东是公司董事，则依照公司法中董事诚信义务的相关规定办理；如果控股股东不是公司董事，则依照判例法确定的原则。在判例法上，情况又分为两种：如果案件涉及公司的商业决策，则依据商业判断规则免受司法审查；如果案件涉及控股股东与公司的关联交易（self-dealing），则必须经由司法审查，并由控制股东说明交易条件对公司的公平性。[1]"商业判断规则"是美国法院发展出来的关于董事免于就合理的经营失误承担责任

---

〔1〕 See Ronald J. Gilson, Jeffrey N. Gordon, "Controlling Controlling Shareholders", *University of Pennsyvania Law Review*, Vol. 152, No. 2., 2003. Downloads from http://ssrn.com/abstract=417181, 最后访问日期：2003 年 8 月 2 日。

的一项法律规则。[1]现在，该规则已经被援引作为衡量控股股东注意义务的判断标准。尽管在美国国内，关于商业判断规则和董事、控股股东的注意义务的关系颇有争议，[2]但是，该规则既符合公司经营业务的复杂性要求，也符合商业决策风险性特点，援引此规则判断控股股东在公司运营中的注意义务，具有很大的灵活性。比如，在反收购中，只有在反收购措施符合以下三个条件时，才能被确认为适当地履行了注意义务：（1）控股股东、实际控制人实施反收购措施的动机和目的不是单纯地为了维持、巩固他们在目标公司的控制地位，而是为了保护公司的特有文化和经营政策的持续性，防止公司资产流失；[3]（2）反收购措施的实施不会损害目标公司及其他股东的根本利益；（3）反收购措施的实施有助于促进公司财产增值和增加股东以更高溢价转让股份的机会。[4]我国法院没有衡平法的传统，《公司法》也一直没有建立勤勉义务的判断标准。2022年公司法《修订草案》（二次审议稿）第180条第2款规定："董事、监事、高级管理人员对公司负有勤勉义务，执行职务应当为公司的最大利益尽到管理者通常应有的合理注意。"在公司集团治理中，控股股东、实际控制人与董事的地位不尽相同，他们不是公司的常设经营决策机关，也不对每一项经营活动作出决策，他们主要决定公司集团的发展战略和重大投资决策，其所做出的决策更符合其"投资者"身份和价值取向。因此其"合理注意"的判断标准

---

〔1〕　美国法律研究院通过并颁布的《公司治理原则：分析与建议》§4.01（c）规定：高级主管或董事在做出一项商业判断时符合下述条件的，即履行了本节中规定的诚信义务：（1）与该商业判断的有关事项没有利益关系；（2）可知会的有关商业判断的事项的范围是高级主管或董事在当时情况下合理相信是恰当的；（3）理性地相信该商业判断是为公司最佳利益做出的。参见美国法律研究院通过并颁布：《公司治理原则：分析与建议》，楼建波等译，法律出版社2006年版，第160页。

〔2〕　See Robert W. Hamilton, *The Law of Corporations*, West Publishing Co., 1987, p. 311.

〔3〕　比如在 chefff v. Mathes 一案中，原告企图获得公司控制权，但是被告以股份回购的方式实施了反收购，使公司以高于股份市场价的溢价购买了原告的股份。美国特拉华州高等法院指出，除非被告能证明股份回购的主要目的是公司的经营发展，而不是为了保住控制权。最后，被告履行了证明义务，法院判被告胜诉。See Robert C. Clark, *Corporate Law*, Little Brown & Company 1986, p. 609.

〔4〕　参见郭富青："公司收购中目标公司控股股东的诚信义务探析"，载《法律科学（西北政法学院学报）》2004年第3期。

应当大大低于对董事等"职业管理人"所提出的专业性判断标准。另外，董事勤勉义务的履职目的是"实现公司利益的最大化"，而控股股东、实际控制人履职的目的在于"集团利益的最大化"。所以，不宜仅从个别决策对具体成员公司的影响来评判其是否履行了勤勉义务，而应当同时考察其是否通过其他途径对成员公司的损失进行了利益补偿。

第六章

控制权"穿越"行使制度

一、控制权"穿越"行使的理论基础

我国公司集团实践运行中，控股股东、实际控制人行使控制权容易导致两个极端：一是控制权滥用。因为缺少控制权监督与制约规范，控股股东、实际控制人滥用权利损害公司及少数股东利益的现象普遍存在，反映在司法实践中就是法人人格否认诉讼案件数量呈几何倍数增长的司法现状。二是控制权的"失控"。以上市公司对子公司的失控为例，每年总有几家上市公司因各种原因公告旗下控股子公司"失控"，总有上市公司因为子公司不配合审计导致无法出具标准意见审计报告而无奈宣布子公司"失控"。子公司失控的表现主要有：1、子公司拒不执行公司股东会或董事会决议，甚至出现孙公司原股东就子公司委派财务总监、董事长、总经理的决议，提起公司决议撤销诉讼的事件；2、公司财务总监等重要岗位"失守"，上市公司无法掌握子公司财务、运营实际情况；3、母子公司股东之间沟通不畅甚至出现对抗情绪，拒绝上市公司现场检查；4、子公司未经股东会决议，擅自对外投资、对外提供担保、处置公司财产等；5、拒绝配合审计工作。上市公司所持存在控制关系的子公司股权，在财务报告中一般列入"长期股权投资"科目，属于上市公司的重要资产。子公司"失控"，上市公司投资收益可能落空，资产受损，财务报表需要调整，甚至无法按时披露年报。会计师可能对公司年度财务报表出具无法表示意见或保留意见的审计报告，对公司内部控制出具了否定意见的审计报告。[1]

---

〔1〕 参见杨清鹏："并购实务（一）盘点 A 股'失控'的并购往事"，载 https://www.hentai-law.com/insight/research/data_ 77. html，最后访问日期：2023 年 7 月 6 日。

控制权的"滥用"与"失控"的经济现象背后，掩藏着控制权"失范"的制度性缺陷。我国《公司法》除了表决权之外，没有认可股东实现控制权的其他方式。然而在股东之间出现重大分歧的情况下，股东会、董事会的决策机制可能失灵，甚至出现决议效力瑕疵诉讼或"公司僵局"情形，对这些问题的救治耗时耗力，而且多数情况下都得母公司股东"买单"，通过收购"失控"子公司的股权来挽救集团治理失控的局面。因此，母公司及其股东为了"防患于未然"，必将在公司法之外寻求控制权行使的路径，加大对子公司及孙子公司的掌控。我国司法实践频频上演"抢公章""公章保卫战""返还公章诉讼"等"人章之争"纠纷，就是典型的迂回借助民法中"盖章"对合同生效的影响力，以及票据法上"签章"的效力性规定，通过掌控"印章"而达到控制目的的例子。比如，在媒体报道的"当当网抢公章"事件中，涉及印章达 47 枚之多，其中除了"当当网"的公章与财务专业用章外，还包括了主要子公司的公章和财务专用章。[1] 最高人民法院甚至在民事诉讼案由中专门增加"公司证照返还纠纷"，以解决为控制权争夺而抢占公章、营业执照等引发的纠纷。公司通过对印章、证照等"物"的实际占有来达到控制目的，使《公司法》规定的公司治理结构完全沦为"形式"，还引发了合同法领域对"假人真章""真人假章""有章无人""有人无章"的合同效力争议和对"签字""盖章"法律效力的无休止争议。如果在法律上拓宽控制权行使的路径，将公司控制权行使与公司治理结构相结合，使控制权的行使成为正当、有效的公司治理手段，这种"人章之战"的闹剧就可以不再上演。

其实，在公司集团治理中，控制权的行使机制与监督机制犹如"车之双轮"，是公司集团治理的核心与关键。一方面，公司集团的"统一管理"经营模式决定了母公司控制权有"穿越"行使的必要性。公司集团以母子公司组织结构为基础，形成层层嵌套的组织关系，而每一层级的子公司又可因投资关系或协议安排等纵横拓展公司集团的控制版图，因此公司集团

---

〔1〕 参见揭书宜："当当网回应李国庆'夺权'：伙同 5 人抢走几十枚公章，已报警"，载 https：//www.thepaper.cn/newsDetail_forward_7150138，最后访问日期：2023 年 7 月 6 日。

被誉为承载众多子公司的"企业航母"。比如入选"新时代推动法治进程2022年度十大案件"之"紫光集团等七家公司实质合并重整案"中,紫光集团的子公司就有298家之多。在公司集团管控中,如果处于"金字塔"尖的母公司的控制权不能穿越至子公司,则无法将集团意志贯彻到底,最终导致子公司"失控"问题。所以,公司集团的控制权行使,必将打破母子公司的人格界限,形成"穿越"效力。作为对公司集团治理现实的回应,公司法在必要条件下认可母公司股东权"穿越"行使的效力,是维护集团运营的必要之举。另一方面,为防止母公司滥用控制权,保护从属公司及少数股东利益,也需要建立股东权"穿越"行使的制度。母公司的股东权穿越行使容易形成对子公司的过度控制,直接导致母公司"独断专行"与母公司股东间接控制子公司的局面,为损害子公司的债权人利益提供了便利。[1]因此,建立与控制权行使机制相配套的控制权监督机制,在母公司控制权穿越行使的过程中,实现少数股东监督权的"穿越",对母公司滥用控制权的行为进行监督,也是公司治理的应有之义。

股东权的穿越(pass-through rights),是指在公司集团中,母公司的股东得越过母公司,直接对子公司重大事务行使股东权的法律制度。Esienberg教授于1976年最早提出"穿越"理念,主张子公司股东的一些权利可以直接穿越到母公司的股东行使。[2]Esienberg教授的思想被判例法所吸收,不但被应用于表决权的穿越,而且扩大适用于查阅权和诉权的穿越。表决权的穿越,可以使母公司的股东有权对重要子公司重大资产的处置和重大并购等行为进行及时干预;查阅权的穿越,为弱势股东(少数股东)监督控股股东及母子公司管理层信义义务的履行创造了条件;而诉权的穿越,通过建立双重或多重代表诉讼制度,使母公司的股东可以对控制权滥用给子公司造成的损失提起损害赔偿之诉。由此可见,公司集团中的权利"穿越",有助于实现控制权行使中责、权、利的匹配,既能保障控制权的顺利

---

〔1〕 参见李建伟、林斯韦:"全资子公司债权人保护的公司法特殊规则研究",载《社会科学研究》2019年第2期。

〔2〕 See Melvin A. Eisenberg, "Megasubsidiaries: The Effect of Corporate Structure on Corporate Control", *Harvard Law Revies*, Vol. 84, No. 7., 1971, pp. 588-1589.

行使，又能为控制权的监督提供有力制度保障。

事实上，我国公司集团的治理模式也决定了建立"穿越"规则的必要性。就民营公司集团的治理而言，由于我国大量民营企业是家族企业，其治理特点表现为：1、"所有权和管理权"两权合一。通常由控股股东、实际控制人或其指定的人担任董事长或者总经理，家族成员参与公司管理。比如，在2021年具有轰动性的"证券虚假陈述集体诉讼第一案""康美药业财务造假案"中，其公司治理结构就具有极强的代表性，该公司完全在家族成员的控制之中。2、公司监督制约机制失效。由于家庭成员为公司领导层，实际控制人、控股股东和董事、监事、高级管理人员身份高度重合，家族成员之外的其他董事、监事难以发挥其应有的监督职能。3、母公司融资风险高，债务压力大，需要加大集团控制权防范违约风险。比如2021年以来受国际、国内金融政策的影响，沪深两市的股价出现大幅波动，控股股东、实际控制人、董事、监事、高级管理人员等重要股东纷纷购买公司股份以稳定股价、提升投资者信心。截至2022年10月14日有456家上市公司发布了股份回购计划，其中沪市129家公司的控股股东、实际控制人、董事、监事、高级管理人员等重要股东披露了增持计划，拟增持金额约100亿元；深市有116家公司的控股股东、实际控制人、董事、监事、高级管理人员等重要股东披露了增持计划，拟增持金额超80亿元。仅2022年9月以来，两市共有26家公司的控股股东、实际控制人、董事、监事高级管理人员等披露了增持计划，110家上市公司重要股东实施了股份增持。这些数据直观地体现了控股股东、实际控制人对子公司的利益维护。〔1〕然而，在母公司为子公司"输血"的同时，又面临子公司"失控"的危险，巨大的融资压力下，如果母公司对子公司重大资产的处置没有话语权，则子公司的资产很可能流失，最终导致母公司破产。因此，立法上加强母公司及其股东的权利保护，提升母公司及其股东对子公司及其管理层的监管能力，有很大的必要性。另外，就国有公司集团的治理而言，其存在的治理问题也

---

〔1〕 参见时娜："一批公司奔跑在回购增持路上 年内A股回购增持金额已超千亿元"，载《上海证券报》2022年10月17日，第6版。

比较突出。主要表现为：1、代理成本高，"内部人"控制风险大。国企主要是由母公司向子公司派出董事、监事和高级管理人员来层层落实母公司的战略意图，在冗长的代理链中，管理权与监督权的逐层下放极易架空集团母公司对从属公司的控制，引发"内部人控制"和管理者的道德危机。2、"子强母弱"的现象突出。随着国有资产监管体制改革的推进，集团母公司逐步被改制为国有资产投资公司。[1]按照《国务院关于推进国有资本投资、运营公司改革试点的实施意见》的规定，"国有资本投资、运营公司均为在国家授权范围内履行国有资本出资人职责的国有独资公司，是国有资本市场化运作的专业平台。公司以资本为纽带、以产权为基础依法自主开展国有资本运作，不从事具体生产经营活动"。因此，国有资产投资公司在性质上是纯粹持股公司，其所投资的子公司则集主营业务与优质资产于一体，是公司集团的"核心企业"，在战略地位、技术资源、人力资源和管理上均处于强势地位。如果母公司不能有效控制集团运营，达到母子公司战略协同，让上市公司为集团利益服务，母公司及其投资者的利益很有可能受到损害。"子强母弱"的现象在国企的重组并购中也同样存在。近年来，国企加大了合并重组的力度，"强强联合"打造"世界一流企业"的步伐正在加快。但是，参与合并的企业都是行业翘楚，集优质资产与核心业务于一体，重组后的集团母公司也仅是一个战略决策平台，自身并没有足够的财力，公司集团治理同样面临"强诸侯弱天子"的问题。

由此可见，不论是民营公司集团还是国有公司集团，我国公司集团中的控股股东、实际控制人控制权的有效行使对公司集团的发展都有重要的战略意义。在过去的理论研究与司法实践中，学界的关注焦点多聚焦于控制权滥用的防范与打击，很大程度上忽略了控制权正当行使的意义和控制权的保障。控制权本身是一个中性概念，没有善恶好坏或褒义与贬义的区

---

〔1〕 2022年6月，国务院国资委印发《关于国有资本投资公司改革有关事项的通知》，对国有资本投资公司试点企业进行了调整优化，明确中国宝武钢铁集团有限公司、国家开发投资集团有限公司、招商局集团有限公司、华润（集团）有限公司和中国建材集团有限公司等5家企业正式转为国有资本投资公司，8年改革攻坚，"两类公司"试点迎来第一批"毕业生"。参见"5家中央企业正式转为国有资本投资公司"，载 www.gov.cn/xinwen/2022-06/21/content_ 5696886.htm，最后访问日期：2022年6月21日。

别。从积极的一面来看，控制权的有效行使是公司集团长治久安的定海神针。从消极的一面看，实践中也确实存在因法律制度的不完善导致的控制权滥用现象，为少数股东、公司债权人利益带来了切实的危害。因此，公司集团控制权的立法，应当借鉴国外立法与司法中建立的"权利穿越"规则，采取"两者兼顾"的态度：一方面落实母公司对公司集团的控制权，即母公司对子公司重要事务的决策权。只有承认母公司有权决策子公司的重要事务，母公司才能实现对子公司的实质性控制与支配。如果能在公司法上为母公司的决策权开辟法律路径，那么母公司也无需再为落实控制权而纠缠于"人章之战"的乱局。另一方面落实对控制权的监督，允许母公司的弱势股东查阅子公司文件资料，并允许母公司的弱势股东对子公司董事、高级管理人员违反信义义务的行为提起"双重代位诉讼"，来监督母子公司控制权的行使。

二、表决权的"穿越"行使

（一）国外立法例研究

Eisenberg 教授认为，在股东会与董事会的分权上，现代公司治理结构存在如下通行模式：股东会仅负责重大事项或结构性决策（structural decision），董事会负责商业决策（business decision）。[1]表决权穿越规则（pass-through voting）建立在公司机关权力分配理论基础上，是指在子公司组织结构或者控制格局发生重大根本性变化，对母公司股东产生相当于母公司自身的组织结构或者控制格局发生重大变化的影响时，由母公司的股东取代母公司直接行使表决权的制度。

美国《特拉华州普通公司法》第271条（a）规定：经股东或者成员授权，公司可以在董事会或者管理机构的任一会议上，将公司财产和资产（包括公司商誉和特许权）的全部或者实质性全部，按照董事会或者管理机构认为适宜符合公司最佳利益的条款条件和对价出售、租赁或者置换……。

----

[1] See Melvin A. Eisenberg, *The Structure of the Corporation: A Legal Analysis*, Little Brown and Company, 1976, pp. 13-16.

该条（c）规定：公司财产或资产，包括任何附属机构的财产或资产，本款中的"附属机构"，是指公司直接或者间接拥有完全所有及控制的任何实体，包括但不限于公司。[1]

在德国法上，基于康采恩理论，因康采恩管理导致的子公司亏损，由母公司承担利益补偿责任。母公司事实上承担了集团管控的风险责任。所以，德国公司法理论上普遍认为，控股子公司发生合并、分立、增资或者减资、重大资产出售等基础变更事项时，控股公司的股东享有表决权。[2]1982 年，德国联邦最高法院在著名的"霍尔茨米勒"案判决形成了表决权穿越规则，判决认为，将公司主要营业分立用于设立子公司，对控股公司的股东而言是十分危险的：控股公司的股东丧失了对营业的直接控制权，意味着同时失去将所出资资本投资于自己的企业并提升股权价值的机会；在子公司增资时，控股公司的股东丧失认购新股的选择权，而且，子公司增资实际上稀释了控股公司的股东的持股。因此，对于设立子公司和子公司增资之类的事项，应由控股公司的股东享有决定权。[3]

日本学界在 20 世纪末也曾探讨建立表决权穿越规则，但受到企业界的反对，直到 2012 年日本《公司法制纲要》面世才首次制定了表决权穿越规则，规定股份公司转让其所持有的子公司的部分或全部股份时，在该转让生效之日之前一天为止，必须得到该转让契约在股东大会特别决议中的承认。除非，转让的股份或其账簿价额，作为该股份公司的总资产额，不超过依法算定额的 1/5 时；或该股份公司在转让生效之日享有该子公司表决权总数的过半数表决权。[4]

（二）我国的"穿透式"行政监管制度

我国在国有资产监管体制中长期执行的"审批"制度，以及近年来在

---

〔1〕 参见《特拉华州普通公司法》，徐文彬等译，中国法制出版社 2010 年版，第 162 页。

〔2〕 参见王勇华：《穿越公司的边界：企业集团五个特例法制研究》，法律出版社 2014 年版，第 26 页。

〔3〕 Vgl. BGH, Urt. v. 25, Februar 1982（BGHZ83, 122）. 转引自王勇华：《穿越公司的边界：企业集团五个特例法制研究》，法律出版社 2014 年版，第 31 页。

〔4〕 参见崔文玉："日本公司法最新修改之简述——以 2012 年《公司法制纲要》为视角"，载《河北法学》2013 年第 4 期。

金融、证券市场监管中逐步开展的"穿透式"监管，都渗透着"穿越"理念。在国资监管领域，《企业国有资产监督管理暂行条例》第24条规定："所出资企业投资设立的重要子企业的重大事项，需由所出资企业报国有资产监督管理机构批准的，管理办法由国务院国有资产监督管理机构另行制定，报国务院批准。"此外，国资委、财政部《企业国有资产交易监督管理办法》将企业资产转让行为限定为"国有及国有控股企业、国有实际控制企业的重大资产转让行为"（第3条），并规定公开转让"应当按照企业内部管理制度履行相应决策程序"（第48条），"国家出资企业负责制定本企业不同类型资产转让行为的内部管理制度"（第49条）；对涉及国家出资企业内部或特定行业的资产转让，确需在国有及国有控股、国有实际控制企业之间非公开转让的，"由转让方逐级报国家出资企业审核批准"（第48条）。这些规定，赋予国有企业集团母公司制定内部管理制度的权利及对非公开转让的审批权，使集团母公司的控制权得以对控股或实际控制的关联公司"穿越"行使。在证券监管领域，证监会公布的《上市公司重大资产重组管理办法》第21条规定："上市公司进行重大资产重组，应当由董事会依法作出决议，并提交股东大会批准。"而第12条规定的上市公司"重大资产重组"的主体包括"上市公司及其控股或者控制的公司"。因此，即使重大资产重组发生在上市公司的子公司中，重组决议也要经上市公司股东会批准才能报证监会批准，该项立法同样体现了"股东权穿越"行使的理念。此外，针对控股股东、实际控制人操纵上市公司实施虚假陈述侵权行为不止的局面，证券监管部门多次强调要管好"关键少数"，在惩罚对象上"追首恶"。2019年《证券法》修订，不但继续责成控股股东、实际控制人对上市公司的虚假信息披露承担连带责任，而且将控股股东、实际控制人法律责任的归责原则从"过错责任"改为"推定过错责任"，[1]最高人民法院在《关于审理证券市场虚假陈述侵权民事赔偿案件的若干规定》第20条，也改变了自1998年证券法以来证券立法实行的"以发行人、上市公司为第一责任主体"的法律责任模式，规定发行人的控股股东、实际控

---

[1] 参见《证券法》第24、85条。

制人可以作为"第一责任主体"承担赔偿责任。这些立法措施实质意义上为控股股东、实际控制人设定了对上市公司信息披露进行审核的法律义务。

上述金融监管领域实施的"穿透"监管措施与公司集团法上的"穿越"规则既有区别也有联系。区别之处在于二者性质不同,"穿透式"监管是公法的规制手段,是国家从行政监管的角度对被监管对象提出的法律要求,目的是维护社会交易秩序与交易安全;而公司法上的股东权"穿越"行使,是私权利的行使,属于企业自治的范畴。它以认可公司集团控制权的合法性为前提,以保障控制权有效行使和维护公司集团利益相关者合法权益为目的。二者的联系表现在:一是立法目的上的联系性,都具有规范企业控制权的目的。二是法律效果上的联系性,"穿透式"行政监管措施作为法律、法规的强制性规定,会影响公司行为的效力。同样地,股东权的"穿越"行使也会对公司行为的效力产生影响。只不过,我国长期习惯于倚重行政手段进行市场监管,不太习惯通过市场手段落实国有资产的管控。如能将国企集团子公司中国有股转让的"审核"权交由母公司的股东会决议,就能实现行政监管向私法自治的转变。这样,不但母公司股东会对子公司重要资产处置的"审批"有公司法和民法上的依据,而且可以有效避免如"陈发树与红塔集团股权转让纠纷案"所体现的母公司审批权的效力争议。随着"全面深化国企改革"政策的推进,我国的国资监管体制正在由行政监管向符合《公司法》规定的公司治理结构转变,国家已在诸多领域开始实施"授权放权"的试点工作。比如,国资委印发了《国务院国资委授权放权清单(2019年版)》,分别针对各中央企业、综合改革试点企业、国有资本投资、运营公司试点企业以及特定企业明确了授权放权事项,并要求集团公司也要对所属企业同步开展授权放权,做到层层"松绑",全面激发各层级企业活力。该清单中关于中央企业对集团重大事项的审批权与决定权的规定,已经蕴含着央企集团母公司对成员企业的股东权穿越行使理念。[1]

---

〔1〕 参见李继业:"国资委首次向央企下放规划权限:中粮可自主决定年度投资计划",载《北京商报》2016年8月2日,第2版。

（三）表决权穿越规则的构建

1. 适用对象

学界关于表决权穿越规则的适用对象有两种不同意见，一种意见以子公司占有母公司经营性资产的多寡为标准，认为表决权穿越适用于子公司持有母公司全部经营性资产的场合。对此，有学者根据母子公司结构的不同分情况做了讨论，例如，母公司可能设立多个子公司分散持有母公司资产（横向扩展型），或者子公司下设孙子公司、曾孙公司等多层级从属公司并由处于末梢者持有全部经营性资产（纵向延伸型）；或者子公司保留部分资产并以其余资产设立下属公司（混合型）。于此种种场合适用表决权穿越规则时，应注意以资产流向为主线：在纵向延伸型中，处于关联企业链末节的、持有全部经营性资产的公司的结构性决策权，应回溯至处于企业链首节的控股公司的股东享有；而在横向扩展型和混合型中，只有当持有资产的各从属公司同时与同一对象发生结构性变更的情况下（例如同时将资产出售给同一公司或与之合并、或同时改选连锁董事会），才适用表决权穿越规则。[1]另一种意见以母子公司之间的控制关系为标准，认为表决权穿越适用于全资子公司或者控股子公司，因为这两种母子公司之间的关联性更强。其实，前者侧重于实质判断，后者侧重于形式判断。至于在我国建立表决权穿越规则应采用哪一种方法，本书认为后者更为妥当。第一，我国公司股权集中现象普遍，全资或控股子公司与母公司在资产与人事上的链接度非常紧密。第二，在国企集团公司中，每一个业务平台都是由核心子公司及其下属全资或控股子公司搭建的，集团资产的运行大多在子公司平台完成，集团母公司事实上仅行使股东监督权。如果母公司股东对集团资产的监管权仅涉及全资子公司，则大量通过控股子公司实现的资产处置将脱离有效监管。第三，"经营性资产"并无法律定义，法院在此类案件的处理上也会因为对资产性质确定上的自由裁量导致同案不同判现象。同时，资产评估也会增加诉讼负担。所以，以控制关系为主线，以相关交易是否会造成母公司股东权益的基础性变化为要件适用表决权穿越规则比较现实

---

〔1〕 参见李凡：“论表决权穿越”，载《政治与法律》2008 年第 12 期。

可行。当然，在控股子公司范围的判断上，不应当局限于所有权要素，更应当侧重于"控制"要素，而对"控制"的判断也应当参考公司治理的具体情况。比如，如果国企母公司与另一股东分别在子公司持股51%和49%，在管理层的选派上双方相互制约，人数基本相当，则很难说该国企母公司对子公司有绝对或相对控制权。该子公司的重要结构性变化或重大资产的处置是否需要经由母公司股东会决议，应参考公司章程的规定。

2. 适用范围

为避免母公司滥用表决权穿越规则对子公司正常经营秩序产生干扰，母公司股东只能在必要情况下对子公司行使权利，即因子公司基础性权利变更而使母公司的股东可能受到与母公司自身基础性权利变更相类似的利益损害时才可行使此权利。适用的情形主要包括子公司的合并、分立、清算、解散、重组、增资、减资、出售重大资产等实际影响母公司的股东的利益的重大事项。在国有企业，按照《国务院国资委以管资本为主推进职能转变方案》，国资委将企业集团内部国有股东所持有上市公司股份流转、国有股东与上市公司非重大资产重组、国有股东通过证券交易系统转让一定比例或数量范围内所持有上市公司股份等9项权力下放给企业集团，将其他8项权力授权国有资本投资运营公司行使。这些下放、授权行使的权力，均可纳入集团母公司表决权穿越行使的范畴。当然，母公司还可以通过章程自治性规范规定母公司表决权穿越行使的范围。

那么，其他类别股的表决权是否可以穿越？本书持肯定态度。其一，表决权穿越制度在域外立法中并未规定表决权的种类，也未作出相关的禁止性规定，那么公司当然可以根据自身的需求在章程中做出相关规定。其二，表决权穿越所涉及的表决事项，如上文所述，均为对母公司产生基础性权利变动的事项，这些事项涉及的公司变动同样会影响类别股东的利益。而在国有集团中，这些事项会导致国有资产的变动，持有类别股的国有资产出资人必然需要具有相关的权利来控制国有资产。因此，允许类别股股东表决权穿越是有必要的。

3. 穿越方式

表决权穿越的方式具体可以分为以下两种：一是直接穿越规则，由母公司股东按照母公司股东会的议事规则对子公司的重大事项进行表决并作出决议；二是间接穿越规则，即待表决事项需先经过母公司股东的决议，再由母公司董事会依照该决议执行或董事会再次决议后实施。[1]本书认为，直接穿越规则相比于间接穿越规则更为高效，节约时间成本，对于子公司的变动可以在第一时间做出反应。2003年《企业国有资产监督管理暂行条例》第22条规定，国有控股的公司、国有参股的公司的股东会、董事会决定公司的分立、合并、破产、解散、增减资本、发行公司债券、任免企业负责人等重大事项时，国有资产监督管理机构派出的股东代表、董事，应当按照国有资产监督管理机构的指示发表意见、行使表决权。这一条款从侧面反映了我国现行立法更倾向于直接穿越规则。

三、查阅权的"穿越"行使

（一）理论基础与国外立法比较

1. 理论基础

在公司集团的治理结构中，母公司行使集团控制权，对整个公司集团实施"统一管理"。但是，由于代理关系的存在，母公司的控制性影响力随着集团层级的增多而有逐渐弱化的趋势。对于子公司而言，事实上掌握控制权的可能是子公司董事会，而非集团母公司及其股东。而子公司董事由母公司董事会选派，各层级董事可能联手形成"内部人控制"，最终排斥母公司及其股东的利益。另外，公司集团"子强母弱"问题突出，如果不能建立母公司股东对子公司的穿透性监督，也很难实现对管理层的监督与考核，从根本上保障母公司股东的投资利益。股东监督权的穿越，除了表决权之外，还有查阅权的穿越。传统公司法的股东查阅权止步于子公司，而未触及孙子公司，因此子公司与孙子公司管理层可能会肆无忌惮串通合谋、背信弃义或怠于履行职责，从而损害母公司及其股东的合法权益。[2]如果

---

〔1〕 参见王勇华：《穿越公司的边界：企业集团五个特例法制研究》，法律出版社2014年版，第25页。

〔2〕 参见袁达松、王喜平："股东查阅权穿越：母公司股东权益保护的利器——相关美国法理论、实践及我国制度的构建"，载《东方法学》2010年第4期。

法律允许母公司的股东突破公司人格独立原则的限制，对子公司行使查阅权，就可以加强公司集团实际控制人对子公司及其所控制公司的管理层的监督力度，强化控制权的影响力，维护其投资利益。同样地，对于公司集团的中小股东而言，母公司股东查阅权的穿越规则也是其监督控股股东、实际控制人履行诚信义务的有效工具。由国外的一些立法与判例可见，查阅权的穿越与诉权的穿越（双重代位诉讼），共同构建了中小股东权保护的法律屏障。也有学者提出，为了确保双重代位诉讼制度的实效性，母公司的股东对子公司的账簿查阅权也必须被认可。[1]

2. 国外立法例比较

国外关于查账权穿越规则的成文立法例，以日本为代表的"实体上穿越"模式和以美国为代表的"效果上穿越"模式最为典型。日本《会社法》第 433 条第 1 款规定，享有全体股东 3%以上表决权的股东，或者持有已发行股份 3%以上数额的股东在说明理由的情况下对公司会计账簿以及与此相关的资料有查阅权；第 2 款规定了公司拒绝股东查账的理由；第 3 款规定，股份公司的母公司股东，为行使其权利所必须时，在得到法院许可后，可以就会计账簿和与此相关的资料提出第 1 款各项所列的请求。对此，需说明该请求的理由；第 4 款规定公司得以拒绝母公司股东查账的理由，前款母公司股东存在第 2 款各项规定之事由时，法院不得做出前款许可。[2]从上述规定可以总结出，日本法中，母公司股东查阅子公司会计账簿需要符合的条件包括：（1）符合会计账簿查阅权的一般规定，即主体要件、对象范围、查阅方式、正当目的等；（2）满足"为行使其权利所必要"条件，即母公司的股东是为了追究母公司董事、执行官等对其子公司的指挥、监督等违反信义义务的责任。[3]（3）向法院直接提出，得到法院许可。此外，子公司可得拒绝的理由与公司股东提出查阅请求时无异。

---

〔1〕 See Phillp I. Blumberg, *The Law of Corporate Groups—Procedural Problems in the Law of Parent and Subsidiary Corporations*, Little, Brown and Company, 1983, pp. 373-374.

〔2〕 参见王勇华：《穿越公司的边界：企业集团五个特例法制研究》，法律出版社 2014 年版，第 60~61 页。

〔3〕 参见 [日] 前田庸：《公司法入门》，王作全译，北京大学出版社 2012 年版，第 299~436 页。

美国关于股东查账权穿越的规则散见于制定法与普通法。制定法上，特拉华州和俄克拉荷马州在公司法中明确规定了母公司股东对子公司账簿记录的查阅权，两者条文规定基本相同。依据《特拉华州普通公司法》第220条第（二）款的规定，股东经宣誓并提出书面要求、说明目的后，有权在通常上班时间查阅附属机构的账簿和记录，但经满足下列条件之一：

（1）公司事实上持有并控制某附属机构的记录；（2）公司可以通过对该附属机构行使控制权取得附属机构的记录，但是自提出要求之日起：a. 股东查询附属机构的账簿和记录不违反公司或者附属机构与非附属于公司的人签订的协议；并且 b. 公司提出要求时，附属机构根据适用的法律无权拒接公司查询该账簿和记录。由此规定可见，股东查阅从属公司账簿和记录时，需要向母公司提出书面请求，而不是直接向法院提出请求。在该条款适用基础上，判例法进一步明确了其适用条件：其一，从属公司是指直接或者间接被一个公司全部或者部分所有的实体，且该公司属于该实体的股东，并直接或者间接地对该实体的事务进行控制。在判断标准上，所有权关系和控制因素并重。其二，只有在以下两种情形下，母公司才负有交出子公司账簿和记录供母公司股东查阅的法定义务：（1）母公司实际持有且控制子公司的账簿和记录；（2）母公司通过对子公司的控制可以取得该账簿或记录。如果母公司股东的查阅权遭到子公司的拒绝，依据《特拉华州普通公司法》第220条第（三）款的规定，如果公司拒绝股东的查阅请求，或者在收到签署请求后5个工作日内未予回复，股东可以向衡平法院申请命令强行查阅。

比较日本与美国的不同立法和实践，二者的共同点在于母公司股东查阅子公司账簿均需具备股东身份、提出书面申请并说明理由，且具有正当目的。不同点在于：（1）日本采取直接诉讼方式行使查账权，引入第三方机构（法院）作为审查机构判断母公司股东是否有查账权；而美国的规定秉承自由交易原则，交由当事公司决定股东的请求是否符合"正当目的"，公司拒绝或期满不予回复时，股东才可行使诉权。（2）法院在作出判决时的考量因素侧重点不同，日本判例法侧重于考察母公司股东的请求是否"为行使其权利所必要"，即权利行使的正当目的；美国判例法在强调"正当目的"的同时，还权衡董事对公司的信义义务，考虑母公司对子公司的实际控制力是否能满足母公司股东的要求。

（二）我国股东查阅权的立法与司法现状

我国《公司法》第 33 条对股东知情权的规定建立在"单一公司"的立法框架下，知情权的主体限于本公司的股东。最高人民法院在《关于适用〈中华人民共和国公司法〉若干问题的规定（四）》（以下简称《公司法解释四》）第 7 条中，将股东查阅权的诉讼主体确定为"起诉时"具有股东身份的股东。该条第 2 款有条件地将原告的范围扩展至公司"原股东"，在能证明其与案件有利害关系的条件下，也被认为是适格的原告。但总的来说，上述规定并未将原告范围拓展至本公司以外的人，比如母公司的股东。

可是，随着公司集团的普遍发展，实践中股东起诉要求查阅子公司文件资料的案件也逐渐增多。法院基本形成两种判决意见：一种意见坚持公司人格独立原则，认为股东对子公司行使知情权没有法律依据，即使是对全资子公司也不得行使知情权。比如，在"蔡某标与真功夫餐饮管理有限公司股东知情权纠纷案"[1]中，蔡某标作为真功夫公司的股东，要求真功夫公司提供其全资子公司及孙公司的财务会计报告等。法院判决认定该诉讼请求超出了其作为真功夫公司股东可直接行使的股东知情权的范畴，对此诉讼请求不予支持。类似判决还有"陈某清与润丰投资集团有限公司股东知情权纠纷案"[2]、"东海岸国际投资（北京）有限公司与上海志东投资管理有限公司股东知情权纠纷案"[3]、"王某与徐州市奥星医疗设备有限公司、徐州雷奥医疗设备有限公司等股东知情权案"[4]、"卢某与宜昌山水投资有限公司、宜昌山水房地产开发有限公司股东知情权纠纷案"[5]等案件。另一种判决意见采取比较柔性的判决思路，综合考察公司股权关系的特点及股东权行使的正当性，在认定股东查阅全资子公司相关材料具有合

〔1〕　广州市中级人民法院（2017）粤 01 民终 5896 号民事判决书。
〔2〕　北京市朝阳区人民法院（2018）京 0105 民初 24477 号民事判决书。
〔3〕　上海市宝山区人民法院（2016）沪 0113 民初 7358 号民事判决书。
〔4〕　徐州市中级人民法院（2017）苏 03 民终 7832 号民事判决书。
〔5〕　宜昌市中级人民法院（2016）鄂 05 民终 1927 号民事判决书。

理性的基础上判决支持母公司股东的诉讼请求。[1]也有判决认为母公司股东知情权范围应延伸至形成合并报表的企业的基础会计资料，也就是对于投资性控股公司的股东而言，有权查阅该公司成员企业的账簿。[2]

（三）查阅权穿越行使的适用条件

1. 原告的资格

原告资格的确定，主要包括两个方面：第一，原告是母公司的股东。对母子公司关系的确定，通常以母公司对子公司是否具有"控制性影响力"来判断。我国《公司法》没有"母公司"与"子公司"的概念，可以使用第 216 条"控股股东"概念判断母子公司关系。只要母子公司关系成立，母公司股东就可以查阅全资子公司与控股子公司的文件资料。第二，原告起诉时应具有股东资格。对于起诉时不具有股东资格的母公司"原股东"，可以参照《公司法解释四》第 7 条第 2 款的规定，能证明其与本案有利害关系的，亦可作为原告起诉，以最大程度保护投资者的权益。

2. 查阅权行使的前置程序

为倡导意思自治和自由交易原则，并节省诉讼资源，本书赞同采用美国特拉华州的立法模式，设定母公司股东查阅权行使的前置程序。前置程序包括：（1）由母公司股东向子公司提出书面申请并说明理由；（2）在子公司拒绝或者在合理的期限内不予答复的，母公司股东才有权向法院起诉。但是，也有几项例外：（1）如果子公司的财务账簿由母公司持有，则不必经此前置程序；（2）集团公司章程对查阅程序另有规定的，从其规定。与

---

〔1〕 参见"CROWNCANOPYHOLDINGSSRL 与上海和丰中林林业股份有限公司股东知情权纠纷案"，上海市第二中级人民法院（2013）沪二中民四（商）终字第 S1264 号民事判决书。该案中，章程载明和丰公司应向股东提交子公司财务报表，股东享有检查公司及其子公司的会计账簿、记录和管理账目的权利。一审法院坚持公司人格独立原则，未支持原告股东的诉讼请求，二审法院则认为"章程的规定确超过公司法列举的股东知情权内容，考虑到和丰公司虽为股份有限公司，但股东仅有五名，只要股东合理地行使知情权，一般不会对公司的经营造成重大影响，故前述公司章程的相关规定不致无效。何况科朗公司系因和丰公司在申请上市过程中经审计发现财务问题后而主张行使知情权，理由正当，故本院认为科朗公司请求查阅和丰公司子公司的会计报表并查阅和丰公司及其分公司、子公司的会计账簿，应获支持。"但是"为避免可能损害子公司其他股东的权利，故本院对章程中所涉子公司界定为系和丰公司的全资子公司"。
〔2〕 参见江苏省高级人民法院（2017）苏执监 648 号民事判决书。

表决权不同,查阅权的行使不会直接影响子公司的经营决策,所以集团公司章程对股东查阅权的穿越行使作出限制的,一般不宜认定无效。[1]但是,集团公司章程不得实质性剥夺母公司股东对子公司的查阅权。

3. 查阅范围

在美国法上,股东查阅权的范围很广。除了前述《特拉华州普通公司法》第220节的规定外,《美国示范商业公司法》也规定,股东查阅权包括会计账簿在内的账簿和记录等。在判例法上,公司股东享有的股东查阅权涉及公司的账簿、记录、章程细则、合同、股份登记簿、公司日记簿、会计账簿,以及其他对于维护股东在公司中的投资利益与履行股东职责具有促进作用的各种信息。本书认为,虽然公司集团成员的独立人格很大程度上受到控制权的限制,但是在法律上成员公司都是独立法人,且在实际经济活动中,也不是所有情况下其独立意志都受到了母公司的限制或影响。所以,即便母公司股东对子公司有查阅权,该权利的行使也不得构成对子公司事务的过度干预和影响。因此,查阅的范围应当尊重集团章程的规定。如果集团章程没有规定,则该范围包括会计账簿及记账凭证等其他财务资料。比如,在"郭某林与金浦投资控股集团有限公司股东知情权纠纷案"[2]中,双方当事人对"其他相关会计资料"的范围发生争议。郭某林认为应包括金浦公司合并报表及单体公司财务软件中的电子套账、记账凭证、银行对账单及贷款卡等。金浦公司认为调解书并未明确,执行中不能擅自扩大或缩小其范围。江苏省高级人民法院认为,对于投资性控股公司而言,其成员企业的经营管理状况对于控股公司的股东具有重大利益,成员企业的账簿记录对于母公司股东而言尤其重要……如果仅将其知情权局限于金浦集团或其合并报表层面而不延伸至形成该合并报表的基础会计资料,郭金林仍然无法判断公司编制的合并报表是否客观真实,也必然导致其诉讼目的从根本上无法实现。在2022年公司法《修订草案》(二次审议稿)第56条,立法机关也将"会计凭证"列入了股东查阅权的范围,值得肯定。

---

〔1〕 参见"CROWNCANOPYHOLDINGSSRL与上海和丰中林林业股份有限公司股东知情权纠纷案",上海市第二中级人民法院(2013)沪二中民四(商)终字第S1264号民事判决书。

〔2〕 参见江苏省高级人民法院(2017)苏执监648号民事裁定书。

4. 对子公司合法权益的保护

其一，子公司的范围应当包括全资子公司与控股公司。至于参股公司，则视公司章程的规定而定。其二，出于对子公司商业利益的保护，公司法及其司法解释中关于单一公司股东查阅权行使中的"正当目的"限制、查阅权的委托行使和商业秘密保护的规定同样适用于公司集团中的查阅权穿越。

四、诉权的"穿越"行使——双重代位诉讼制度

（一）双重代位诉讼制度的意义

在公司集团中，由于子公司的管理层通常由母公司董事会派出，新的母子公司管理层联手侵害子公司利益的行为时有发生。在这种情况下，不但子公司不起诉违反信义义务的董事、监事和高级管理人员，作为股东的母公司也不会提起代位诉讼。因此，《公司法》第 151 条规定的股东代位诉讼制度在公司集团中经常无法发挥作用，公司集团的组织结构由此成为控股股东、实际控制人逃避法律责任的工具。只要某一层级的子公司存在多个股东，控股股东与管理层就有动力设立多重子公司来逃避其他股东的制约与监督。因此，赋权子公司的股东的股东（也即上层级股东）向下穿越诉权权利，不可或缺。[1]如果成立子公司，实质是为了剥夺进行投资的母公司股东的权利，此时既然子公司的法人人格存在被滥用的嫌疑，便可以允许母公司的股东穿过母公司直接向子公司行使权利。[2]这种由公司的股东的股东对公司管理人员和控制权人所提起的诉讼，就是双重代位诉讼制度。这是在股东代位诉讼制度的功能基础上引申出来的、在公司集团组织结构有特别适用价值的一种诉讼制度，既有效落实了公司集团中母公司的股东对子公司管理层的监督和管控，遏制了子公司管理层利用监管漏洞侵害子公司和集团利益，又保障了母公司股东的投资利益不受控股股东、实际控制人侵害。

---

〔1〕 参见李建伟、林斯韦："全资子公司债权人保护的公司法特殊规则研究"，载《社会科学研究》2019 年第 2 期。

〔2〕 参见董新义："股东对公司所控股公司的知情权"，载《财经法学》2021 年第 3 期。

双重代位诉讼（double derivative suit）是指，在一家公司的权利受到侵犯而该公司和作为其股东的另一家公司均无意行使诉讼权利的情况下，由该另一家公司的股东就该侵犯公司权利的行为提起的诉讼。[1]美国最早通过判例确立并发展了双重代位诉讼制度。2014年日本修改公司法，也引入了双重代位诉讼制度以保护母公司股东利益。我国最高人民法院曾于《公司法解释四（征求意见稿）》中将《公司法》第151条第1款、第2款所称的"董事、高级管理人员""监事会""监事"扩张解释为包括全资子公司的董事、高级管理人员、监事会、监事，在实质意义上认可了双重代位诉讼，但是该规则最终未获通过。在司法实践中，我国法院对待双重代位诉讼的态度并不一致。比如，在陕西省高级人民法院审理的"海航酒店控股集团有限公司与赵某海、陕西海航海盛投资有限公司、陕西皇城海航酒店有限公司损害公司利益责任纠纷案"[2]中，二审法院认为，在母公司对子公司形成绝对资本控制的情形下，母公司的股东为了子公司的利益以自己的名义直接向人民法院提起诉讼，亦不违反《公司法》规定。否定原告作为海航投资公司股东提起本案诉讼的原告主体资格，则无法保护皇城酒店公司（注：系海航投资公司的子公司）的利益，进而导致海航投资公司利益受损，亦与《公司法》第151条的立法本意相悖。然而，在江苏省高级人民法院审理的"乔某与王某斌、南京广厦（集团）万杰置业有限公司案"[3]中，法院却认为，《公司法》第151条仅规定股东可为维护自己直接出资的公司利益提起股东代表诉讼，而本案中，乔某仅系兆润投资发展有限公司（简称兆润公司）的股东，并非广厦万杰公司的股东。如兆润公司的合法权益可能受到他人侵害，在兆润公司拒绝提起诉讼的情况下，从维护兆润公司利益角度出发，乔某有权依法以兆润公司股东身份提起股东代表诉讼。但不能当然据此认定在广厦万杰公司权益可能受损，而其股东兆润公司拒绝行使诉讼权利的情形下，乔某亦有权以兆润公司股东身份、为维护广厦万杰公司利益而提起股东代表诉讼。因乔某不具备广厦万杰公司

---

〔1〕　参见薛波主编：《元照英美法词典》（缩印版），北京大学出版社2013年版，第439页。
〔2〕　参见陕西省高级人民法院（2016）陕民终字第228号民事判决书。
〔3〕　参见江苏省高级人民法院（2016）苏民终568号民事裁定书。

股东身份，其提起本案诉讼，应认定其诉讼主体不适格。

（二）我国双重代位诉讼制度的完善

1. 被告的范围

对此学界曾有不同争论观点。有的学者提出了"充分控股标准"，即持有子公司足够多的股份且对子公司形成充分控制的母公司的股东，才有权在子公司利益受到侵害时提起股东代表诉讼。[1]也有学者认为应采用"绝对控股标准"，即母公司只需持有子公司半数以上股份，其股东就可以在子公司利益受到侵害时代位子公司提起诉讼。[2]此外，还有学者提出实质性控制标准，只要母公司对子公司形成了事实上的控制，无论持股比例为多少，其股东均可以在子公司利益受侵害时提起代位诉讼。

日本在 2012 年出台的《公司法制再探讨纲要》中引入了该制度，规定持有股份公司终极全资母公司 1%以上表决权或发行股份的股东，可以提起对该股份公司的董事等追究责任之诉。由此可见，日本不但以全资控股标准作为适用要件，而且限定了原告股东的最低持股数。[3]

2022 年公司法《修订草案》（二次审议稿）第 188 条第 4 款吸收了双重代位诉讼制度，但被告范围限于"全资子公司"，是未对原告最低持股数及持股期限作出限制。为减少股东代位诉讼对子公司经营活动的干预，设定股东最低持股数有其合理性，尤其是股份有限公司。目前公司法第 151 条对股东持股数的限制应当适用于双重代位诉讼。

对于被告子公司的范围，是否应限于全资子公司，本书持不同观点。从公司控制关系上考虑，全资子公司的董事、监事由母公司股东会选举，其对母公司股东负有信义义务，所以母公司股东通过诉权穿越追究其违反信义义务的法律责任，具有合理性。如果控股子公司的董事、监事也是由母公司股东会选任的，那么其对母公司股东的信义义务等同于全资子公司

---

〔1〕 参见沈贵明："二重派生诉讼适格原告要件的构建"，载《法制与社会发展》2015 年第 2 期。

〔2〕 参见李诗鸿："股东派生诉讼的理论与实践——'第四届亚洲企业法制论坛'综述"，载《华东政法大学学报》2007 年第 5 期。

〔3〕 参见崔文玉："日本公司法最新修改之简述——以 2012 年《公司法制纲要》为视角"，载《河北法学》2013 年第 4 期。

的董事、监事，也应当属于双重代位诉讼的被告范围。所以，被告的范围应扩展至全资和控股子公司的董事、监事和高级管理人员。

至于《公司法》第 151 条第 4 款规定的"他人"是否也属于双重代位诉讼的被告范围，本书持肯定意见。在司法实践中，该"他人"多指公司的控股股东或实际控制人，考虑到公司集团中控股股东、实际控制人与子公司管理层沆瀣一气而滥用控制权损害母公司弱势股东投资利益的情形较为普遍，如果仅将被告范围局限于子公司的管理层，恐怕只能起到"治标不治本"的作用，不能很好地发挥母公司中小股东监督控股股东控制权的立法目的。此外，虽然《公司法》第 20 条规定了股东权禁止滥用原则，母公司的中小股东完全可以据此起诉控股股东并要求损害赔偿。但是，第 20 条规定中的损害赔偿责任为侵权责任，中小股东很难举证证明自身遭受的实际损失，因为滥用控制权通常直接造成公司的损失，股东所受损失是公司所受损失的"反射损失"。但是，如果赋予母公司中小股东双重代表诉权，中小股东就可以请求滥用权利的控股股东、实际控制人赔偿对子公司造成的损失，由此间接弥补对自身的损害。

2. 前置程序

依照《公司法》第 151 条的规定，股东行使代位诉权时，应当向公司监事会、不设监事会的有限责任公司的监事，或者董事会、执行董事提出书面请求，那么双重代位诉讼的前置程序中的书面请求是向母公司提出，还是向子公司提出，亦或均需向二者提出？

学者们对提出书面请求的对象也有不同理解。主要意见包括：其一，先请求母公司再请求子公司。即母公司股东首先向母公司提出书面请求，如果母公司拒绝提起诉讼或者怠于提起诉讼，应再向子公司提出同样的书面请求，当子公司也拒绝提起诉讼或者怠于起诉时，母公司股东才可以自己名义代位子公司提起诉讼。其二，先请求子公司再请求母公司。母公司股东应先向子公司请出书面请求，当子公司拒绝提起诉讼或者怠于提起诉讼时，应再向母公司提出书面请求，当母公司也拒绝提起诉讼或者怠于起诉时，母公司股东可以自己名义代位子公司提起诉讼。其三，向母子公司同时提出请求。即母公司股东应向子公司和母公司均提出书面请求，请求顺序不分先后，待母公司和子公司均拒绝起诉或者 30 日内未提起诉讼时，母公司股东可以自己名义代位子公司提起诉讼。其四，向子公司提出请求并书面通知母公司。即母公司股东无需向母公司提出请求，而仅需向子公司提出请求，待子公司拒绝或者 30 日内怠于起诉时，母公司股东即可以自己名义代位子公司提起诉讼。

2022 年公司法《修订草案》（二次审议稿）第 188 条第 4 款规定："本条第一款、第二款所称的董事会、董事、高级管理人员、监事会、监事，包括全资子公司的董事会、董事、高级管理人员、监事会、监事。"结合该条前两款的规定可以理解为：如果股东以自己名义对子公司的董事、监事和高级管理人员提起诉讼，应当先向子公司的监事会或董事会提出请求。因此在前置程序上，书面请求提出的对象是子公司的公司机关。本书赞同这种立法模式。因为母公司股东行使双重代位诉权的胜诉利益归子公司，所以向子公司的公司机关提出请求，提醒、督促其行使权利维护公司利益有正当性和必要性。如果仅向母公司的公司机关提出请求，即便母公司决定自行起诉，也还需要履行普通代位诉讼的前置程序，然后再向子公司的公司机关提出请求，这样无非是增加了程序的繁琐性。实践中，母公司的股东提起双重代位诉讼也跟母公司怠于行使诉权有很大关系。

此外，公司法《修订草案》第 188 条规定股东只有在"或者情况紧急、不立即提起诉讼将会使公司利益受到难以弥补的损害"的情况下才可以直接起诉。对此，本书赞同该规定。双重代位诉讼与股东代位诉讼制度的功能是一致的，解决的是公司内部治理中的矛盾和问题。法律设置前置程序的意义，是通过股东请求启动公司监督机制，实现自查自纠，不但能避免诉讼的发生，更能优化公司治理。该制度价值适用于公司集团治理有同样的实践意义。因此，除非情况紧急、不立即提起诉讼将会使公司利益受到难以弥补的损害的，母公司的股东不得直接提起双重代位诉讼。

3. 其他规定

双重代位诉讼与普通的代位诉讼都是代位诉讼，因此在子公司诉讼地位、胜诉利益、诉讼费用承担等规定上，《公司法解释四》第 24、25、26 条规定的股东代位诉讼相关制度同样应当适用于双重代位诉讼。

第七章

公司集团的类别股份制度

一、类别股份制度的意义

传统公司法假设股东具有同质性，股权被看作为一个权利束，该权利束不得分离（股东权利禁止分离规则的基本内涵包括：股权的具体权利不得与成员资格相分离，股权的经济性权利与参与性权利不得分离、股权的经济性权利与参与性权利的比例性配置）[1]，所有股东对股权利益有相同的追求，以"一股一票"为基础、资本多数决为原则，按照持股比例实现股东权。因此，股权具有如下特征：第一，股东身份是享有股权的前提和基础，股东与股权不能分离。第二，股权所包含的具体权利（也有学者称其为利益）是统一的，不能脱离股权单独转让，比如禁止表决权买卖。第三，股东经济性权利与参与性权利不得分离，也就是股权收益权与投票权相统一，股东以出资比例享有股权收益权与投资权，不得超出资比例分红或进行剩余资产分配，也不得超过出资比例行使表决权。

传统公司法中股权不得分离的原则使控股股东掌握公司的控制权具有了合法性基础。但是现代社会随着市场经济的发展和金融衍生工具的流行，公司内部股东利益分化现象加剧，股东在利益偏好、投资目的和公司治理能力上越来越表现出显著的异质化特征。[2]比如，在人工智能、大数据、云计算等新技术驱动下迅速崛起的互联网高科技公司集团中，随着融资需求的加大，金融资本的加入使公司创始股东（控股股东）面临着股权被稀

---

〔1〕 参见汪青松："论股份公司股东权利的分离——以"一股一票"原则的历史兴衰为背景"，载《清华法学》2014 年第 2 期。

〔2〕 参见冯果："股东异质化视角下的双层股权结构"，载《政法论坛》2016 年第 4 期。

释和控制权丧失的极大风险。为了在吸引投资与保持公司控制权结构不变之间找到平衡，市场上出现了对融资模式和公司治理模式进行创新的客观需求，其中尤以类别股和表决权差异安排的兴起最为典型。在这些公司集团中有两种基础类型的股东，一是以创始股东为代表的普通股股东，二是以私募股权投资者为代表的机构投资者。二者的投资目的不同，对公司治理的偏好与参与度就不同。创始股东是公司的创始人，对公司的发展有长远的规划，对公司控制权有执着的追求；机构投资者对公司的经营不熟悉也不专业，更没有长期持股的计划，其投资目的在于短期内获得最大的股权投资收益。而对公司而言，稳定的控制权结构不但有利于激发创始股东的创新热情，增强公司的凝聚力，更有利于创始人及其管理层团队专注于公司的长远发展，维持公司可持续发展。因此，这些高估值、多融资的公司集团更趋向于发行类别股份，要么实行表决权差异安排，要么对机构投资者发行优先股，使其在放弃普通股的表决权的条件下优先于其他股东取得股权的经济回报，要么成倍数放大创始股东的表决权，以抵御控制权被稀释的风险。除此之外，股权让与担保、对赌协议等对股权归属与公司控制关系的协议安排也被市场普遍接受，股权的经济利益与控制权的分离，以及二者不成比例的配置完全打破了传统公司法所坚持的股权不得分离原则。这些现象的发生，迎合了股东异质化下"各取所需""合作共赢"的经营理念，满足了股东的个性化需求。在国企改革方面，中共中央、国务院在《关于深化国有企业改革的指导意见》中也提出了"允许将部分国有资本转化为优先股，在少数特定领域探索建立国家特殊管理股制度"的要求。随着混合所有制改革的深入推进，国企面临国有股退出或减持、其他所有制性质股份进入与融合的局面。类别股份制度对化解国有股权的股权稀释和控制权保持的冲突有天然的适应性，可以使国有股东仅持少量资本就可以控股公益类国有企业，极大释放了国有资产的流动性。

在国外立法上，日本学者较早就提出了投资股东与投机股东的区分，前者以持续经营公司为目的，关注公司治理与公司绩效的可持续发展；后者则以公司短期营利为目的，赚取股票价格波动之差价。为应对国际市场的冲击，实现"管理者控制"的本土化公司控制模式，日本先后于1990

年、2001 年、2005 年三次修订公司法，充实了类别股的内容。美国在 SEC 的督促下，三大证券交易所于 1994 年达成协议，接受在 IPO 阶段发行无表决权股与多数表决权股，全球很多高科技公司受此政策鼓舞纷纷赴美上市。继美国之后，其他一些资本市场也纷纷修改上市规则，以吸引高科技新型企业上市融资，最抢眼的莫过于 2018 年我国香港特别行政区与新加坡两地证券市场正式接纳了"同股不同权"的公司上市的举措。

市场对股权分离与类别股份的接纳，反映出投资者对股权利益的不同价值需求和现代公司股东角色分化的趋势。较传统公司法的股权制度，类别股份制度体现出更多的自治性，股东可以通过协议或章程的灵活运用，设定满足股东个性化投资需求的公司股权结构，在对股东权益进行事前分配的同时，对公司治理结构做出能动调整。因此，这种自治性分配机制，区别于传统公司法的法定分配机制，更契合公司治理的实际需求，对公司及公司集团控制权结构的安排及控制权的行使有重要的影响，是现代公司法中公司治理结构的重要组成部分。

二、类别股份的范围

关于类别股的范围，各国和地区的立法表现各不相同，有的只做概括性描述，比如 2006 年《英国公司法》第 629 条规定，如果依附在股份上的所有权利均相同，则这类股份是一种类别股份。《美国示范商业公司法》及《特拉华州普通公司法》更是采用了"classes or series of shares"（股份的种类或系列）的集合概念。有的国家和地区则细化了类别股的内涵。比如，《日本公司法典》第 108 条规定股份公司可就 9 项事宜发行以不同规定为内容的两个以上不同类别的股份。第 109 条第 1 款进而对公司法认可的股份内容作了列举，包括：（1）转让限制，股东转让股份须经公司认可；（2）附取得请求权股，股东具有要求公司取得该股份的权利的股票；（3）附取得条款股，公司具有在发生某些事由的情况下可强制从股东手中回购该股票。再如，我国台湾地区"公司法"（2006 年）第 157 条使用了"特别股"的概念，对公司发行"特别股"之子权利作了详细列举，包括：（1）分红权；（2）剩余财产分配权；（3）表决权；（4）特别股权利、义务之其他事项。

在公司法理论上，对类别股的认识大致分为两类，一类是将类别股与普通股对立，认为类别股是有别于普通股的股权类型；另一类是将类别股视为普通股的特殊类型，是对普通股权利的特别限制或扩张。传统公司法遵循股份财产权与控制权不得分离的原则，严格遵循股份平等原则分配股东权限，不设"特权"。而优先股概念的出现，使得优先股较普通股在分红权、剩余财产索取权等方面实现了权利扩张，可以优先于普通股股东享受股东权。因此普通股与优先股的区别成为早期类别股的主要表现形式。后来，随着市场经济的发展，普通股制度也在演变，"普通股衍生"现象带来了普通股在表决权分配上的巨大差异，出现限制表决权股、超级表决权股、一票否决权股、追踪股等特别类型的普通股，他们与优先股共同构成区别于传统普通股的类别股份。不过，股权类型的多元化并没有将类别股与普通股完全对立，而是更多强调类别股在对普通股权能选择上的灵活性和股东的自主选择权。纷繁复杂的类别股都是以普通股为参照，是对普通股的股权内容进行限制、扩张或排列组合的结果。常见的类别股包括超级表决权股、无表决权股、优先股、金股、特殊管理股等，以及对这些股权的内容进行限制或扩张所衍生出来的可回赎股、可转换股、追踪股、董事监事选任股、重大事项的否决权股等。

三、我国类别股份制度的立法选择

(一) 立法现状

我国《公司法》第 126 条第 2 款规定："同次发行的同种类股票，每股的发行条件和价格应当相同；任何单位或者个人所认购的股份，每股应当支付相同价额。"该规定隐含着公司可以发行不同种类股票的立法含义。但是从《公司法》的条文规定来看，公司可得发行的股票种类非常有限，仅见于记名股票与无记名股票。从理论上讲，有限责任公司因其封闭性、人合性特征，股东可以在公司章程中约定股份的类型进而发行不同种类股份以满足不同投资者需求，但是《公司法》对此没有明确的规定。对股份有限公司而言，尤其是上市公司，因其涉及小股东利益保护，公司难以发行《公司法》未规定的种类股。另外，《公司法》第 103 条第 1 款第 1 句规定：

"股东出席股东大会会议，所持每一股份有一表决权。"由此可见，公司法对股份有限公司规定了严格的"一股一票"制度。不过，《公司法》还是在第 131 条规定："国务院可以对公司发行本法规定以外的其他种类的股份，另行作出规定"，为公司法与类别股份制度的衔接打开了接口。

2013 年国务院公布了《关于开展优先股试点的指导意见》，2014 年证监会也公布了《优先股试点管理办法》，由此正式启动了上市公司的优先股试点工作。据不完全统计，截至 2018 年底，我国共计有 27 家上市公司、23家非上市公众公司发行了优先股。就发行优先股的行业来看，发行优先股的上市公司多为商业银行，购买优先股的以基金公司、信托公司、保险公司、资产管理公司、商业银行、证券公司等金融机构为主。继优先股制度的出台之后，我国又发布了一系列在科创板市场发行"特别表决权股"的政策措施，包括《国务院办公厅转发证监会关于开展创新企业境内发行股票或存托凭证试点若干意见的通知》《科创板首次公开发行股票注册管理办法（试行）》《关于修改〈非上市公众公司监督管理办法〉的决定》《科创板上市公司持续监管办法（试行）》《上海证券交易所科创板股票上市规则》等规范性文件。其中，《科创板上市公司持续监管办法（试行）》第 7条第 1 款规定："存在特别表决权股份的科创公司，应当在公司章程中规定特别表决权股份的持有人资格、特别表决权股份拥有的表决权数量与普通股份拥有的表决权数量的比例安排、持有人所持特别表决权股份能够参与表决的股东大会事项范围、特别表决权股份锁定安排及转让限制、特别表决权股份与普通股份的转换情形等事项。公司章程有关上述事项的规定，应当符合交易所的有关规定。"至于"特别表决权股份"的内涵，该办法没有明确规定。不过上交所发布的《上海证券交易所科创板股票上市规则》第4.5.4 条规定："每份特别表决权股份的表决权数量应当相同，且不得超过每份普通股份的表决权数量的 10 倍。"第 4.5.5 条规定："除公司章程规定的表决权差异外，普通股份与特别表决权股份具有的其他股东权利应当完全相同。"所以，"特别表决权股份"仅指存在表决权数量差异的类别股份，也就是学术研究中所称的"差异化表决权股"或"差异化表决机制"。2019年 6 月 20 日，最高人民法院印发了《关于为设立科创板并试点注册制改革提供司法保障的若干意见》，在第 6 条提出："尊重科创板上市公司构建与科技创新特点相适应的公司治理结构。科创板上市公司在上市前进行差异化表决权安排的，人民法院要根据全国人大常委会对进行股票发行注册制改革的授权和公司法第一百三十一条的规定，依法认定有关股东大会决议的效力。科创板上市公司为维持创业团队及核心人员稳定而扩大股权激励对象范围的，只要不违反法律、行政法规的强制性规定，应当依法认定其效力，保护激励对象的合法权益。"这些规章制度与司法解释的出台，为我国上市公司在优先股基础上，推出特别表决权股份，进一步丰富类别股制度提供保障，为上市公司提供了更多优化公司治理的选择。2020 年 1 月 20日，采用特别表决权股份的"优刻得科技股份有限公司"正式登陆上海科创板，股东大会作出决议时 A 股每股 5 票、B 股每股 1 票，两类股东仅在特定有限事项决策时一股一票。三位共同实控人基于 A 股的 5 倍超级表决权对股东大会决议和公司经营管理享有绝对控制权，标志着差异化表决权安排机制在我国上市公司开始实施。2020 年 4 月 9 日，表决权差异安排又被扩展适用于新三板中属于国家重点支持行业、市场认可度高、创始人发挥重大作用的优质科技创新公司。此外，在国企改革方面，2014 年国务院办公厅《关于印发文化体制改革中经营性文化事业单位转制为企业和进一步支持文化企业发展两个规定的通知》，明确提出对按规定转制的重要国有传媒企业探索实行特殊管理股制度，经批准可开展试点。

虽然我国在不同领域开展了诸多类别股份制度的试点，并积攒了较为丰富的理论与实践经验，但还存在以下问题：

1. 《公司法》"一股一票"的原则性规定未区分上市公司与非上市公司，限制了非上市的股份有限公司，使其不能像有限责任公司那样，依据公司章程或股东协议实施类别股份制度。非上市的股份有限公司与有限责任公司在公司治理实践中有诸多相似性，尤其是规模较小的股份有限公司与有限责任公司都具有人合性特征，公司法对公司类型的"二分式"立法抹平了二者的区别，使得非上市的股份有限公司难以通过公司自治采纳类别股份制度，无法提前分配股东利益，合理调整公司治理格局。

2. 通过国务院的另行规定已经实施的类别股份类型有限，只有优先股。

《优先股试点管理办法》对优先股的适用范围也有很多限制，对优先股的转换等制度没有规定，对类别股份表决权的规定也不尽完善，执行不彰成为普遍问题。[1]

3. 证监会公布的《科创板上市公司持续监管办法（试行）》推动试行特别表决权股，丰富了类别股份制度。但是，该办法立法层级低，尚不属于《公司法》第 131 条规定的国务院规定的公司法"规定以外的其他种类的股份"，缺乏《公司法》《证券法》等上位法的支持，法律效力太低。

（二）立法选择

股份制度的立法与公司结构密切相关。英美法国家公司股权分散度高，在类别股份的立法上采取了"弹性的立法+严格的司法审查"模式。比如，示范商业及《特拉华州普通公司法》采用了"classes or series of shares"（股份的种类或系列）的开放性集合概念，规定每家公司均可发行一个或以上种类的股票，每个种类中还可发行一个或以上系列的股票。此种立法并未将普通股予以单列，也未列举类别股份的具体类型，为章程创设类别股份留下了充分的自治空间，系章程自治式类别股立法的典型，更能灵活地适应公司制度创新发展的需要。当然，美国类别股立法包容、灵活、无定式的类别股契约自治之所以顺畅运行，与其所特有的强悍的司法配套制度息息相关。作为传统的判例法国家，美国法院运用娴熟的合同解析方法，对类别股契约进行有效的事后阐释，起到了"弥补合同缝隙""解读隐含公司合同条款"的作用。[2]与此相比较，以德日为代表的大陆法系国家股权集中度较高、金融机构持股、法人持股比例高，在公司股权结构设置上就采取了与英美国家不同的态度。以日本为例，日本的类别股份制度实行严格的法定主义，商法与公司法明确规定了类别股的类型和发行的条件与程序。日本早在 1899 年制定商法之初就有了关于类别股份制度的规定，主要包括普通股与特别股、优先股与劣后股、有表决权股与无表决权股、转化股与非转化股的区别。商法对类别股的种类及发行条件也有严苛的限制，只允

---

〔1〕 参见朱慈蕴、谢段磊、〔日〕神作裕之："差异化表决制度的引入与控制权约束机制的创新——以中日差异化表决权实践为视角"，载《清华法学》2019 年第 2 期。

〔2〕 参见李燕、郭青青："我国类别股立法的路径选择"，载《现代法学》2016 年第 2 期。

许发行为了实现企业融资方式多样化的优先股和劣后股,且计划发行类别股的公司必须在公司章程中明确规定类别股的内容及数量,对行使不同表决权的股票作出规定,不承认只对部分事项行使表决权的股份。虽然说近现代各国公司法立法上呈现了双向融合趋势,尤其是英美国家公司制度发展迅猛,对日本、韩国、德国等大陆法系国家的公司立法与实践均产生很大的影响。但是,受国际政治经济形势的影响,为应对国际市场的变化,一些国家在公司立法上开始逐步转型,更多从本国经济形势出发研究本土化应对策略。日本公司法经过 1990 年、2001 年、2005 年修改,不但大幅充实了类别股份的内容,而且使单独发行具有不同表决权的种类股成为可能,最终放宽了类别股的范围和限制。《日本公司法典》第 108 条、第 109 条规定股份公司可就不同事项发行不同内容的两个以上不同种类股,具体包括 9 种,除此之外不得发行任何类别股。此外,日本公司法还建立了类别股东大会制度、信息披露制度、股东利益损害赔偿制度等防止类别股东利用类别股实施损害普通股股东及相关类别股东利益的行为。日本种类股制度的修改,对公司治理结构产生重要影响。在类别股份制度下,无表决权股的发行降低了股权结构与公司控制权的相关性。公司经营者可以选择向友好股东和非友好股东发行具有不同投票权的种类股,以割裂股东持股数量与投票权的关系。如此一来,日本公司既可以通过发行股票从资本市场筹集大量资金,同时也可以灵活运用不同投票权限来直接强化公司经营者的控制权,实现权利高度集中的可能,有效降低股权结构变化引起的公司内部经营者控制权弱化程度。可以说,日本公司法已经建立了一套制度完整、操作简便的类别股制度体系,为企业提供了在灵活筹集资金的同时保持独立性的法律工具和制度。[1] 同时,日本公司法关于类别股份制度的修订与公司法上扩大公司的自治空间、强化公司的监督机制和信息公开制度等其他相关制度的修订相配合,推动日本的公司治理向"有效监督下的经营者控制"这一过渡型模式演化,防止日本的公司治理盲目地向"盎格鲁—撒

---

[1] 参见平力群:"日本公司法修订及其对公司治理制度演化的影响——以种类股制度和股份回购制度为例",载《日本学刊》2010 年第 5 期。

克逊"模式转型，并能充分形成真正适合日本社会实际需要的公司治理机制。[1]

不论英美法国家的弹性立法模式还是大陆法国家法定主义立法模式，各国公司制度都是适应本国国情的立法选择。从我国类别股份制度的现行立法来看，《公司法》第131条的适用对象为股份有限公司，而《优先股试点管理办法》以及科创板、新三板中表决权差异安排的相关规定也均适用于上市公司，这为类别股份制度能否适用于有限责任公司以及非上市股份公司留下了疑问。另外，上市公司与非上市公司类别股份制度适用上有无区别、企业的所有制性质是否影响类别股的适用，这些疑问在现行立法中还找不到答案，而我国类别股份制度今后应采用自由主义立法模式还是法定主义立法模式，也值得深思。在资本市场与金融市场日新月异的发展背景下，提升《公司法》对股东异质化的经济适应性已成为公司法面临的新问题，在类别股份制度的构建中，也需要结合我国公司的特质建立适应性规则。

首先，在《公司法》中增加类别股份制度。《公司法》对有限责任公司能否采纳类别股语焉不详，对股份有限公司确定了"一股一票"的原则，没有为类别股份制度的发展提供充分的制度依据。不过，2022年公司法《修订草案》（二次审议稿）第116条，在《公司法》第103条规定的基础上，增加了"类别股股东除外"的规定，破解了"一股一票"原则对类别股份的限制性。同时，2022年公司法《修订草案》（二次审议稿）第144~146条分别规定了类别股的类型、发行类别股份的公司章程条款内容、涉类别股股东重大权益的股东会决议2/3以上多数决原则以及类别股股东大会制度，很大程度上弥补了现行法的不足，为类别股份制度的构建敞开了大门。同时，改草案第145条将各类别股份的行权条件、行权方式、权利转换、权利保障等交由公司章程规定，类别股份制度立法整体上呈现出"类型法定+内容意定"的特色，兼具法定性与灵活性。不过，类似于第145条第4项规

---

[1] 参见平力群："日本公司法修订及其对公司治理制度演化的影响——以种类股制度和股份回购制度为例"，载《日本学刊》2010年第5期。

定的"保护中小股东权益的措施"，还需要法律的强制性规范予以保障，比如建立控股股东、实际控制人诚信义务制度、禁止股东欺压制度等底线性制度，保障其合法权益。此类措施交由公司章程来规定，小股东的权利可能因大股东的控制权而受到排挤。此外，对于类别股股东权益的保护也需要立法来完善，毕竟公司章程是普通股股东大会上通过的，即便涉及类别股股东权益的事项须经类别股东会决议，但是类别股股东能否在普通股股东会上行使提案权，提出权益保护提案，也是需要立法明确的。

其次，就上市与非上市公司的区分而言，考虑到资本市场的安全与稳定，以及中小投资者权益保护的需要，上市公司的类别股份制度建设应当更多体现法定性原则。比如，我国在 A 股市场实行的优先股与科创板、新三板的差异化表决权股份制度，不但要以法律规范明确规定类别股的类型及权利范围等，而且要规定信息披露义务、控股股东和实际控制人诚信义务等规则，在强化类别股东权益的同时，保护中小投资者的合法权益。对于非上市公司而言，在有限责任公司中，《公司法》第 42 条规定："股东会会议由股东按照出资比例行使表决权；但是，公司章程另有规定的除外"。该条被学界普遍认为是有限责任公司可以采取类别股份制度的赋权性规定，因为类别股与普通股最大的区别就是类别股包含区别于普通股股东的权利内容，其中表决权是最重要的指标，所以第 42 条完全可以成为有限责任公司建立类别股份制度的法律依据。对于非上市的股份有限公司而言，其股权结构与公司治理和有限责任公司别无二致，很多学者对公司法修订草案中提出修改公司类型的"二分法"的建议，将有限责任公司与非上市股份有限公司统称为"封闭式公司"，统一立法。虽然 2022 年公司法《修订草案》（二次审议稿）没有改变"二分法"的立法体例，但是其第 144 条第 2款规定，"公开发行股份的公司不得发行前款第二项、第三项规定的类别股，公开发行前已发行的除外"。该款规定实质上允许非公开公司发行类别股。该条规定限制上市公司实行差异化表决权安排与转让受限股，也与目前我国的证券监管规定相统一。但是该草案的规定还存在两个问题：一是对于非上市的股份有限公司而言，其可得发行的类别股份类型受到第 144 条法定类型的限制，不能像有限责任公司那样实行章程自治，自由设定类别股份。对于类别股份的类型，该草案实质上实行了"按公司类型"区别对待的模式，对有限责任公司全面放开，对非公开发行股份的公司有限放开（可以发行第 144 条规定的类别股份），对公开发行股份的公司则严格限制（公司上市后只能发行第 144 条第 1 款第 1、4 规定的类别股）。本书认为，对于上市公司，实施严格的类别股法定原则，对于有限责任公司及非上市的股份有限公司，除非出于社会公共利益的考量而由法律作强制性规定外，可以参照日本公司法的规定采取灵活措施，允许公司股东通过公司章程约定不同的类别股份。二是第 145 条将类别股份的权利内容、行权条件与权益保障等全部交由公司章程规定，忽视了上市公司与非上市公司的区别，尤其是上市公司信息披露制度的法定性要求，割裂了公司法与证券法的联系。建议公司法对公开发行股份的公司发行类别股的信息披露义务做原则性、基础性规定，为中小股东权益保护提供依据。

最后，就民营企业与国有企业的区分而言，由于我国民营企业多建立在家族、亲情或友情基础上，具有人合性特点，其类别股份制度的设置，可以遵循上述上市与非上市公司的区分规则。然而，对于国有企业而言，国有股权的公共属性决定了其类别股的设置应当遵循法定主义原则，由法律规定类别股份的类型、权利范围、发行条件和程序以及行权限制等。在类别股法定原则与公司自治的关系上，对于非法律强制适用的类别股份，公司章程可以选择适用，此种情况下的类别股份法律规范属于赋权性规范；对于法律规定强制适用的类别股份，则属于强制性法律规范，章程不得排斥或限制其适用。以享有"一票否决权"的国家特殊管理股为例，对公益类国有企业而言，此类别股份就属于法律强制性规定，而不能交由企业通过章程选择适用。此外，对国有股的类别股份设置，应当依据十八大提出的"全面深化国企改革"指导方针，以及 2015 年 8 月 24 日，中共中央、国务院公布的《关于深化国有企业改革的指导意见》的规定，区分商业类和公益类国有企业而设置不同的类别股份。对涉及社会公共利益、关系国计民生、国有股权必须保持其控制地位的企业，法律就可以规定国有股享有多倍表决权（至于表决权的倍数可以授权章程自治），甚至在重要事项上享有一票否决权；对于其他商业类事项，国有股权应当与其他所有制类型股权一样，在法律明确规定的类别股份类型中由公司依据章程选择适用，但是法律应当建立配套制度保证类别股份制度适用中的公平性。当然，国有企业也因股份发行的公开性与非公开性有所区别。从目前的立法来看，并没有就国企类别股份的适用作出特别规定，包括目前进行试点的特殊管理股也没有纳入调整范围。

四、优先股制度

（一）我国优先股制度的立法现状

国务院公布的《关于开展优先股试点的指导意见》和证监会公布的《优先股试点管理办法》是我国现行优先股试点的主要法律依据。2022 年公司法《修订草案》（二次审议稿）第 144、145 条也规定，公司可以按照公司章程的规定发行优先或者劣后分配利润或者剩余财产的股份，至于分配利润或者剩余财产的顺序等，由公司章程规定。

按照《关于开展优先股试点的指导意见》的规定，优先股指"依照公司法，在一般规定的普通种类股份之外，另行规定的其他种类股份，其股份持有人优先于普通股股东分配公司利润和剩余财产，但参与公司决策管理等权利受到限制"。理论上，一般认为优先股具有以下特点：1、股息率固定。与普通股股东的风险投资相比，优先股股东可获得固定利率的投资收益。由于股息率固定，优先股既享有类似于债权人的固定投资收益，又保有对公司利益二次分配的剩余资产分配请求权，备受市场青睐；2、股息分配与剩余资产分配优先。优先股股东的优先权主要表现为股息分配与剩余资产分配优先于普通股股东，由此也强化了优先股的融资功能。3、一般无表决权。为保障普通股股东的利益，优先股股东在享有股息分配与剩余资产分配优先权之时，丧失普通股的表决权，将公司控制权交由普通股股东行使，防止优先股股东利用公司控制权过度分红不当攫取公司利益。4、可赎回。优先股不能在二级市场流通，因此赎回制度是法律为优先股设置的退出机制。一般而言，赎回的条件由章程规定。

从西方国家优先股制度的发展来看，优先股有如下优势：1、优先股是解决公司资金短缺的重要融资工具。无论对于贷款资质不足的新设公司，还是经营中出现资金紧张的公司，发行优先股可以替代借款或发行债券为公司获得稳定而无需偿还的资金，维持公司经营能力；2、在公司经营出现风险、股价下跌时，发行优先股可以在不稀释控制权的情况下提高收购成本，防范敌意收购；3、公司并购重组中，发行优先股是重新调整公司治理结构和控制权结构的重要手段。收购方向目标公司股东发行优先股，可以确定地保有目标公司的控制权；4、优先股的固定股息制度能吸引投资者加入公司，其风险小于债券、回报大于普通股的特征有利于吸引长期稳定的投资，对维护市场秩序有重要意义；5、优先股还是对公司管理层进行股权激励的重要手段，可以激励管理层为了公司利益作出更大的贡献，有利于优化公司治理。

《优先股试点管理办法》将优先股的发行方式分为公开发行与非公开发行，公开发行必须是固定股息、强制分红、可累积、不参与剩余利润分配且除商业银行外不得转换为普通股。非公开发行较为灵活，可由董事会决定并经股东大会批准而发行。从我国公司的相关情况来看，优先股主要采取了非公开发行方式，权利内容设置多为非参与、非累积、可强制赎回、不可回售或转换、非强制付息，发行的对象主要是基金公司、信托公司、保险公司、资产管理公司、商业银行、证券公司等金融机构，没有自然人投资者的参与。显然，机构投资者具有更为强大的与发行主体进行议价磋商的能力。优先股股东享有的权利主要分为优先分红权和优先清算权、表决权恢复以及请求、召集、主持股东大会的权利、知情权、特定场合请求回售权、有条件地转让权以及在股东大会讨论特定事项时有列席股东大会的权利等。

（二）我国优先股立法存在的问题

公司法对类别股权制度的确认和保护，表达了对社会财富不同分配方式的认可。我国法律上优先股制度从无到有，从 A 股上市公司到非上市公司以及科创板上市的中小企业，越来越多的公司开始发行优先股，这说明市场经济条件下投资主体的需求越来越个性化，公司法律关系也越来越复杂化。但目前我国公司法尚未建立相关法律制度，《关于开展优先股试点的指导意见》和《优先股试点管理办法》的立法层级低，覆盖面有限，制度规范粗糙，已经无法应对当前企业巨额融资需求下优先股的发展需要。目前立法存在的主要问题有：

1. 未明确优先股的适用原则

从域外立法与实践来看，优先股的适用主要有法定和约定两种模式。优先股法定主义立法原则是指优先股的权利内容、适用条件和发行程序等由法律明确规定，法律也可以授权公司章程在法律允许的范围内选择优先股的权利内容。法定主义立法原则的优势在于其确定性，其明确了优先股的类型、权利内容、发行与行权程序、限制条件以及救济渠道等，对市场主体有指导意义，日本就采纳了此种法定主义立法模式。约定主义立法原则是指优先股的权利内容、适用条件和发行程序等由公司决议或公司章程规定。相对而言，约定主义符合意思自治规则，可以不限于法定类型和内容随意创设符合投资主体需求的优先股，能极大满足市场主体的创新性需求。相比于法定主义立法模式，约定主义更加灵活，美国采用此种立法模式。但是约定主义立法模式对市场成熟度和司法体制完善度要求很高，要求有公开透明的信息披露规则、完善的诉讼机制和熟练掌握判例法规则的司法审判机制。比较而言，在我国《公司法》上建立优先股制度更适宜采纳法定主义立法原则。第一，我国借鉴了大陆法体系，企业和投资者比较习惯成文法体系下法律的确定性所带来的明确指导性与安全感。对于优先股这样的舶来品，实行法定主义不但有利于稳定投资信心，更有利于建立规范的市场化秩序。第二，法定主义代表着优先股规制上的公司法规制模式，约定主义意味着合同法规制模式。采用公司法调整优先股制度可以有效发挥公司法"管制"与"自治"相结合的规范特点，发挥强制性规范与任意性规范的作用，收放有度地调整市场秩序。比如，无论公开发行还是非公开发行，发行优先股的公司均在公司章程中规定优先股的权利内容和行权方式、行权程序等。然而，对优先股权利内容进行限制是国际通行惯例，比如优先股是否有表决权、是否可回赎或可转换、实行浮动税率还是固定税率、是否参与分红等，各个公司的章程都可做选择性规定。优先股的生命力在于其融资力，约定主义原则下优先股权利内容的灵活设计是优先股巨大融资力的源泉。但是，因为章程条款由普通股股东会决议通过，优先股投资者事先很少有机会与公司就章程内容进行一对一磋商,尤其在公开发行场合,优先股投资者众多的情况下根本不具备一对一磋商的缔约条件。如果法律对类别股股东的基本权利不作规定和保障,那么类别股股东很可能因为公司章程的保障机制不充分而望而却步。公司法属于商法,兼具公法的管制性与私法的自治性,综合运用公司法规范的管制与自治功能,一方面对必须依法限制的事项在法律上做出强制性规定(比如优先股股东优先分红权与剩余资产优先分配权等基本权利内容),另一方面对其他可由公司自治的事项赋权公司章程作出规定(比如是否有表决权、是否可回赎或可转换、实行浮动税率还是固定税率、是否参与分红等)。第三,公司法规制模式还可以省去合同磋商成本,减小由于信息不对称引发的利益失衡,并在法律上建立优先股股东权益保障的配套制度,为优先股发展营造完善的法律体制。优先股的发行人是公司,投资者是股东,契约双方在本质上是公司与股东的关系,优先股股东权利的实现离不开公司的配合与公司法配套法律制度的保障。优先股公开发行中的信息披露制度、类别股东大会制度,董事、监事和高级管理人员对优先股股东的信义义务、公司清算破产制度等的完善是优先股股东权利实现的制度保障。因此,实行法定主义原则,在公司法中完善配套制度,建立优先股股东权利保护的机制,才能更好地鼓励公司与投资者采纳优先股制度。

2. 欠缺完善的优先股的权利保护制度

目前发行优先股的公司,其章程中规定的公司优先股的权利内容大同小异,基本上都规定非参与、非累积、可强制赎回、不可回售或转换、非强制付息。有学者对截至 2018 年底发行了优先股的 27 家上市公司和 23 家非上市公众公司进行统计,发现只有 38% 的公司认可上一年度未实现的优先股利分配可以累积到下一个年度,比例高达 92% 的公司都不允许优先股股东参与普通股分红,所有非银行企业都没有规定优先股强制转换为普通股的条件和场合。[1]另外,公司章程对优先股股东权益保障的程序性规定

---

[1] 参见朱慈蕴、谢段磊、[日] 神作裕之:"差异化表决制度的引入与控制权约束机制的创新——以中日差异化表决权实践为视角",载《清华法学》2019 年第 2 期。

甚少。以公司再次发行优先股为例，很多公司再次发行优先股时未经优先股股东表决，甚至再次发行的股利还高于原优先股的股利，不仅给原优先股股东权益造成损害，[1]还无法依据现行法获得司法救济。究其原因，其一，我国《公司法》未规定类别股东大会制度，原优先股股东就不能以再次发行优先股未经类别股东会决议为由提起决议不成立之诉，并否定再次发行的效力。其二，在现行《公司法》体系下，理论上讲优先股股东可以依据该法第 21 条第 1 款的规定以股东权利受侵害为由提起公司决议无效之诉，但判断公司再次发行优先股的公司决议给优先股股东"造成损害"的成立标准还存在争议，[2]因为发行优先股毕竟属于公司商业决策的范围，属于司法慎入的公司自治范畴。

如果优先股股东不能有效获得司法救济，公司法应当为其提供合理的退出途径。但是，上市公司优先股为非流通股，一般体量大，占用巨额流动资金，只有资金实力雄厚的金融机构才有能力受让股份。对有限责任公司的优先股而言，优先股股东转让股份除了实际上不可操作外，法律上也存在障碍。因为《公司法》第 71 条没有区分股份的类型，那么优先股的转让除公司章程另有规定外，同样需要履行通知与征求其他股东意见的法定程序。而实际情况是，征求其他普通股股东意见没有任何法律意义，因为如果普通股股东有足够财力受让优先股，那么公司可能不需要对外发行优先股融资。如果将第 71 条适用于优先股的转让，不但会混淆优先股股东与普通股股东的地位，更有违第 71 条的立法目的。在股东与公司的关系上，普通股股东与公司是单纯的股权投资关系，除非存在股东滥用权利致使公司不分红的情形，只要公司决议不分红，普通股股东就不得向公司提出分红请求；而优先股则不同，不论公司是否决议分红，只要公司有利润，优先股股东就可以提出分红请求，优先股股东与公司的关系更类似于以固定利率利息回报为内容的债权债务关系，因此学界将优先股称作"亦股亦

---

[1] 参见朱慈蕴、谢段磊、[日] 神作裕之："差异化表决制度的引入与控制权约束机制的创新——以中日差异化表决权实践为视角"，载《清华法学》2019 年第 2 期。

[2] 参见朱慈蕴、谢段磊、[日] 神作裕之："差异化表决制度的引入与控制权约束机制的创新——以中日差异化表决权实践为视角"，载《清华法学》2019 年第 2 期。

债"。当优先股股东处于公司债权人的位置时,其转让股份是否受限于《公司法》第71条的规定就值得商榷。其实,《公司法》第71条的立法目的是解决有限责任公司人合性特征下股东股权结构变化引发的公司治理问题,而优先股股东的变动对公司治理无实质影响。所以,采纳优先股制度后《公司法》第71条的适用范围应当限制于普通股的转让。在实践中,由于优先股对外转让困难重重,优先股股东更多利用合同事先约定退出的路径,最常见的就是对赌协议的安排。"对赌协议",又称估值调整协议,是指投资方与融资方在达成股权性融资协议时,为解决交易双方对目标公司未来发展的不确定性、信息不对称以及代理成本问题而设计的包含了股权回购、金钱补偿等对未来目标公司的估值进行调整的协议。目前司法实践中争议最大的问题就是优先股的回购问题。对此,最高人民法院先后在"海富案"与"华工案"中就优先股回购问题作出判决。2015年"海富案"的判决被实务界普遍解读为允许普通股股东收购,禁止公司回购;而2019年"华工案"的判决被认为是最高人民法院对"海富案"判决思路上的转变,开始有条件认可公司回购的效力。但学界对"华工案"判决结果仍有不同意见。虽然该案判决对解决当前融资难问题有很大的意义,承认公司回购优先股的效力,能稳定优先股投资者的信心,解决中小企业融资难问题。但是,在我国法定资本制下如何破解优先股与债权人利益平衡难题,还需要深入研究。《九民纪要》专门对"关于'对赌协议'的效力及履行"作出指导性规范,第5条在吸取"华工案"等案件的司法经验基础上,转变了"海富案"的司法态度,明确认可了对赌协议的有效性。但是,该条后半句规定:"但投资方主张实际履行的,人民法院应当审查是否符合公司法关于'股东不得抽逃出资'及股份回购的强制性规定,判决是否支持其诉讼请求"。该规定给对赌协议的可履行性留下了疑问,一旦公司股东会决议不减资,或者做假账不计利润,那么优先股股东就无法通过合同约定的股份回购或者经济补偿的方式获得补偿。有学者从域外法尤其是美国的判例法寻找经验,提出只要"不影响公司的经营能力",公司就可以回购优先股。但是否"影响公司的经营能力"在判例法上属于董事会的商业判断问题,法院一般尊重董事会作出的判断。如果此规则适用于我国,那么在优先股回购上，有决定权的是公司董事会，而董事会由普通股股东的代表所控制，在普通股股东同样是对赌当事人时，很大程度上会同意公司回购，因为公司回购优先股就可以减轻普通股股东的收购负担。如此一来，公司法上法定资本制度及债权人保护制度就沦为空谈。但如果将"不影响公司的经营能力"这一问题交由法院判断，显然超出了司法判断的范畴，甚至需要专家陪审员或者专业审计机构的配合，不仅增加诉讼成本，还可能因商业秘密的保护而无法切实为公司作出合理经营判断。因此，重新审视我国法定资本制下债权人保护问题，尤其是优先股制度下债权人利益与优先股利益的平衡很有必要。

（三）优先股制度的立法完善

1. 优先股股东的普通表决权

对于优先股通常情况下是否享有普通表决权，在学界存在一定争议。有学者认为，优先股在通常情况下不享有表决权，"优先股的优越性是优先股股东享有优先获取经济利益的权利，其缺点是不享有表决权。"[1]也有学者认为，优先股与表决权具有多种组合形式，也可以行使普通表决权。[2]《关于开展优先股试点的指导意见》规定了例外情况下的优先股表决权制度，将优先股的表决权限于五种情形。

对优先股表决权的限制方式，应当依表决权的范围来确定。表决权的范围主要包括两方面：一是与普通股权益无关的，仅仅关系优先股权益的事项；二是与两类股东权益均相关的事项。对于前者，优先股股东有当然的表决权，公司章程不能限制或剥夺。对于后者，理论上认为应当对优先股表决权的范围进行一定的限制。《关于开展优先股试点的指导意见》和《优先股试点管理办法》将此类表决权的范围限于三个方面：1、影响优先股股东权益的事项，例如修改公司章程中有关优先股的内容、增发优先股等；2、影响公司结构性变化的基础性事项，如公司的分立、合并、解散或变更公司形式等；3、公司章程规定的其他事项。上述两个法规均属于行政

---

〔1〕 施天涛：《公司法论》，法律出版社 2014 年版，第 197 页。

〔2〕 参见张志坡："优先股之无表决权质疑"，载《法学杂志》2012 年第 12 期。

立法，其对表决权范围的规定属于法律强制性规定。其实，从法律规制的角度上讲，优先股制度与普通股制度最大的区别在于：优先股是公司根据自身情况灵活适用的制度，其任意性强于法定性；而普通股制度是公司的基本制度，是公司存在的基础，其法定性大于任意性，很多普通股权是不能由公司章程剥夺或限制的。基于此，对优先股表决权的限制，立法的强制性规定应侧重于保障优先股股东的基本权益，关于权利行使的其他限制，可以交由公司自治。所以，《关于开展优先股试点的指导意见》和《优先股试点管理办法》中"法定+章定"的立法模式是可取的。

　　不过，对于须经优先股股东会决议的普通股表决事项，表决方式尚待明确。第一，要按照公司章程规定的优先股表决权计算方式计算表决权，公司章程没有规定的，应当由法律明确规定。因此，《公司法》应当规定"类别股股东按照出资比例行使表决权，但公司章程另有规定的除外"。第二，要按照法律规定的决议通过比例来确定决议的效力。普通股股东会决议的事项中，需要有优先股股东会作出特别决议的，一定是事关优先股股东切身利益或公司根本利益的大事，不宜交由公司章程规定表决比例。对此，2022年公司法《修订草案》（二次审议稿）第146条的立法态度较为可取。该条规定："发行类别股的公司，对本法第一百一十六条第三款规定的事项，或者可能损害类别股股东权利的事项，除应当依照第一百一十六条第三款的规定经股东会决议外，还应当经出席类别股股东会的股东所持表决权三分之二以上通过。公司章程可以对需经类别股股东会决议的其他事项作出规定。"只不过，该条规定将决议事项限于第116条第3款的范围，即"股东会作出修改公司章程、增加或者减少注册资本的决议，以及公司合并、分立、解散或者变更公司形式的决议"的情形，未包含公司章程规定的优先股股东可得行使普通股表决权的情形，与《关于开展优先股试点的指导意见》和《优先股试点管理办法》中对优先股股东的普通股表决权范围"法定+章定"的立法态度有差别。《优先股试点管理办法》第10条明确涵盖了"发行优先股"和"公司章程规定的其他情形"，因此《公司法》应当对优先股股东可得行使普通股表决权的所有事项一体规定"经出席类别股股东会的股东所持表决权三分之二以上通过"的表决规则。第三，《关于开展优先股试点的指导意见》和《优先股试点管理办法》将表决权恢复的优先股股东排除在表决范围之外，比2022年公司法《修订草案》（二次审议稿）的规定更全面，更具有合理性。第四，对于普通表决权行使的场合，是在普通股股东会会议中参与表决，还是召开类别股股东会进行专门表决，对此草案与《关于开展优先股试点的指导意见》和《优先股试点管理办法》的规定有冲突。2022年公司法《修订草案》（二次审议稿）第146条规定应当经"出席类别股股东会"的股东所持表决权三分之二以上通过，意味着普通表决权的行使也需要召开类别股股东会，即"先后召集，分类表决"。而按照《优先股试点管理办法》第10条的规定，应当通知优先股股东参加普通股股东会并行使表决权，只不过表决票单独计算，即"同时召集，分类表决"。其实，就普通表决事项单独召开类别股股东会的方式不太符合公司实际，也不能更好保护类别股股东的利益。一方面来讲，优先股股东有列席普通股股东会的权利，如果能在列席的同时对其可得行使表决权的决议事项一并表决，可以节省决议成本，提高决议效率。另一方面来讲，参加普通股股东会会议行使表决权，有利于优先股股东全面听取普通股股东及监事会提出的质询意见和董事会的答复意见，在充分知情的情况下作出决定，更好保护自身权益。

2. 优先股股东的类别表决权

类别表决权是指类别股股东在普通股股东会之外分类召开的类别股股东会上行使的表决权，类别股股东可对变更其在公司中的参与权的有关公司议案作出意思表示（赞成、反对或弃权），从而形成类别股股东团体的意思。[1]

优先股的类别表决权与普通表决权的区别表现在：第一，权利来源不同。普通表决权是股东的固有权，在没有法律特别规定的情况下不得被公司章程或股东会决议剥夺；而类别表决权可由公司通过章程来自行决定。比如《优先股试点管理办法》第8条和第10条第1款第5项规定公司章程

---

〔1〕 参见刘胜军："类别表决权：类别股股东保护与公司行为自由的衡平——兼评《优先股试点管理办法》第10条"，载《法学评论》2015年第1期。

· 166 ·

可以确定优先股权利和优先股类别表决权。第二，表决权行使的场所不同。普通表决权由股东在股东会上行使；而类别表决权由类别股股东在普通股股东会之外分类召开的类别股东会上行使，《优先股试点管理办法》第 10 条就规定类别表决权和普通表决权分类行使。第三，表决权行使的目的不同。普通表决权行使的目的在于实现普通股东对于公司重大事项的决策权；而类别表决权，是对事关优先股股东切身利益的公司决议行使消极否决权。

　　类别表决权需在类别股东会上行使，那么类别股东会与普通股东会"同时召集，分类表决"，还是应"先后召集，分类表决"？《优先股试点管理办法》第 10 条没有区分类别表决权与普通表决权，一概规定了"同时召集，分类表决"的表决方式。一些学者对此表示反对，认为类别表决权是对损害优先股的公司决议的消极肯定，若与普通股东大会同时召集，此时普通股东大会的决议尚未作出，类别股东会的决议对象不存在，而且优先股股东收到会议通知时可能因不知普通股股东大会决议结果将影响其权益而不参加股东会会议，丧失其出席会议捍卫自己权益的机会。[1]此外，股东同时持有普通股和优先股之情形也屡见不鲜，此类股东如何同时参加两类会议的决议也是问题。本书赞同此种观点，建议采纳"先后召集，分类表决"的立法模式，待普通股股东大会作出通过决议后，再行召集优先股股东大会，由类别股股东行使类别表决权作出决议。另外，对于类别股东会决议的通过，《优先股试点管理办法》也没有区分普通表决权与类别表决权，一概规定"须经出席会议的优先股股东（不含表决权恢复的优先股股东）所持表决权的三分之二以上通过"的表决原则。本书认为，类别股东会的决议程序与表决方式应当交由公司章程来规定，不必一律采用 2/3 以上绝对多数决的表决原则。因为涉类别股东会的决议事项仅仅事关类别股股东的权益分配，如果采用 2/3 以上绝对多数决，很难形成有效决议。2022 年公司法《修订草案》（二次审议稿）第 146 条第 2 款规定："公司章程可以对需经类别股东会决议的其他事项作出规定"，该规定较为合理。

---

[1]　参见刘胜军："类别表决权：类别股股东保护与公司行为自由的衡平——兼评《优先股试点管理办法》第 10 条"，载《法学评论》2015 年第 1 期。

3. 建立优先股普通表决权的恢复制度

在特定情况下，优先股股东的普通表决权可以恢复。对于恢复的条件，《关于开展优先股试点的指导意见》第 1 条第 6 款、《优先股试点管理办法》第 11 条和证监会公布的《上市公司章程指引》（2022 年）第 33 条"注释"均作了规定，即"公司累计 3 个会计年度或者连续 2 个会计年度未按约定支付优先股股息的，优先股股东有权出席股东大会，每股优先股股份享有公司章程规定的表决权。对于股息可累积到下一会计年度的优先股，表决权恢复直至公司全额支付所欠股息。对于股息不可累积的优先股，表决权恢复直至公司全额支付当年股息。公司章程可以规定优先股表决权恢复的其他情形。"2022 年公司法《修订草案》（二次审议稿）没有规定该制度。考虑到普通表决权恢复制度的立法目的在于防止优先股股东投资目的的落空，属于底线性规范，本书认为《公司法》应当规定最低恢复条件，公司章程可在该条件以上另行划定条件。另外，公司章程还可以规定法定情形之外的其他的恢复情形。

五、国家特殊管理股制度

（一）域外的"金股"制度

1. 金股的概念

"金股"是一种由政府持有并允许政府在国有企业改制后对特殊事项享有特殊权利的特殊股或少数股。由于金股制度突破了传统的"同股同权"原则，在一股或份额极小的股份上赋予了不成比例的特殊权利，使其相比于普通股具有更高的价值，因此被称为"金股"。金股的表决权通常表现为"一票否决权"。

最早的金股出现于 20 世纪 80 年代英国政府推行的国有企业改革中，后来在欧洲各国国企私有化过程中发挥了重要的作用。学者在比较研究欧洲"金股"制度后认为，金股至少可以带来三个好处：首先，有了金股对控制权的保障，可以减少企业改革的阻力，国家可以以少量的股权实现对经济主体的控制；其次，企业可以按照市场机制运作，提高效率和效益，国家可以享受分红和收益，还可以在关键时刻享受控制权；最后，退出机制灵活，国家可以随时根据需要撤出。[1]

2. "金股"表决权的行使

表决权的行使不遵循"一股一权"原则。从域外实践情况来看，表决权主体往往是政府，但是由谁来代表政府行使表决权各国有所不同。欧洲国家多选择某个中央政府部门的部长作为金股行使主体，例如财政部长、能源部长或者交通部长，这样可以最大限度地明确到底谁才能代表政府行使一票否决权的问题。[2]

3. 金股表决权的适用依据及适用范围

金股应当由法定还是由公司章程决定？欧洲国家的做法也不同。在英国与荷兰，普通公司法允许公司通过章程规定金股。但是在欧洲其他国家，则必须通过普通私有化法或特别私有化法案的规定来适用金股。[3]

1997年，欧盟针对成员国境内存在的金股进行了一项调查，并以此调查结果为基础与各成员国政府进行谈判，要求废除违反资本自由流动原则的金股制度。一些国家在欧盟委员会的建议下主动废除了国内金股制度，例如爱尔兰。但更多的国家继续维持了国内的金股制度。2002年开始，欧盟委员会以金股机制违反了《欧洲联盟条约》第56条规定为由开始对各国提起诉讼。在此过程中通过了若干个判决，确立了金股适用的基本原则。[4]欧洲法院通过这一系列判决表明，金股只有是在为维护公众利益或是符合公共安全与秩序的强制要件而阻却违法时，才能合法存在。换言之，

---

〔1〕 参见张立省："欧洲黄金股研究及对我国的启示"，载《管理现代化》2012年第1期。

〔2〕 参见丁志杰："国有银行改革中设置金股的国际经验及其启示"，载《金融与经济》2004年第6期。

〔3〕 See Stefan Grundmann, Wiss. Mitarbeiter Dipl. - Kfm. Florian Möslein, "Golden Shares - State Control in Privatised Companies: Comparative Law, European Law and Policy Aspects", *The European Banking and Financial Law Journal* (*EUREDIA*), 2004.

〔4〕 如欧盟委员会诉葡萄牙政府（Commission V. Portugal）、欧盟委员会诉法国政府（Commission V. France）、欧盟委员会诉比利时政府（Commission V. Belgium）、欧盟委员会诉西班牙政府（Commission V. Spain）、欧盟委员会诉英国政府（Commission V. United Kingdom）等。参见［挪威］马德斯·安登斯、［英］弗兰克·伍尔德里奇：《欧洲比较公司法》，汪丽丽等译，法律出版社2014年版，第12~17页。

金股的表决权只有在涉及公共利益遭到损害的场合才能适用。其具体的表决内容应当由政府根据企业的不同特点提前在章程中规定。一般而言，这些规定应当区别于公司的日常管理事项。

（二）我国特殊管理股制度的完善

我国没有金股的法律规定，对金股的适用范围、条件、表决权行使的规制等并不明确。不过 2015 年，中共中央、国务院《关于深化国有企业改革的指导意见》，提出允许"在少数特定领域探索建立国家特殊管理股制度"，为金股制度在我国的探索实践提供了依据。2014 年，国务院办公厅《关于印发文化体制改革中经营性文化事业单位转制为企业和进一步支持文化企业发展两个规定的通知》，明确提出对按规定转制的重要国有传媒企业探索实行特殊管理股制度，经批准可开展试点。按照《〈中共中央关于全面深化改革若干重大问题的决定〉辅导读本》的解释，设置特殊管理股是通过特殊股权结构设计，使创始人股东（原始股东）……始终保有最大决策权和控制权。具体来讲，是将公司股票分为 A 类股和 B 类股两种，二者拥有同等的经营收益权，但创始人股东的股票（B 类股）具有特别投票权，包括董事选举和重大公司交易的表决等。由此可见，国家特殊管理股的股东权利包括两部分：一是普通股东拥有的权利，二是特殊的管理权。至于特殊管理股的内容，因没有明确的立法尚不清晰。2015 年原国家新闻出版广电总局批复了若干试点企业，试行国家特殊管理股制度。原国家新闻出版广电总局《非公有制文化企业参与对外专项出版业务试点办法》第 3 条规定，新设立公司的公司章程要有明确的特别条款，明确实行特殊管理股制度，赋予国有出版单位特殊的管理权：（一）国有出版单位拥有出版物内容终审权，有权决定新设立公司的出版物发行或不发行；（二）股权转让、引进战略投资者等重大投融资事项及主要经营管理人员聘用等须经国有出版单位同意。按照上述办法第 2 条的规定，"新设立公司"是指非公有制文化企业和国有出资单位共同投资设立的有限责任公司。因此，在试点企业中，试点企业股东由民营企业和国有出版单位构成。民营企业借助国家特殊管理股试点企业获得了原本只有国有出版单位才能获得的出版发行资质，国有出版单位则借助国家特殊管理股试点企业获得了民营企业的发行渠道和市场，与此同时，国有出版单位因保有特殊的管理权，能更好实现国有资产保值增值目的。在这种股权结构的组合之下，国有企业的特殊管理股除了普通股股东的权利内容外，还包括了对出版物内容的终审权、出版物发行或不发行的决定权、股权转让、引进战略投资者等重大投融资事项的同意权和主要经营管理人员聘用的同意权。该试点办法中使用了"终审权""决定权""同意"这些词汇，均明确地表明了特殊管理权具有"一票否决"的权利内涵。

国家特殊管理股也是类别股的一种，是股权差异化安排的一种极端表现，即股东享有的不是有限倍数的超级表决权，而是极端意义上的"一票否决权"。同时，由于此类股份的持股人限定为国有股东，因而其区别于私募股权投资中机构投资者在公司章程或股东协议中约定的对公司特殊事项上行使的"一票否决权"的情形。上述试点办法在效力层级上属于部门规章，考虑到特殊管理股的类别股属性，应当在《公司法》或《企业国有资产法》中对此种类别股份作明确规定。

囿于试点范围的有限性，我国国家特殊管理股在适用范围、权利内容上都有很大的局限性。今后国家特殊管理股的推广适用，需要在适用范围、股东资格与权利内容上作出相应的完善。具体来讲包括以下几个方面：

首先，目前试点企业范围有限，限于从事"对外专项出版业务"的新闻类企业。在国企全面深化改革的背景下，总结试点企业的经验，很有必要适度扩大其适用范围。国家特殊管理股的适用重在确保实现社会公共利益，所以不宜适用于竞争性商业类国企，而适宜适用于垄断性国企和公益类国企。

其次，试点企业的权利主体为国有企业，而非政府或专业机构。依据上述试点办法的规定，具有主管主办资质、外文出版能力的国有出版单位拥有特殊管理股。比如，北京联合出版社有限责任公司为北京华语联合出版有限责任公司的特殊管理股股东，而人民出版社为人民天舟（北京）出版有限公司的特殊管理股股东。与域外金股的权利人相比，我国试点企业的特殊管理股股东均为企业法人，区别于欧洲国家实行的政府机构持股模式。欧洲国家由政府机构或部长代表行使表决权，有利于实现政府对国有资产的监督，保障公共利益，但是政府市场经验不足会影响企业商业效率的发挥，且国有股代理层级越多，政府决策的效率越低。我国台湾地区的实践表现出较强的专业性特征，符合商业效率原则，但是对公共政策的把握不具有优势。我国大陆试点企业所采取的由国有股东持股并行使"一票否决权"的方法，其优点在于"专业加高效"：专业性体现在国有股东对出版内容的审查有专业能力，高效性体现在其权利的行使无需履行请示回报或审批程序，只要在股东会上直接投票表决即可。此种模式的局限性体现在，特殊管理股具有"一票否决"的效力，运用不当可能严重影响企业的正常经营。因此，在国企改革中，有必要从国有资产监管的角度明确规定适用国家特殊管理股的企业范围，以及特殊管理股的行使规则和权利边界，保障特殊管理股股东可以依照程序安全高效地行使权利，避免不适当地干预国家特殊管理股企业的运营。[1]

最后，试点企业的权利范围有限。上述试点办法将"一票否决权"的行权范围限定为：对出版物内容的终审权、出版物发行或不发行的决定权、股权转让、引进战略投资者等重大投融资事项的同意和主要经营管理人员聘用的同意权。其一，就内容审核权来讲，虽与试点企业的性质相符，但今后普遍适用于公益类国企的特殊管理股，其审核权的范围还有待扩张。原则上讲，国有股东应当有权对有悖于社会公共利益目标的经营决策行使"一票否决权"。其二，就股权转让的同意权来讲，上述试点办法的规定显然与现行《公司法》第71条的规定相悖，第71条为赋权性条款，公司章程可以对股权转让作出另外规定。因此，如果在《企业国有资产法》中对此权利作出限制性规定，则可以依据特殊法优于普通法的规则，优先适用。其三，就引进战略投资者等重大投融资事项的同意权来讲，上述试点办法对"等"的含义规定并不明确，如果引进的是"非战略投资者"，是否就排除在"一票否决权"之外呢？考虑到实行国家特殊管理股的国

---

[1] 参见吴高臣："国家特殊管理股之特殊权利结构研究"，载《首都师范大学学报（社会科学版）》2020年第2期。

企具有垄断性或公益性，"长治久安"是此类公司发展的基础，因此只要是涉及"增资"事宜，均应当属于"一票否决权"的范畴。其四，就聘用管理者的同意权来讲，由于特殊管理股的"一票否决权"只能在股东会上行使，这里所谓的"管理者"只能是董事和监事。在总经理担任法定代表人的情况下，也可以包括总经理的选聘。对于其他高级管理人员的选聘，属于董事会的职权，股东无权干涉。除了上述四项权利外，很多其他事项也应当属于特殊管理股的权利范围，比如公司章程的修订、公司的分立、合并、变更组织形式或解散，对股东或其关联关系人提供借款、担保等。

六、特别表决权股

（一）特别表决权股的含义

特别表决权有广义与狭义之分，前者泛指偏离"一股一票"原则的各种同股不同权的表决权差异安排；而后者仅指 AB 股架构。即创始股东享有一股多票的超级（特别）表决权，而公众股东仅有一股一票或不足一票的低级（普通）表决权，不过，创始股东的表决权虽优于公众股东，但自益权与表决权之外的共益权（公司治理参与权）并无二致。[1]2020 年发布的《上海证券交易所科创板股票上市规则》在第四章第五节"表决权差异安排"中使用了"特别表决权股份"的概念，区别于普通股份，特指上市公司章程中对股份的表决权数量作出特别规定的股份。公司章程中的表决权差异安排，又被称为双重股权架构或双层股权架构。

特别表决权股的优点在于：（1）有利于激励企业家的创业精神，是对作为企业家的创始股东在企业中的领导力、创造力、凝聚力、知识、能力、经验、敬业精神甚至个人魅力的充分肯定，有利于持续激发其奉献精神。（2）有利于抵御巨大融资压力下的股权稀释与敌意收购，把表决权集中到现

---

[1] 参见刘俊海："论上市公司双层股权架构的兴利除弊"，载《比较法研究》2022 年第 5 期。

任管理层和他们的同盟手中，使敌意收购更加困难，[1]确保公司的发展战略一以贯之。但是，该制度也是一把双刃剑，其弊端也是鲜明的：（1）容易滋生控制权滥用现象，损害公司及中小股东利益。特别表决权破坏了"一股一票"的股权平等原则，将公司控制权强制性配置给了特定股东，破坏了公司民主制度，容易滋生企业家股东专权滥权的道德危机。（2）随着企业家股东能力、知识、经验和管理水平的落伍，其在公司的领导力和核心作用将日渐下滑，如果持续实行特别表决权安排，可能给公司经营带来负面效应，不及时纠正将使公司陷入泥沼，无法自拔。

2022年公司法《修订草案》（二次审议稿）第144条以公开发行股份的时点为界对表决权差异安排作了规定：允许公司发行每一股的表决权数多于或者少于普通股的股份；禁止公开发行股份的公司发行此类类别股，但公开发行前已发行的除外。总体来讲，该规定还较为概括笼统。在后续的立法研究中，有必要在充分的利弊分析基础上细化其适用条件。

（二）特别表决权股的行使

特别表决权股适合于高新科技公司和国有企业。在数字经济和互联网、人工智能等技术驱动下发展起来的高新科技公司，有巨大的融资需求，差异表决权的制度安排可以有效解决市场融资与防范股权稀释、敌意收购的矛盾，巩固创始股东在公司经营发展的核心地位和其个人能力产生的市场吸引力，并激发创始股东的企业家精神。所以，新经济企业对特别表决权有切实的需求。同时，对于国有企业而言，该制度的引入，可以在公司股权结构改变的同时调整公司控制结构，在实现国有资本淡出的同时，保有国家对特殊领域内的企业实施必要的控制，实现二者之间的协调。具体而言，一方面特别表决权股建立在财产权与特定事项表决权分离的基础上，允许不以出资比例决定表决权重，可以确保在涉及公司经营目标等关键事项上，国有企业的经营方向不偏离预定的发展目标及其特殊的社会目的；另一方面，这种表决权分配机制不影响股东利益分配、剩余财产分派等财

---

[1] 参见梁上上：《论股东表决权——以公司控制权争夺为中心展开》，法律出版社2005年版，第99页。

产性权利的行使和实现，国家不会因在特定事项中享有较重表决权而相应取得更多的股利和剩余财产，当然也不会因此而承担更多经营不善的损失。[1]

特别表决权股所蕴含的控制权优势对市场主体有巨大的吸引力。但是，2022年公司法《修订草案》（二次审议稿）第144条的规定较为笼统，对此类股份行使方式、适用范围、权利内容等还有待细化。因此，对于特别表决权股的行使，本书有如下建议：

1、在高新科技技术企业中，特别表决权应当配置给创始股东中的企业家股东，即自然人股东，且该权利不得继承、转让、赠与、委托代理或设置信托。《上海证券交易所科创板股票上市规则》第4.5.3条将持有特别表决权股份的股东限定于对上市公司发展或业务增长等作出重大贡献且在公司上市前后持续担任董事的人员或该等人员实际控制的持股主体，且最低持股比例为10%。创始股东在公司担任的职务，除了董事之外，还可以包括总经理。

2、行使特别表决权须有法律或章程的依据。对于高新科技技术企业而言，特别表决权的行使以公司章程为依据；而对于国有企业而言，特别表决权的行使依据有法律的强制性规定及章程的自治性规定。因为特别表决权的行使直接关涉公司决议行为的成立与效力，所以法律法规对特别表决权的规定属于效力性强制性规定，公司章程的规定违法的，该项章程条款应无效。

3、特别表决权股的适用范围应当予以限制。其一，特别表决权股的适用应当契合企业的经营目的，适用于对企业经营目标有重大影响的决议事项，诸如关于公司的发展战略、重大经营的事项。其二，《上海证券交易所科创板股票上市规则》第4.5.10条规定了限制特别表决权行使的五种情形，包括：（一）对公司章程作出修改；（二）改变特别表决权股份享有的表决权数量；（三）聘请或者解聘独立董事；（四）聘请或者解聘为上市公司定期

---

[1]　参见冯果、杨梦："国企二次改革与双层股权结构的运用"，载《法律科学（西北政法大学学报）》2014年第6期。

报告出具审计意见的会计师事务所；（五）公司合并、分立、解散或者变更公司形式。除此之外，在以下事项上也应当限制特别表决权的适用：（1）涉及公司利润分配和亏损弥补的决议。利润分配与亏损弥补关涉到每一个股东的投资回报，应坚持"一股一票"的表决权行使规则。（2）决定董事任免以及董事、监事、高管报酬的决议。由于中小股东也有通过累积投票制等渠道提名董事的可能，所以董事的任免应当实行一股一票。另外，享有超级表决权的股东同时担任公司董事，为避免通过高薪变相进行利益输送，对决定董监高报酬的公司决议应当回归"一股一票"表决机制。对此，2022 年公司法《修订草案》（二次审议稿）第 144 条也规定，"对于监事或者审计委员会成员的选任，类别股与普通股每一股的表决权数相同"。（3）创始股东及其关联人与公司的关联交易。不当关联交易涉嫌控制权滥用，影响公众股东和公司的利益，因此对关联交易的决议也应回归一股一票原则。

4、限制特别表决权的行使权重。我国香港地区与新加坡采用的均是 10 倍的上限，《上海证券交易所科创板股票上市规则》也规定了每份特别表决权的表决权数量应当相同且不得超过每份普通表决权数量的 10 倍。10 倍的行权权重显著过高，因为创始股东只要持股 10% 就能独占所有表决权。为确保表决权差异合理适度、缩小表决权鸿沟、缓解股东利益冲突、遏制企业家道德风险，有学者建议将创始股东的最低持股比例提高至 20%，权重差距上限规定为 3 倍以内，且建议规定公众股东合计享有的表决权不少于 1/3。因为若以 20% 的持股比例测算，创始股东只需每股不低于 2.5 票的权重即可轻易控制公司。[1]而确保公众股东持有 1/3 的表决权，可以在公司重要事项的表决中起到联合抑制控制权滥用的效果。在国企中，更不宜确定过大的表决权，否则容易形成新的"一股独大"，与国企改革的目的背道而驰。因此国企的特别表决权的权重也降低至 2 到 3 倍较为合理。[2]

5、完善特别表决权的日落条款。《上海证券交易所科创板股票上市规

---

〔1〕 参见刘俊海："论上市公司双层股权架构的兴利除弊"，载《比较法研究》2022 年第 5 期。

〔2〕 参见冯果："股东异质化视角下的双层股权结构"，载《政法论坛》2016 年第 4 期。

则》第4.5.9条规定了四种情形，出现其中之一的，特别表决权股份应当按照1∶1的比例转换为普通股份。包括：（一）持有特别表决权股份的股东不再符合本规则第4.5.3条规定的资格和最低持股要求，或者丧失相应履职能力、离任、死亡；（二）实际持有特别表决权股份的股东失去对相关持股主体的实际控制；（三）持有特别表决权股份的股东向他人转让所持有的特别表决权股份，或者将特别表决权股份的表决权委托他人行使；（四）公司的控制权发生变更。该条规定被称为"日落条款"，即当发生条款所列情形时，特别表决权股份转换为普通股份。"日落条款"通常包括两种类型：一是触发型日落条款，二是期限型日落条款，上述第4.5.9条规定的四种情形均为触发型日落条款，但是列举并不周延。有学者建议《公司法》以概括加列举方式规定创始股东丧失超级表决权的情形，包括：不再符合主体资格和最低持股比例、离任（辞职或罢免）、民事行为能力丧失或受限、自然死亡或宣告死亡、出让股份（含赠与）、将股份委托他人代持或托管、将表决权委托他人代行、被宣告破产、被列入失信被执行人名单或限制被执行人高消费名单、公司控制权发生变更、实控人失去对相关持股主体的实际控制、实控人发生变更或导致其法律或事实上不能行使控制权的其他情形。[1]此外，虽然国内外交易所规则中通常只规定触发型日落条款，并不规定期限型日落条款，但也有学者对国外资本市场上实行特别表决权的公司绩效进行过考察，发现实施特别表决权的公司的生命周期具有有限性。有研究显示，实施特别表决权的公司在IPO的托宾系数会发生先高后低、先正后负的变化，依次为0.24（1~3年）、0.068（4~5年）、-0.16（6~8年）、-0.22（9年后），IPO后五年优势明显，但六年后转为颓势，九年后归零转负。创始股东同时掌握控制权和经营权的双层架构公司更容易丧失竞争优势。[2]也有人认为，该周期介于6年至11年之间。[3]实际上随着公司的发展，创

---

〔1〕　参见刘俊海："论上市公司双层股权架构的兴利除弊"，载《比较法研究》2022年第5期。

〔2〕　See Hyunseob Kim, Roni Michaely, *"Sticking Around Too Long? Dynamics of the Benefits of Dual-Class Structures"*，载 https：//ssrn. com/abstract=3145209，最后访问日期：2022年6月1日。

〔3〕　See Lindsay Baran, Arno Forst, M. Tony Via, *"Dual Class Share Structure and Innovation"*，载 https：//ssrn. com/abstract=3183517，最后访问日期：2022年6月1日。

始股东的知识经验会被新生代赶超，其创业热情的减退、健康状况也会下滑，而长期行使控制权的过程中与其他股东的矛盾也会加深，这些都可能导致其领导力、凝聚力的弱化，进而影响到公司的可持续发展。同时，创始股东表决权比例与出资比例之间的巨大鸿沟，也潜伏着巨大的私人利益和道德风险。行使控制权的时间越长，滋生专权、滥权与腐败的风险越大，自愿放弃特别表决权的概率也越来越小。在缺乏立法或交易所强制规定的情况下，即使特别表决权差异安排不再创造甚至损害公司和公众股东的价值，大部分创始股东也会负隅顽抗，拼命维护既得利益，直至公司退市或破产之日。因此，有观点认为立法应规定期限型日落条款。但考虑到法律的强制性规定有干预公司自由意志之嫌，且公司之间存在差异，很可能难以通过一个法律预先设定的具体而固定的时间段来完成一股一权的彻底回归，因此有学者倡导在公司章程中嵌入定期日落条款。[1] 本书也赞同用章程自治的方式来确定是否采用"期限型落目条款"，因为特别表决权股东的领导力与控制性影响力的大小，无法通过法定标准衡量，该条款是否规定以及如何规定更适宜交由公司自治。此外依据《上海证券交易所科创板股票交易规定》第4.5.10条的规定，"对公司章程作出修改"时特别表决权限制使用，因此在特别表决权股份已经严重影响到公司治理绩效的情况下，普通股股东也可利用修改公司章程的机会排除表决权差异安排，矫正公司治理失灵现象。更何况，如果享有特别表决权的创始股东确实能对公司持续作出重要贡献，在公司始终具有凝心聚力的核心作用，普遍股股东对其也有信心的情况下，法律更没有必要强制其在固定年限到来时回归普遍股。

---

[1] 参见冯果、诸培宁："差异化表决权的公司法回应：制度检讨与规范设计"，载《江汉论坛》2020年第5期。

第八章

公司集团的股东董事制度

一、我国股东董事的实践问题

按照控制权理论，能否控制董事会的决策是衡量股东是否掌握了公司控制权的重要指标。比如，英国公司法在"母子公司"的概念中就规定，一公司"是另一公司的投资人并有权决定后者的多数董事会成员的任免并因此决定着该公司的一切重大事务"，被视为是另一公司的母公司。通常而言，母公司需要提名推举自己的代表进入董事会来掌握董事会的控制权。由母公司提名推举的股东代表就是股东董事，也称提名董事。

在我国，股东董事特指代表股东利益担任公司董事的自然人。我国《公司法》第44条、第108条关于董事资格积极要件的规定及第146条关于董事资格消极要件的规定，均未明确禁止非自然人担任董事，但第146条第1款列举的不得担任董事的五种情形均是针对自然人的，由此可以推定立法排除了非自然人担任董事的可能性。因此法人股东不能像自然人股东那样亲自担任董事，都需提名代表人作董事候选人，通过股东会选举程序进入董事会实际参与公司治理，因而在公司董事的组成中，产生了"股东董事"这一特殊形态的董事。由于股东董事与股东之间的关联关系，对股东董事职位的争夺很大程度上代表着公司控制权之争，而股东董事的失职行为又经常牵连出其背后派出股东的控制权滥用问题，因而实践中关于股东董事引发的问题与争议层出不穷。

（一）董事提名权问题

有的公司在公司章程中对公司董事、经理等重要职位的分配作了规定，赋予小股东董事提名权，但是大股东又经常利用表决权的优势形成股东会决议修改公司章程，剥夺了小股东的提名权，双方对该股东会决议效力就形成争议。大股东认为，公司修改章程中的董事候选人提名条款，符合法定程序；而小股东则认为，大股东滥用了"资本多数决"原则，剥夺了小股东的董事提名权，侵害了小股东权益，该股东会决议无效。[1]由于《公司法》对股东董事提名权规定的缺失，以及防止大股东滥用权利的配套制度的不完善，在类似纠纷中确实很难判断程序合法的股东会决议，是否构成内容不合法的无效决议。

（二）"双头董事会"问题

董事提名权的归属事关公司控制权的分配，因而是股东的必争之地。实践中，因提名权的争议而引发的控制权争夺轰轰烈烈，由此产生的"双头董事会"现象也是很多公司长期无法解决的治理"难题"。比如，在2013年"九龙山"与"海航系"的控制权争夺战中，"海航系"收购"九龙山"3.9亿A、B股股份，成为"九龙山"的控股股东，但"九龙山"原股东（董事长）李某夫却以股权转让款未付清为由，不肯召开股东大会重新选举公司董事与监事。"海航系"以持有上市公司10%以上股份的股东身份，自行召开了临时股东大会，改选出了有自己股东董事参加的新董事会。争议双方均发布各自的董事会决议，分别声明否认对方董事会的合法性。[2]再如，2020年"皖通科技"的董事会争夺战，双方从"文斗"上升至"武斗"，大股东"南方银谷"召开临时股东大会，罢免原董事，重新选举新董事，并带领人员聚集公司总部占领公司会议室，使两大股东阵营的斗争白热化。[3]"双头董事会"现象是公司控制权争夺的一种极端表现，新旧董事会组成人员的变化，实为股东利用董事选举规则，将自己的股东代表选入董事会进而掌握公司控制权的结果。

（三）股东董事的撤换问题

实践中，股东董事由派出股东提名，经公司股东会选举成为董事，在

---

〔1〕 参见"上诉人湖南胜利湘钢钢管有限公司与被上诉人湖南盛宇高新材料有限公司公司决议纠纷"，湘潭中级人民法院（2015）潭中民三终字第475号民事判决书。

〔2〕 参见赵一惠："两份法律意见书各执一词　九龙山初露双头董事会之相"，载https://paper.cnstock.com/html/2012-12/25/contents_266573.htm，最后访问日期：2023年7月6日。

〔3〕 参见邱德坤："内斗双方互指违规　皖通科技现'双头董事会'？"，载https://paper.cnstock.com/html/2020-06/01/content_1326520.htm，最后访问日期：2023年7月6日。

董事会上保障派出股东的利益，类似于派出股东的"代理人"。从委托、代理关系上讲，派出股东有权随时更换自己提名的股东董事。但是，被提名的董事候选人一旦被选举为董事，就成了公司治理结构的组成部分，其聘任与解聘受到公司法的规制，只有公司股东会才有权聘任与解聘董事。委托代理理论与公司治理理论的冲突，导致实践中经常发生股东解聘权的争议。比如，2022年发生的"红牛公司"法定代表人席位争夺案就是一个非常典型的案例，虽然该案发生在跨国公司中，该案的判决也是由泰国大理院作出，但是案件所揭示的法律问题在我国也有普遍性。根据媒体的报道，"中国红牛"的章程规定，大股东"泰国红牛"（红牛天丝医药保健有限公司）有权向"中国红牛"委派4名董事，并指派其中一位出任董事长和法定代表人。此前，"泰国红牛"一直委派严某担任"中国红牛"的董事长及法定代表人。但是2016年9月，"泰国红牛"做出董事会决议免去严某的"中国红牛"董事、董事长、法定代表人职务，更换了包括严某在内的多名董事会成员，并决议"中国红牛"应根据决议向中国相关部门登记相关人员的罢免及任命情况。严某随即在泰国起诉，认为董事会召集程序违法，并质疑"泰国红牛"罢免其在"中国红牛"的职务的董事会决议的效力，认为免去他在"中国红牛"的董事职务等于变更董事，需要经"中国红牛"股东会决议方可生效，"泰国红牛"的董事会无权对一个中国独立法人实体的董事变更采取行动，或通过任何决议。该案历时近六年，经三次审理，泰国大理院作出判决，认为没有任何情况表明，"泰国红牛"董事会会议的召集与决议的通过违反了法律或公司章程，没有理由撤销这次董事会通过的决议。判决作出后，"泰国红牛"发布公告称：严某已失去担任合资公司董事长和法定代表人的权利来源，无权代表合资公司或者以合资公司名义从事任何行为。而"中国红牛"则发布声明称，"中国红牛"作为中国法人，只受中国法院判决既判力约束。依据中国法律，中国红牛依法登记的法定代表人和董事长为严某。[1]且不论该案所涉外国判决在我国的承认与

---

〔1〕　参见张剑："红牛争夺战新进展：泰国最高法院判决罢免中国红牛董事长决议有效"，载 https://news. caijingmobile.com/article/detail/464675，最后访问日期：2023年7月6日。

执行问题，该案所反映出来的股东董事提名权的争议在公司集团治理中极具典型性。母公司董事会作出的更换股东代表的决议，如何在子公司生效这一问题对我国公司法也是一个挑战。

（四）派出股东与股东董事的责任分配问题

股东董事的薪酬管理、业绩考核甚至责任追究等问题，既是公司治理问题，也是派出股东与股东代表之间委托合同的应有之义。股东董事事实上接受了公司与股东的"双重监督"，背负"双重信义义务"。当股东利益与公司利益冲突时，股东代表应当首先服务于谁，这不但是公司实践中的一个难解之题，也是公司集团立法理论上的争议焦点。另外，派出股东对股东董事是否有管理义务？股东董事违反对公司的信义义务造成的损害，派出股东是否承担连带责任？这些问题在公司法上都没有解决之道，司法裁判的观点也不统一。比如，在"赵某海与海航酒店控股集团有限公司、王某凡、党某损害公司利益责任纠纷案"中[1]，就股东对其委派的人员是否有管理责任问题，两级法院的意见迥异。该案两级法院的裁判概括来讲，一审法院认为股东对其委派到公司的董事有管理责任，在不履行该职责的情况下应对该董事给公司造成的财产损失与该董事共同承担赔偿责任。但二审法院则认为，董事由股东委派，但该委派行为不能认定为股东的个人行为，公司董事与公司股东之间不存在管理与被管理的关系，公司股东没有管理公司董事的法定职责，公司董事亦没有向公司股东负责的法定义务。可见，一审法院不认可股东董事有"独立性"，因而判定股东与董事承担连带责任，但二审法院坚持董事独立性原则，认定股东无需为董事的行为担责。两级法院分别遵循了委托代理理论与公司法治理理论的不同裁判路径，得出了相反的判决结果。董事的"独立性"是公司治理的基本原则，也是判断董事信义义务的前提。但是，如果股东董事已经"事实上"丧失了独立性，法律应作何选择？

（五）股东董事对其他董事的法律义务问题

在董事提名权的分配上，控股股东的提名权要远大于少数股东，因此

---

[1] 参见陕西省高级人民法院（2016）陕民终 255 号民事判决书。

控股股东能掌握公司的控制权，在公司治理中形成"内部人控制"的局面。可是，随着股东多元化的发展，我国公司中的董事也已呈多元化趋势。在公司实践中，已经形成内部董事与外部董事、执行董事与非执行董事、政府董事与非政府董事、独立董事与非独立董事等区分。股东董事由股东提名，经股东会选举产生，代表股东利益，是典型的内部董事、非独立董事，其在公司中处于"管理者"的地位，可以担任执行董事。与股东董事相比，独立董事和政府董事（比如国企的"外部董事"）均有一定的"外部性"，要么由公司在市场中选聘而来，要么由国有资产监管机构选派而来，他们不从事经营管理，在董事会中处于"监督者"的地位，只能担任非执行董事。董事性质与地位的差异，导致二者在获悉公司经营信息能力上的差异。在董事会上，独立董事与政府董事等对股东董事的"信息投喂"有很大的依赖性，主要依靠其披露的信息作出决策，一旦股东董事蓄意隐瞒或因重大过失没有全面披露公司经营信息，造成独立董事、政府董事作出错误决策并对公司承担了损害责任，那么股东董事是否对独立董事、政府董事承担损害赔偿责任？我国集体诉讼第一案"康美药业特别代表诉讼案"因判决独立董事承担高额赔偿而备受关注，股市甚至一度掀起"独董辞职潮"。社会各界对该案的激烈讨论，争议的焦点不在于独立董事是否对公司承担信义义务，而在于"独立董事"被实质性当做"花瓶董事"的情况下，应如何对公司承担信义义务？如果其他股东董事存在虚假陈述、隐瞒重大信息的，应否对独立董事承担赔偿责任？这些问题反映出在董事身份"多元化"的背景下，董事在公司治理中的地位与作用出现"分化"，董事彼此之间的独立性减弱、依赖性加强，《公司法》对董事义务与责任"单一化"的规定已不能适应公司实践的需求。

二、我国建立股东董事制度的必要性

伯利与米恩斯对现代公司的研究发现，"股权分散"是现代公司的基本特征。现代公司的规模化发展导致公司的股权日趋分散，再加上股权信托、投票权代理以及无表决权股的发行，股东所有权与公司经营权日趋分离，股东越来越倚重经营者的行为提升股票的价值，进而实现股东利益最大化。

因此，以董事、高级管理人为代表的经营者，被法律确定为公司的"受托人"，为公司利益最大化行使经营权，对公司负有信义义务。法律对董事设定了三条主要的行为规则：（1）对公司业务要有足够的注意；（2）要忠实于公司的利益；（3）对公司的业务至少要有合理的谨慎。[1]伯利与米恩斯的理论对现代公司法的发展产生很大影响，各国公司法都在不断强化董事义务，要求董事在人格和经济利益上要独立于公司之外的其他人。董事独立性被认为是董事履职的准则。

然而，越来越多的研究发展，"股权分散"并非所有公司的特征，我国公司更是以"股权集中"为特色，而股东把持公司治理是绝大多数中国公司的实态。[2]在这种治理结构下，股东董事的处境极其尴尬。一方面，公司法对董事信义义务的规定要求其遵守独立性规则，为公司最大利益服务；另一方面，董事由股东派出，其行为不可避免地体现着"投桃报李"，很难保证独立性。公司集团是"股权集中"型公司结构的典型形态。在集团母公司的"统一管控"下，上级母公司对下级子公司的董事、高级管理人员的选任有重要的影响力，提名董事候选人更是常见的董事选任办法。在以家族为控制主体的民企集团中，集团各级公司的董事长、总经理基本上由家族成员担任，"股权＋亲情"的控制关系奠定了家族控制的牢固基础。近年来，以高科技企业为代表的新型民企集团崛起，虽然不再是家族控股集团，其股权结构也随着融资、并购、重组等金融活动日趋分散，但提名、委派董事仍然是控制股东或管理层掌握公司控制权的重要途径。比如2022年"京东-德邦"并购连锁反应的德邦股份的董事变动，就真实展现了股东提名董事的公司实践。自此原德邦董事长崔维星不再是公司的实际控制人，京东物流公司则成了德邦股份的实际控制人。2022年9月15日，德邦股份公告称，经董事会审议通过，拟提名任京东物流执行董事兼CEO余睿，京东集团高级副总裁、京东物流商业发展服务中心负责人唐伟，京东物流CFO单甦为公司第五届董事会非独立董事候选人。提名潘嵩、李学军、陈

---

〔1〕 参见［美］阿道夫·A. 伯利，加德纳·C. 米恩斯：《现代公司与私有财产》，甘华鸣等译，商务印书馆2005年版，第230页。

〔2〕 参见周游："公司法语境下决议与协议之界分"，载《政法论坛》2019年5期。

洁（均为独立第三方）为公司第五届董事会独立董事候选人，公司股东韵达控股股份有限公司拟提名符勤（韵达股份董事、副总裁（副总经理）兼董事会秘书）为公司第五届董事会非独立董事候选人。自此，原德邦董事长崔维星不再是公司的实际控制人，京东物流公司则成为德邦股份的实际控制人。[1] 再如，"阿里巴巴"集团也适用了董事提名制度。阿里巴巴集团的董事分别由阿里巴巴合伙人、股东和董事会提名与公司治理委员会提名产生。其中，根据其公司章程，阿里巴巴合伙人有权提名（或在有限情况下委任）董事会简单多数成员的专属权利。[2] 而持股 15% 以上的股东也有权提名董事。2022 年 11 月 29 日之后，大股东软银集团因减持股份导致持股低于 15% 而不能再维持提名权，于是阿里巴巴发布公告，自 2023 年 2 月 22 日起，软银集团之前提名的董事（Kabir Misra）调任独立董事。[3]

由此可见，董事法律上的"独立"与事实上的"不独立"与我国公司的控制结构和治理理念有很大的关系，也反映了现实与理想之间的差距。这种差距不会也并没有因为公司法上董事信义义务的强制性规定而减弱或消弭，公司法规定的董事选举程序，也没有改变董事被股东派遣的"潜规则"，股东总是要通过协议或章程约定委派董事的方式，尤其是董事提名权的归属。《公司法》是否应当适时尊重、包容提名董事的公司实践，对董事制度作出修正，使其更契合中国公司的治理实际？正如学者所言，在中国当前的公司治理中，法律所要追求的治理模式不应当是一个抽象的、理想化的单一标准，而应当是真正满足市场需求、充分反映交易现实的制度安排。[4] 近年来，为解决董事不独立问题，《公司法》《证券法》等也一直在创新求变。比如，在上市公司引进的独立董事制度，虽然还存在水土不服

---

〔1〕 参见"德邦董事会大洗牌，'京东系'高管全线接管"，载 https://m. mp. oeeee. com/a/BAAFRD000020220916723123. html，最后访问日期：2022 年 11 月 12 日。

〔2〕 参见阿里巴巴集团"合伙人制度"之"董事的提名与委任权"的规定，载 https://ali-home. alibaba. com/ir-corporate-governance-partnership，最后访问日期：2022 年 11 月 12 日。

〔3〕 参见戚夜云："软银抛售阿里套现 345 亿美元，持股将至 15% 以下失提名权"，载 https://www. thepaper. cn/news. Detail_ forward_ 19397431，最后访问日期：2023 年 7 月 6 日。

〔4〕 参见许德风："论法人董事与代表人董事——兼议董事独立性的界限"，载《法学》2015 年第 3 期。

问题，可是对纠正上市公司董事会"不独立"问题还是有积极作用的。此外，国有企业改革中所推行的"外部董事"制度也极大强化了国企董事会的独立性。在今后的公司立法中可以考虑在董事信义义务与董事选举制度基础上建立股东董事制度，为提名董事的公司实践提供指引，也为解决股东董事"双重信义义务"的矛盾问题提供法律依据。事实上，在我国公司实践中，股东对参与公司治理有极大的积极性，所有权与控制权不分是中国公司治理的普遍现象。以董事独立原则与董事信义义务为核心的公司治理规范，自从引入我国公司法以来长期不能落地生根，根本原因就是董事法律上的独立与现实的不独立之间的矛盾，由此导致这些制度在公司治理中一直流于形式，不能有效发挥作用。在公司法中认可与接纳股东董事制度，实现股东董事制度与董事信义义务的有效对接，可以从根本上解决我国董事不独立问题的问题。建立股东董事制度对完善我国公司治理的意义。包括：（1）有利于指导公司实践，提升董事提名、更换、考核与监督的合法合规性；（2）有利于理顺股东、董事与公司之间的法律关系，落实董事的信义义务，提升公司治理绩效；（3）有利于维护中小股东参与公司管理的合法权益，并防止控股股东滥用股东权。

三、股东董事的提名与解聘

（一）提名权的性质

提名权是依据法律或公司章程的规定提名董事候选人供股东会选举的权利。提名权是股东权的一项具体权利，是股东控制权的应有之义。在立法中明确提名权，并没有为股东创设新权利，只不过是对股东权益的法律认可。就好比民法中的很多人格权益（比如隐私权）被立法逐步确认成为一项具体人格权那样，在公司实践中，股东权益也是被逐渐发现与认可的。我国《公司法》未规定"股东董事""提名董事""提名权"这些概念，仅在第37条股东会职权第2项中规定股东会有权"选举和更换非由职工代表担任的董事、监事，决定有关董事、监事的报酬事项"。但是在国企和上市公司的一些监管规范中，就有提名董事的相关规定。比如，《企业国有资产法》第22条第1款第3项规定，履行出资人职责的机构有权"向国有资本控股公司、国有资本参股公司的股东会、股东大会提出董事、监事人选"。在国企改革董事会中普遍实行的"外部董事"制度，就是以提名或委派董事的方式落实国有资产的监管职责。此外，《上市公司独立董事规则》第12条规定，上市公司董事会、监事会、单独或者合并持有上市公司已发行股份1%以上的股东可以提出独立董事候选人，并经股东大会选举决定。《上市公司章程指引》（2022年）第82条"注释"写道："公司应当在章程中规定董事、监事提名的方式和程序"。实践中，《公司法》第102条规定的股东提案权，也经常被上市公司援用，作为股东提名董事的渠道。但提案权与提名权不同，前者的外延大于后者，有必要将股东提名权从提案权中独立出来，单独列为一项权利。当然，如果股东以提案的方式提名董事候选人，也符合现行法对提案权的规定。从这个意义上讲，提名权与提案权的关系类似于内容与形式的关系，提案是提名的手段与方式，而提名是提案的目的与内容，但是提案权毕竟不同于提名权。其一，提案权的外延大于提名权，股东行使提案权除了提名董事、监事的候选人之外，还可以就公司治理的其他事项提出提案。其二，第102条的规定为法律强制性规范，如果公司章程约定了大于3%的提名权门槛，则章程的效力存疑。而提名董事是公司治理的内容，公司法应在保障中小股东提名权的前提下，保持其任意性规范属性。提名权的规定，既不影响股东通过行使提案权的方式行使提名权，也不会造成行使提名权必须3%持股门槛的误解。更具有实践意义的是，明确了提名权，就能为规范股东提名程序、建立股东董事法律制度奠定基础。因此，在公司法中应明确规定提名权。

（二）股东提名的方式与程序

商法内生性价值之一是商事组织具有较大的自治空间，故公司均得以在合乎法律规范范围内，定制契合自身需求的治理结构，安排符合自身特点的治理机制，公司对此拥有较为充分的"想象空间"，法律也允许各方当事人在各自诉求上对各种利益和不利益进行衡量后自行取舍。[1]学者的实证研究发现，公司章程规定的提名董事权条款在A股民营上市公司的治理

---

〔1〕　参见林少伟："法人董事之可能与构建"，载《北方法学》2020年第4期。

中，能产生减少公司的显性与隐性代理成本的效果。[1]因此，鼓励以章程自治的方式规定提名条件与程序，能方便每一个公司依据自身特点灵活布局公司控制权结构。但是，章程自治也是有边界的，一些情况下立法的干预必不可少。首先，国企"外部董事"的提名程序与方式须由立法明确规定。央企母公司的外部董事由国资委派出、从国资委领薪、代表国资委履行国有资产监管职能，这类董事选任与解聘属于"公权力"行使的范畴，应当由《企业国有资产法》及相关国资监管法规来规范。其次，为防止控股股东或大股东利用章程修改剥夺小股东的提名权，或利用"交错改选董事"的方式实质性剥夺小股东的提名权，公司法应当规定"股东压迫救济"制度，保护小股东参与公司管理的合法利益。最后，为化解"提名僵局"与"双头董事会"困局，避免股东提名的候选人被公司董事会否决，而公司董事会提名的候选人又被股东会否决，公司法可以规定：在股东提名的董事候选人落选的情况下，该股东可以无须召开股东会直接任命一名董事，直至下一次股东会的召开。阿里巴巴集团公司章程规定，在任何一位被提名的董事没有获得股东大会多数票同意的情况下，提名该董事的一方有权任命一位不同人选出任公司董事，直到下次公司年度股东大会。该任命在提名方向公司提交书面通知时立即生效，无需股东或董事会的进一步投票或批准。在因为辞职、死亡或解聘等原因出现董事席位空缺时，该董事的提名方有权任命接任的新董事，直到下次年度股东大会。如此规定既能保障股东在股东大会上选择管理者的权利，又能保障提名股东的提名权能切实实现。提名权的安排，实质上是股东在章程中预设的公司治理结构的有效组成部分，公司应当保证该治理结构的落实与执行。因此，其他股东虽然可以否决某一具体董事候选人，但不能以此来否决提名股东的提名权。所以，在被提名的董事候选人被股东会否决的情况下，提名股东可以直接推举另一人担任董事，直至下一次股东会的召开。规定被提名董事落选情况下股东的直接任命权，一是可以避免股东之间借董事任免相互否决、相

---

〔1〕 参见许雅迪："公司章程的自治性与代理成本——基于中国民营上市公司提名董事权条款的证据"，载《中国集体经济》2021年第17期。

互扯皮甚至另立山头，影响公司治理。二是可以避免股东会繁琐的召集与决议程序影响公司正常经营。如此规定，相当于赋权股东在自己的提名权范围内有任命"过渡董事"的权利。当然，该"过渡董事"在任职董事期间，仍然担负董事的信义义务与相应的法律责任。

（三）股东董事的更换及解聘

对于任期内能否更换股东董事的问题，《公司法》没有规定。如果股东董事在任期内发生了健康原因或被采取法律强制措施等不能正常履职的原因，或是与派出股东发生了不可调和的矛盾，这些情况下如果不允许派出股东直接更换股东董事，就无法实现其委派董事的目的。更何况股东会、股东大会的召集程序复杂，时间跨度长，在情急情况下仍坚持由股东会改选董事可能给派出股东造成不可挽回的经济损失。更值得关注的是，在公司实践中，董事选举制度已经"异化"为公司控制权争夺的工具，与其立法目的发生了严重的偏差。控股股东及其控制下的管理层要么以公司名义"主动出击"，利用董事选举制度更换其他股东委派的董事，要么"被动防守"，以未经选举程序为由拒绝认可派出股东更换的股东董事。如果立法僵化地坚持董事选举制度，不认可派出股东更换或解聘股东董事的权利，反而助长了控股股东及其控制的管理层恶意利用董事选举制度的不诚信行为。因此，在立法中认可派出股东对股东董事的解聘权具有一定的实践意义。

从派出股东与股东董事的关系来看，股东董事之所以能成为董事，并不是因其本人具有股东身份而参与公司管理的结果，也不是基于其专业能力因市场公开选聘的结果，而是派出股东提名的结果。因此，派出股东与股东董事之间是委任关系，股东董事是派出股东的代表人，代表派出股东在公司董事会上行使股东参与公司管理的权利。从委任关系的角度来分析，作为委托人的派出股东，在其提名的股东董事违反授权的情况下，完全有权撤回委托。只不过，在公司法上，董事的任命与解聘是公司行为，需由股东会作出决议，如果由派出股东直接更换或解聘股东代表有权力僭越之嫌，也容易导致过度支配与控制，影响公司的独立人格。在这方面，阿里巴巴的做法就有很大的启发性。阿里巴巴公司集团的章程规定了董事解聘的"双轨制":一方面,章程规定任何董事都可以由股东大会解聘;另一方面,章程又规定各提名人提名或任命的董事,只能由该提名人解聘。这种模式,充分照顾到了股东的利益,也照顾到了阿里合伙人制度下实控人、大股东及公司的利益。这一模式并不一定适合于各类公司,但是股东董事更换与解聘问题上,公司法在保持股东会权利的同时,交由公司章程一定的自治权,能更好地协调各方的利益诉求。因此,可以通过公司法授权性规范解决这个问题,即授权公司章程规定任期内股东董事的更换条件和程序,公司章程未规定的,则只能按照公司法规定的股东会解聘程序来解聘股东董事。如此一来,各个公司就可以根据自己的具体情况确定任期内股东董事的更换条件和程序。

(四)小股东提名权的保护

在公司治理中,不但大股东为掌握公司控制权有提名董事的主动性与积极性,随着权利意识和法治意识的增强,小股东也会越来越有参与公司管理的意愿。对小股东来讲,提名董事是其行使知情权、参与管理权和监督权的重要渠道。小股东提名董事并在董事会上"发声",虽然不一定能起到左右公司决策的作用,但也可以对控股股东、实际控制人行使控制权的行为进行监督。有研究发现,非控股股东提名的董事倾向于对与非控股股东利益联系紧密的董事会议案投非赞成票。并且,持股比例较高的非控股股东提名的董事和未在上市公司领取薪酬的非控股股东提名的董事更倾向于投非赞成票,且非控股股东提名的董事的监督对独立董事履行监督职能也有溢出效应,且这一效应在经营风险较高的公司中,以及当独立董事和非控股股东提名的董事的职业背景相似时更显著。另外,通过检验非控股股东提名的董事投非赞成票的监督效果也发现,非控股股东提名的董事投非赞成票能降低上市公司的代理成本、提高上市公司的经营效率和企业价值。[1]另一些学者以实行了集团上市的国企为研究对象,研究非国有股东提名的董事对上市公司治理绩效的影响,发现相比于单纯持股而言,非

---

〔1〕 参见祝继高等:"董事会中的不同声音:非控股股东董事的监督动机与监督效果",载《经济研究》2021年第5期。

国有股东以委派董、监、高等高层人员的形式参与治理，能够更好地发挥其监督管理层的功能、提高国企内部控制水平。[1]尤其是在非国有股东超额（以大于持股比例的额度）提名董事的情况下，会与上市公司全要素生产率水平呈现显著的正相关关系，并有效地提升国企会计信息质量。非国有股东超额委派董事作用于全要素生产率的内在机理在于提升了国有上市公司信息透明度，向资本市场传递特质信息，并抑制负面消息积累，有效地降低了国企股价同步性和崩盘风险，激发了国有企业创新活力。[2]由此可见，委派董事也是非控股股东参与公司治理的重要形式。随着混合所有制改革的推进，国企集团中其他所有制股份的参与度日渐增加。据全国工商联发布的《2022 中国民营企业 500 强调研分析报告》显示，有 186 家前500 强中国民营企业参与了混合所有制改革。[3]因此，在股东董事制度构建中，保护中小股东的提名权对公司治理具有同等重要的意义。

在中小股东提名权行使中，最直接的威胁来自股东的表决权优势所形成的排挤效果。比如，在上述"上诉人湖南胜利湘钢钢管有限公司与被上诉人湖南盛宇高新材料有限公司公司决议纠纷"案中，小股东的董事提名权就被大股东利用股东会决议修改章程的方式所剥夺。在小股东救济上，控股股东诚信义务和股东压迫救济制度是国际上较为常见的两大救济途径，这两大救济途径也是公司集团法的重要内容，对于防止控制权的滥用以及保护弱势股东利益具有重要意义，然而我国《公司法》均未予以规定。本书上文已经详细阐述了控股股东、实际控制人的诚信义务，在此不再赘述。就"股东压迫救济制度"而言，该制度具有很大的弹性与张力，无论股东的身份如何，也无论公司的性质如何，只要对股东有不公平的压迫，该制

---

〔1〕　参见刘运国等："非国有股东提高了国有企业的内部控制质量吗？——来自国有上市公司的经验证据"，载《会计研究》2016 年第 11 期。

〔2〕　参见盛明泉等："非国有股东超额委派董事与企业全要素生产率"，载《江淮论坛》2022年第 3 期；冯慧群、郭娜："非国有股东超额委派董事能否提高会计信息质量？——基于国企混改背景"，载《会计研究》2021 年第 5 期。

〔3〕　参见全国工商联经济部："2022 中国民营企业 500 强调研分析报告"，载 http://www.acfic.org.cn/ztz/hz/2022my5bq/2022my5b9_4/202208/t20220830_111966.html，最后访问日期：2023 年 7月 6 日。

度就可以提供救济。因此，该制度的建立可以为小股东对抗大股东滥用表决权的行为提供有效救济，法院可以据此从实质上认定股东会决议无效，对解决股东实质不平等问题有很强的适用性。总之，如果我国公司法接受股东提名董事的现实，认可股东提名董事行为的合法性，就要建立与之相配套的制度，保证中小股东提名权不因控股股东滥用控制权而被实质性剥夺。

四、股东董事的信息披露

依据董事信义义务的规定，公司法禁止董事签订任何协议使其在职务上的行为受到影响或"控制"。[1]但是我国公司中，股东多委派本公司的高级管理人员担任所出资公司的董事，股东董事从派出股东处领薪、参加派出股东或所任职公司的股权激励计划、接受派出股东考核的现象较为普遍，委派董事也是导致不当利益输送的重要原因。在我国股东董事制度立法中，若能在董事选任环节建立起信息披露的事前防范制度，让交易相对人在充分了解董事任职情况和公司治理格局的基础上作出投资决策，再配合董事信义义务的事后追责机制，就可以大幅提升对交易相对人的保护水平。

遗憾的是，现行立法对董事信息披露的要求太过简单粗糙。《公司法》没有董事信息披露的规定，《市场主体登记管理条例》及其相关实施细则虽建立了董事备案制度，但备案材料限于其任职文件和自然人身份证明材料，2021年公司法《修订草案》虽然增加了企业信息公示制度，但董事备案信息不在公示之列。只有证监会的相关规定可见董事信息披露的一些具体要求比如，《上市公司章程指引》（2022年修订）第57条规定"股东大会拟讨论董事、监事选举事项的，股东大会通知中将充分披露董事、监事候选人的详细资料，至少包括以下内容：（一）教育背景、工作经历、兼职等个人情况，（二）与本公司或本公司的控股股东及实际控制人是否存在关联关

---

〔1〕 参见［美］阿道夫·A.伯利、加德纳·C.米恩斯：《现代公司与私有财产》，甘华鸣等译，商务印书馆2005年版，第246页。

系；（三）披露持有本公司股份数量；（四）是否受过中国证监会及其他有关部门的处罚和证券交易所惩戒。"再如，《公开发行证券的公司信息披露内容与格式准则第 2 号——年度报告的内容与格式》第 31 条要求董事任职情况的披露需"说明"董事在股东单位任职"在公司关联方获取报酬"的情况，但这些文件适用范围有限，效力层级太低无法律约束力。为了增加股东提名、委派董事的透明度，也为了市场主体能在对公司治理结构充分知情的基础上作出理性投资决策，本书提出如下建议：1、建立董事候选人信息披露制度。在股东会通知中披露董事候选人信息，包括提名人的姓名或名称、董事候选人的基本个人信息、任职履历、是否存在《公司法》第146 条第 1 款规定的消极任职资格的说明以及提名理由。另外，采纳《上市公司章程指引》第 57 条的立法模式，除了规定必要记载事项外，赋权公司章程根据公司治理需要细化信息披露规则。2、完善公司登记制度。在董事备案材料中增加与股东关联关系的说明，并将董事备案信息在统一的企业信息系统中公开。3、细化上市公司股东董事的信息披露。包括股东董事在派出股东及其关联方的任职情况、任职期限、获取报酬、津贴或保险等情况，以及是否参与派出股东及其关联方的股权激励计划或取得其他利益回报的情况等。

五、派出股东与股东董事的责任重构

《公司法》第 149 条的规定，董事、监事、高级管理人员执行公司职务时违反法律、行政法规或者公司章程的规定，给公司造成损失的，应当承担赔偿责任。该条规定是董事信义义务的一般性条款，也是我国公司法对董事进行法律规制的主要措施。董事信义义务建立在公司与董事的委托关系理论基础上，强调作为受托人的董事对公司承担忠实义务与勤勉义务。董事信义义务制度，有利于确立董事会的独立地位，对防止控股股东、实际控制人滥用控制权具有重要意义。但董事信义义务制度引入我国《公司法》，并没有起到预期的作用，控股股东、实际控制人滥用控制权的现象不降反增，这一点可以从我国法院关联企业人格否认案件数量的几何倍数增长和董事信义义务案件数量的连年增长得到验证。这是因为，我国公司治

理中董事不独立现象普遍，股东董事由股东委任，虽然经过公司股东会、股东大会的选举，但在股东已经就提名权作出分配的情况下，董事的选举仅具有程序意义，股东董事很容易沦为股东的提线木偶。然而，《公司法》第149条并没有考虑股东董事事实上不独立的现实，董事信义义务规定的直接后果，就是让站在台前的股东董事为站在幕后实际操控的股东"背锅"。这种立法模式，将公司违规的板子直接打向了董事和高管人员[1]，导致风险与利益在股东与董事之间的分配失衡。

在公司法"重角色责任、轻行为责任"的追究机制之下，行为责任往往被角色责任掩盖或淡化，只因行为人没有董事、监事的身份和角色，就可能完全逃脱责任的追究。[2]要改变我国公司的治理结构，真正实现董事的独立性，使董事为公司利益最大化服务，必须将董事责任从股东董事这一"形式董事"穿透至躲在幕后实际操控的"实质董事"身上，实现形式与实质的统一，将派出股东的控制权关入制度的笼子，倒逼其为公司利益最大化行事。对此，国外公司制度中"影子董事制度"对我国立法有启发意义。1917年，英国公司法第一次引入了"影子董事"的概念。2006年《英国公司法》第251条规定："影子董事为公司董事习惯听从其指令或命令而为行为之人"，第170条第5项规定："在相应的普通法及衡平原则下，有关董事的一般义务适用于影子董事。"[3]所谓董事的一般义务分别体现在第171至177条，涵盖了不逾越权限、善意行事、独立行使权利、合理主义、避免利益冲突等信义义务内容。此外，2006年《英国公司法》第251条第2款还规定了影子董事的排除情形，一个人并不仅因下列事项行事而被视为影子董事：基于专业身份提供建议者；该人在行使或根据一项制定法赋予的职责提出的指示、指导、指引或建议；根据该人以内阁阁员身份提出的指引或建议。英国公司法上的"影子董事制度"，也对其他国家和地区的立法产生重要影响。比如《澳大利亚公司法》第9条规定，公司董事意指依法选任的董事、事实上执行董事职务者，"以及董事习惯于听从其指令

---

〔1〕 参见邓峰："公司合规的源流及中国的制度局限"，载《比较法研究》2020年第1期。

〔2〕 参见赵旭东："中国公司治理制度的困境与出路"，载《现代法学》2021年第2期。

〔3〕 林少伟：《英国现代公司法》，中国法制出版社2015年版，第439页。

或意愿者"。《新加坡公司法》第 4 条规定，董事包括以任何名义担任公司董事的任何人，"以及公司董事或大多数董事习惯于听从其指示或指令的人，"我国香港地区《公司条例》第 2 条规定董事包括无论以何名义担任董事职位的人，以及法人团体的一众董事或过半数董事惯于按照其指示或指令（不包括以专业身份提供的意见）行事的人（幕后董事）。伯利与米恩斯在《现代公司与私有财产》一书中讲到，我们可以下的结论是：任何个人或者团体，只要在事实上已经行使经营者的权利，即使他们不具有经营者的身份，也必须受到那些加在正式经营者身上的行为规范的约束。在实际上引诱经营者行动的个人，其本身即应担负起经营者责任的理论，使得这些个人也应承担加在董事们身上的受托者义务（fiduciary obligation）。该项原则的逻辑足以涵盖所有的情形；因为，根据假设，只要经营者在实际上按照某一可以确认的"控制者"的吩咐行使，我们便可以将此"控制者"视同为经营者来处理。[1]影子董事制度最重要的功能，就是能让事实上行使经营权的人受到经营者责任的约束，实现实至名归。

我国在 2022 年公司法《修订草案》（二次审议稿）第 191 条规定：公司的控股股东、实际控制人指示董事、高级管理人员从事损害公司或者股东利益的行为的，与该董事、高级管理人员承担连带责任。将该规定应用于股东董事的规制，还有一定的局限性。2022 年公司法《修订草案》（二次审议稿）第 191 条规制的对象是控股股东与实际控制人。在我国董事提名与委派的实践中，不只是控股股东与实际控制人有提名董事的权利，按照公司章程的规定，小股东也是可以有提名权的。因此，在幕后操控股东董事的，不全是控股股东与实际控制人。第 191 条的规定会使那些对公司有重大影响但未达到控制程度的幕后主体，即使在幕后指挥董事行为也无担责之忧。相比之下，英国公司法上的影子董事制度则有更广泛的概括性，影子董事可能为公司的实际控制人，也可能并非公司的实际控制人。比如，在 2000 年的 Secretary of State for Trade and Industry v. Deverell 案中，法官认

---

[1]　参见［美］阿道夫·A. 伯利、加德纳·C. 米恩斯：《现代公司与私有财产》，甘华鸣等译，商务印书馆 2005 年版，第 245~247 页。

为，如果能够证明全部或部分董事将自己置于服从的地位或者放弃其独立判断时，支配和控制者自然可以构成影子董事，并不以董事会完全丧失独立性为前提。[1]事实上，实际控制人的法律规制与影子董事制度是两个不同的规制路径，二者亦难以互相替代。前者以控制权为中心，着眼于控制性影响力所及范围内的权利与义务平衡问题；后者仅以董事独立性为着眼点，强调董事责任的实至名归。实际控制人利用影响力指使董事，使董事在决策中听命于他，那么实际控制人就扮演了影子董事的角色；如果实际控制人仅仅是对公司行使控制权，并没有直接指使、操控董事的行为，那么就不构成影子董事，自然不承担董事的信义义务。同理，非控股股东指使、操控其提名的股东董事听从其指令作出决策，同样可以构成影子董事，尽管其并不是公司的控股股东或实际控制人。因此，在规定了控股股东、实际控制人信义义务的同时，公司法修改中也应采纳英国法上的"影子董事制度"，规定"影子董事"为公司董事习惯听从其指令或命令而为行为之人。影子董事之构成，需考量以下三项要素：其一，不具有形式董事身份；其二，不直接参与公司事项的决策执行；其三，操纵其他主体进行董事行为。[2]影子董事承担与形式董事相同的法律责任。

我国《公司法》引入"影子董事制度"，不但有利于解决派出股东与股东董事在风险和利益分配上的不公平，限制派出股东在幕后操纵股东董事损害公司利益的行为，还有利于解决股东董事"双重信义义务"的冲突问题。实践中，股东董事事实上处于"双重信义义务"的约束之下：一方面，基于公司的选任，其对公司负有信义义务；另一方面，基于委托关系，其对派出股东负有信义义务。在公司与派出股东的利益一致时，派出股东、股东董事与公司三方主体均相安无事，但是在派出股东与公司的利益发生冲突时，股东董事该向谁履行信义义务就成为问题。如果股东董事服从了公司利益，则自己会被随时撤换；如果顺从了股东，自己将面临被追究董事责任的风险。而影子董事制度，将责任穿透至派出股东，使派出股东在

---

[1] Secretary of State for Trade and Industry v. Deverell [2000] B. C. C. 1057.

[2] 参见刘斌："重塑董事范畴：从形式主义迈向实质主义"，载《比较法研究》2021年第5期。

下达指令时遵守信义义务规范，由此也化解了套在董事身上的枷锁。董事只要一心为公司利益最大化服务即可。此外，"影子董事制度"中的"商业判断规则"，还可以对股东参与公司治理提供制度保障。我国公司股东参与公司治理的积极性普遍较高，立法也不能完全忽视股东对公司治理的积极意义。在派出股东通过操控股东董事事实上参与了公司治理的情况下，"商业判断规则"的运用可以为其免除履行了注意义务情况下的法律责任。所以，影子董事制度也是破解我国治理难题的有益借鉴。

六、国企集团外部董事制度

（一）外部董事的性质

为加强对国有资产的监管，2004 年国资委公布《关于中央企业建立和完善国有独资公司董事会试点工作的通知》，决定在央企试点外部董事制度。2009 年，在总结试点经验的基础上，国资委制定了《董事会试点中央企业高级管理人员薪酬管理指导意见》和《董事会试点中央企业高级管理人员经营业绩考核工作指导意见》等规范性文件，完善了外部董事的薪酬管理、业绩考核等规则，决定设立专职外部董事。2015 年，中共中央与国务院公布的《关于深化国有企业改革的指导意见》明确要求（全国范围内）国有独资、全资公司董事会外部董事应占多数，外部董事制度从中央试点推向全国。2017 年国务院办公厅公布的《关于进一步完善国有企业法人治理结构的指导意见》提出，到 2020 年，国有独资、全资公司全面建立外部董事占多数的董事会，国有控股企业也应有一定比例的外部董事。

在实践层面，2005 年 10 月 17 日，时任国资委主任李荣融向宝钢 5 位外部董事正式颁发了聘书，宝钢集团成为国资委第一批 11 家董事会制度试点企业中第一家正式运作的企业，是我国第一家外部董事超过 50% 的企业。当时国资委计划到 2006 年国资委董事会制度试点的央企名单扩大至 20～30 家，预计 2007 年国资委下辖 169 家国有企业将全部完成董事会制度改革。经过近二十年的试点探索，在 2021 年 10 月 18 日举办的"中央企业董事会建设研讨班"上，国务院国资委党委书记、主任郝鹏介绍，截至 2021 年 1 月，中央企业有 82 家建立了外部董事占多数的董事会，78.8% 的子企业也实现了外部董事占多数。[1]可见，外部董事制度已经在全国范围内的国有独资公司、国有全资公司与国有控股公司展开了实践。

从公司法理论上讲，董事因在董事会中的角色分工不同，而有不同的分类。根据"是否在公司担任除董事以外的职务"，可以将董事分为内部董事（Inside Director）与外部董事（Outside Director），前者包括担任公司经理的执行董事（Executive Director）与职工民主选举的职工董事（Employee Director）；后者则根据"是否真正独立于管理层"，再区分为独立董事（Independent Director）与非独立外部董事（如灰色董事）。独立董事除了不在公司担任除董事外的其他职务，与其所受聘的公司及其主要股东之间也不存在可能妨碍其进行独立客观判断的关系。而"灰色董事"虽然不在被聘公司担任其他职务，但与公司管理层存在一定的经济利益、社会关系或政治等方面的联系，不具有严格意义上的"独立性"。对我国国企外部董事的性质定位，学界一般将其与独立董事作比较，确定为灰色董事，因为外部董事相对独立董事而言，与股东有更为亲密的关系。但严格意义上讲，我国在国有企业中设立的"外部董事"，与"灰色董事"还有很大的区别。其一，灰色董事与管理层还是有亲密关系的，而我国国企改革的政策文件明确要求外部董事要与管理层保持一定的距离，比如2004年国资委《关于中央企业建立和完善国有独资公司董事会试点工作的通知》对建立外部董事制度的目的作了明确规定："建立外部董事制度，使董事会能够作出独立于经理层的客观判断"。其二，我国国企的外部董事与国有资产出资人或股东有密切联系，是国有资产出资人的代表，本质上是股东董事。2017年国务院办公厅的《关于进一步完善国有企业法人治理结构的指导意见》规定："国有独资公司的董事对出资人机构负责，接受出资人机构指导……国有独资公司……外部董事人选由出资人机构商有关部门提名，并按照法定程序任命……国有全资公司的外部董事人选由控股股东商其他股东推荐，由股东会选举或更换；国有控股企业应有一定比例的外部董事，由股东会选举

---

〔1〕 参见"国资委举办中央企业董事会建设研讨班 坚持加强党的领导和完善公司治理相统一 进一步健全完善中国特色现代企业制度"，载 http://www.sasac.gov.cn/n2588020/n2588057/n2592506/n2592512/c21249729/content.html，最后访问日期：2021年11月1日。

或更换。"在全面深化国企改革过程中，我国正在构建以国有资产投资、运营公司为平台的三级国资监管体系。一些国企母公司已经被改造为国有资产投资、运营公司，性质上为国有独资公司。国企母公司的外部董事由国资委选派，政府任命。国有控股公司为集团二级子公司，其外部董事由母公司推荐，股东会选举。在公司法语境下，国资委和集团母公司均为国有股东，所以国企集团的外部董事本质上还是股东董事。

此外，一些研究对我国的外部董事与"政府董事"概念在理解上有分歧。"政府董事"概念强调董事与政府之间的行政隶属关系，而"外部董事"概念强调董事在董事会中的身份和地位。因此，这两个概念只是定义的角度不同，内涵上并不彼此排斥。目前来讲，我国的外部董事有专职外部董事与兼职外部董事两种类型。专职外部董事不在其他单位任职，被认为是具有行政职级的"企业领导人员"，由政府掌握提名权与决定权，行政隶属关系鲜明；而兼职外部董事则可以在其他单位兼职，可由个人推荐、组织推荐、面向社会公开选聘等方式获得提名，尽管决定权仍然在政府或股东手中，但市场化属性明显，更具有独立性与专业性。因此，国企的外部董事本质上就是政府董事，只不过在与政府的行政隶属关系上，专职外部董事强于兼职外部董事，但二者归根结底都是由政府或其授权的机关选任，承担国有资产监管职责，对政府负责的董事，与狭义的股东董事在职责定位上有明显的区别。

概括来讲，对国企外部董事的性质可以作如下定位：（1）与独立董事相比，二者均不在任职企业担任除董事之外的其他职务，均独立于经理层，但独立董事独立于控股股东、实际控制人，而外部董事由股东选任，不独立于股东。（2）与执行董事相比，二者均为股东董事，但外部董事不在公司担任其他职务，并独立于经理层；而执行董事通常担任经理职务，与经理层不独立。因此，我国在国企中建立外部董事制度，就是利用外部董事的相对"独立性"特点，加之其由派出机关而非本公司进行选任、薪酬、考核与解聘这一"外部性"特点，对以内部董事为代表的公司管理层实施监督，确保国有资产的保值增值。

（二）我国外部董事制度的特点

我国外部董事除了不在公司担任除董事及董事会专门委员会职务以外的职务外，享有与执行董事相同的知情权、参会权、发言权与表决权。同时，根据《企业国有资产法》第 22 条第 1 款的规定，履行出资人职责的机构依照法律、行政法规以及企业章程的规定，有权"任免国有独资公司的董事长、副董事长"，2022 年公司法《修订草案》（二次审议稿）第 173 条第 4 款也规定："董事会设董事长一人，可以设副董事长。董事长、副董事长由履行出资人职责的机构从董事会成员中指定。"因此外部董事也可担任所在公司董事长、副董事长职务。但是，该草案第 10 条规定："公司的法定代表人按照公司章程的规定，由代表公司执行公司事务的董事或者经理担任。"因此，外部董事将不能担任法定代表人。2020 年国务院国资委、财政部印发了《国有企业公司章程制定管理办法》，确立了"外大于内"的外部董事管理原则，其中第 10 条第 2 款规定："国有独资公司、国有全资公司应当明确由出资人机构或相关股东推荐派出的外部董事人数超过董事会全体成员的半数……"该原则也被吸收到 2022 年公司法《修订草案》（二次审议稿）第 173 条第 2 款中，规定："国有独资公司的董事会成员中，应当过半数为外部董事……"该草案（一次审议稿）第 153 条曾规定："国有独资公司按照规定不设监事会或者监事，在董事会中设置由董事组成的审计委员会等专门委员会，审计委员会的成员应当过半数为外部董事……"不过，二次审议稿删除了"审计委员会的成员应当过半数为外部董事"的规定，[1]将审计委员会的组成交由公司章程自治。由这些立法政策可见我国外部董事制度具有以下特征：

1. 外部董事在董事会担任监督职责

2004 年国资委公布《关于中央企业建立和完善国有独资公司董事会试点工作的通知》，明确提出"建立外部董事制度，使董事会能够作出独立于经理层的客观判断"。2009 年国资委印发《董事会试点中央企业外部董事履职行为规范》，要求外部董事"独立判断，敢讲真话。要按照商业判断原则

---

〔1〕 参见 2022 年公司法《修订草案》（二次审议稿）第 176 条。

独立、客观地发表意见，高度关注决策风险，不得对有损出资人或者公司合法利益的决策行为不反对、不制止""按章办事，正确行权。要严格按照国资委的要求和公司章程等规定履职，坚持决策权与执行权分开，不得超越职权范围干预或者指挥属于经理层的事务""加强监督，知情必报。要认真监督经理层落实董事会决议，不得向出资人瞒报、延报有损出资人利益或者公司合法权益的信息。"2021 年 9 月，国资委《中央企业董事会工作规则（试行）》强化了外部董事作决策、强监督的职责，对外部董事在决策中维护国有资本权益、贯彻出资人意志、督促董事会规范有效运行，发挥外部董事召集人沟通桥梁作用等提出明确要求。在此基础上，对董事会向出资人报告企业重要情况、外部董事向出资人报告异常情况等作出了制度性安排。比如，建立外部董事召集人制度和外部董事履职保障机制，落实外部董事对企业运营管理的知情权和问询权，向外部董事开放集团公文信息系统，定期向外部董事提供信息汇报，全面通报生产经营情况、通报董事会决议落实情况，制订外部董事年度调研计划等。可见，我国外部董事的履职内容主要是落实对经理层的监督，履职方式是"独立判断"与"知情必报"，履职目的是防止出现损害国有资产出资人权益和公司利益的行为。

2. 外部董事掌握董事会的控制权

建立外部董事制度，也是解决我国国企长期存在的"强经理层、弱董事会"、甚至董事长一人控制董事会等治理乱象的重要举措。国资委通过派出外部董事，利用公司治理结构完成了国资监管从行政审批向股权治理的成功转型。国资委在"关于《国有企业公司章程制定管理办法》中外部董事的认定的问题"中答复道："第十条规定的外部董事人数超过董事会全体成员的半数，是指国有企业集团公司层面的国有独资公司、国有全资公司董事会。""适用于本办法的国有企业集团公司，如未实现外部董事占多数，应结合企业实际，逐步增加外部董事人数。"因此，基于"一人一票"的董事会表决机制及半数以上人数，一致行动的外部董事可轻易左右国企集团母公司的董事会决策，集体性行使公司治理权。在"用手投票"的董事会议事规则下，掌握外部董事便意味着掌握了国有投资运营平台公司与国有企业，[1]所以外部董事制度是落实国有股东控制权的重要举措。

3. 外部董事由国有股东派出，对国有股东负责

在选任层面，国企集团母公司的外部董事由国资委或政府委派；[2]在激励层面，国资委决定其任命或聘任的外部董事的薪酬，外部董事不得领取任职公司给予的报酬；[3]在履职层面，外部董事须"代表股东，尽职尽责。要牢固树立维护出资人权益的责任意识，自觉站在出资人立场上决策……"[4]在退出层面，解聘外部董事、解散董事会的权力亦由国资委专享。[5]因此，国企集团母公司外部董事是典型的政府董事和股东董事，由国有出资人派出、代表国有出资人意志、维护国有出资人利益。国资委选任国企集团母公司外部董事的做法，也符合《公司法》的规定。[6]由国资委负责国企集团母公司外部董事的薪酬与管理，也有利于在制度上隔离外部董事与执行董事的关系，为外部董事独立履职创造条件。在集团子公司层面，外部董事"由股东会选举或更换"，[7]为纯粹的股东董事。由此可见，在我国国有资产监管体制从两级监管体制向三级监管体制的转型中，外部董事的派出与选任机制也逐渐与公司法律制度相融合。在集团母公司层面体现了政府意志，在控股子公司层面体现股东意志，均符合国企集团的治理特点。

（三）我国外部董事制度的完善

建立外部董事制度，要明确外部董事制度适宜的公司类型和行权方式，核心是建立外部董事发挥作用的平台和机制，落实其法律责任，实现权责统一。具体来讲，包括以下几个方面：

---

[1] 参见王怀勇、王鹤翔："描述与重构：国有资本投资运营公司外部董事独立性研究"，载《商业研究》2021年第3期。

[2] 参见2018年国务院公布《关于推进国有资本投资、运营公司改革试点的实施意见》，以及2017年国务院办公厅公布的《关于进一步完善国有企业法人治理结构的指导意见》。

[3] 参见国资委《董事会试点中央企业高级管理人员薪酬管理指导意见》和《中央企业专职外部董事薪酬管理暂行办法》的规定。

[4] 参见国资委《董事会试点中央企业外部董事履职行为规范》第2条。

[5] 参见国资委《董事会试点中央企业董事会规范运作暂行办法》第10条。

[6] 参见《公司法》第67条第2款。

[7] 参见国资委《董事会试点中央企业董事会规范运作暂行办法》。

1. 按照公司类型设置外部董事

国企混合所有制改革的主要领域是竞争性国企，因此我国也主要是在竞争性国企建立外部董事制度，例如宝钢集团就是首个国资委指导下建立外部董事制度的国企。但是，由于外部董事由政府选任，落实的是政府意志，保护的是公共利益，因此外部董事制度适宜的企业，应当首推以实现和维护公共利益为目的的企业。对这类企业，政府始终负有监督义务。德国学者曾提出"行政公司法"理论，倡导政府主要通过公司法上的手段，如参与公司章程之建设或派驻代表参与股东会进入监事会，来"介入"具有"公共目标"的公营事业的经营。[1]该理论对我国国企改革中政府与企业关系的转型有借鉴意义。在国企的"分类改革"中，负担"公共目标"的国有企业有两类，一是主业处于关系国家安全、国民经济命脉的重要行业和关键领域、主要承担重大专项任务的商业类国有企业，即垄断类国企；另一类是以保障民生、服务社会、提供公共产品和服务为主要目标的公益类国企。前者的特殊业务与竞争性业务并存，而后者主要为了向社会提供与人民生活息息相关的公共产品或公共服务，营利并非其主要目的。与纯粹竞争性商业类国企不同，政府在垄断性企业的非竞争性业务领域以及公益类企业的经营中，均负有保证"公共目标"实现的义务，此种义务可以通过介入公司经营管理来实现。因此，往这两个类型的国企派驻外部董事，是政府实现其影响与控制力的手段，具有正当性与必要性。至于竞争性商业类国企，改革的目标是推进政企职责分开，维护其独立市场主体地位。虽然在竞争类国企中建立外部董事制度，有利于国有资产的保值增值，但是也容易造成过度控制，影响国企建立现代企业制度下的公司治理结构。因此，在建立外部董事制度构建中，还需要根据国企的类型"因地制宜"，细化实施方案。

在具体制度的设计上，一是在国企集团建立独立董事制度，通过社会化董事加强董事的独立性。独立董事既独立于管理层，又独立于股东，"独

---

〔1〕　参见吴勇敏、何源："德国公营事业对中国国有企业类型化之启示——以判例与立法为中心展开"，载《社会科学战线》，2015 年第 5 期。

立性"更有保障,更有利于防范控股股东控制权的滥用。同时,独立董事的市场化选任有利于加强董事的专业性。独立董事的聘任和监管由董事会提名与薪酬委员会、审计委员会等共同负责。二是建立由"执行董事+外部董事+独立董事"组成的董事会。在以营利为目的的商业竞争类国企集团中,设1~2位外部董事,其余外部董事名额分配给独立董事,外部董事主要起到与国有股东的信息沟通作用;在以实现"公共利益"为目标的垄断类和公益类国企集团中,可以适当增加外部董事名额,甚至外部董事占一半以上,以保障企业运营目的的实现。

2. 完善董事信义义务制度

《公司法》对董事信义义务的规定,假定董事具有同质性,因而承担同样的忠实义务与勤勉义务,且董事免责的唯一事由是在董事会决议中投反对票,并记载于董事会会议记录。[1]然而在公司实践中,董事多元化与异质化已成趋势。以国有上市公司为例,国有上市公司中至少存在股东董事、职工董事、外部董事(政府董事)、独立董事四种董事,而外部董事又有专职与兼职之分,细分的话就是"五种董事"并存的局面。五种董事的不同职务位阶决定了其在公司经营管理中的参与度与获取经营信息的能力存在天然的差异。股东董事中的执行董事是公司信息掌控者,其有积极性也有能力获取公司的所有信息(包括经营信息与人事信息等),而其他董事则只能通过执行董事或其代表(比如董事会秘书)所披露的信息来获取信息。此外,在其他四种董事中,因地位的差异,其获取信息的能力也不尽相同。职工董事是公司信息源之一,但其仅了解岗位职责范围内的公司信息,而外部董事与独立董事则主要靠执行董事的"投喂"来获取信息。此外,因身份不同,专职外部董事、兼职外部董事与独立董事获取信息的能力也有差异。专职外部董事因其在政府机关任职,对公司有相对较重的话语权和影响力,公司通常也配合其了解公司信息的要求。但是,兼职外部董事由于不在政府机关任职,因而执行董事配合的积极性就有所减弱。独立董事系市场选聘的专业人士,因其缺乏政府背景,在公司中仅能发挥被动的

---

〔1〕 参见《公司法》第112条第3款。

"咨询"作用，因而也是获取公司信息能力最弱的一类。可见，董事的异质性影响了董事获取信息的能力，进而也会影响到董事会决策。在董事会决策中，信息控制可能带来一个糟糕的后果，那就是在投票时，外部董事为了自己的地位和安全，多愿跟随性投票或被动性投票，而不是自主性投票或主动性投票。实践中，大量公司决策由经理层完成，拥有法律强权的董事会被"形式化"，"决策者不管理、管理者不负责"[1]的公司治理，现象说明外部董事、独立董事并没有起到应有的作用。

董事的异质性和信息获取能力上的不平等性，对《公司法》关于董事同质性与平等性的假设提出了挑战。如若按照《公司法》的规定，不考虑董事身份位阶的差异，一概以统一标准衡量董事的义务与责任，只能鼓励所有依赖于执行董事信息"投喂"的董事们在董事会上投反对票以免除个人责任。如此一来，无异于鼓励"懒政"与消极不作为。我国国企的外部董事由政府或国资委选任，有天然的政治使命感，消极懒政或辞职一走了之的现象并不多见，但我们不能忽视现行制度下其履职的艰难与责任的畸重。既然董事在事实上有异质性与不平等性，那么在董事义务与责任的设定上，就要保障实质公平。

其一，需要填补执行董事与外部董事的信息鸿沟，构建执行董事对外部董事的信息披露义务。2021年，国资委《中央企业董事会工作规则（试行）》从三方面对企业加强支撑保障提出要求：一是及时向外部董事提供履职所需的企业信息。明确除国家有特殊规定外，企业应当向外部董事开放电子办公、数据报告等信息系统，提供企业改革发展和生产经营信息、财务数据以及其他有关重要信息，邀请外部董事参加重要会议等。二是强化对董事会专门委员会的工作支持。提出企业应当明确为董事会各专门委员会提供工作支持的职能部门，合理安排外部董事履职所需调研、培训，配合开展专项检查工作。三是配齐配强董事会秘书，加强董事会办公室的

---

[1]　参见蒋大兴："公司董事会的职权再造——基于'夹层代理'及现实主义的逻辑"，载《现代法学》2020年第4期。

工作力量。[1]部分省级国资委也制定了外部董事履职保障规定，保障外部董事的知情权。国资委还印发《关于加强中央企业外部董事履职支撑服务的工作方案》，对外部董事履职建立起政策指导、工作联系、业务培训、咨询服务四位一体的支撑服务体系。但是这些制度仅具有行政指导意义，并未在私法体系下建立起权责对等的法律制度。同时，外部董事知情权的实现以执行董事信息披露为前提，如果不对执行董事设定信息披露的法律义务，就难以打通信息鸿沟的障碍，也无法为外部董事履职解除后顾之忧。有学者曾提出，我国应当建立董事的"横向信义义务"，即承认董事彼此之间负有信义义务。具体来讲，董事之间的横向信义义务也包含忠实义务与勤勉义务。忠实义务要求董事之间在讨论议案之时或表决议案之前，应当披露直接或间接（潜在）的利益冲突，否则可能构成横向（忠实）义务之违反。注意义务主要要求董事勤勉、负责，尽努力获取一切可以合理获取的信息，以便提供给其他董事以展开充分讨论。如因为未尽责或疏忽，则可能导致横向（注意）义务之违反。[2]该理论观点对解决董事异质性下的实质平等问题有很强的借鉴意义，也比较符合我国国有企业和上市公司的实际情况。有学者搜集的数据显示，从2011年至2018年间，董事因违反勤勉义务而被诉至法院的案例只有52件，这与勤勉义务的内涵不明确、判断标准缺失以及义务的对象仅限于公司都有直接的关系。建立起董事横向的信义义务，尤其是执行董事对其他董事的信息披露义务，就直接掌握了填补董事之间信息鸿沟的法律工具。执行董事不履行信息披露义务，就违反了对其他董事的信义义务，其他董事在对公司承担了损失赔偿责任之后，可以向未履行信息披露义务的执行董事进行追偿。如此一来，将外部董事的知情权建立在执行董事的信息披露义务和法律责任基础上，不但能极大提升外部董事的履职能力，而且能解除其履职的后顾之忧，更好发挥对管理层的监督职责。

---

〔1〕 参见"《中央企业董事会工作规则（试行）》对董事会运行的支撑和保障有哪些要求？"，载 http://www.sasac.gov.cn/n2588040/n2590387/n9854147/c20741469/content.html，最后访问日期：2022年12月4日。

〔2〕 参见林少伟："董事横向义务之可能与构造"，载《现代法学》2021年第3期。

其二，为了严肃追究外部董事迎合造假、严重违反注意义务等重大不履职行为的民事责任，同时打消勤勉尽责者的后顾之忧，有必要进一步明确外部董事勤勉义务的内涵。从国资委印发的《董事会试点中央企业外部董事履职行为规范》来看，外部董事职责主要包括三方面：（1）维护国有资产出资人权益。（2）监督经理层履职，但不超越职权范围干预或者指挥属于经理层的事务。（3）依据法律及公司章程行使董事会决策权。由于外部董事不参与公司的经营管理，在其履职中除了依赖执行董事的信息披露外，也应自主、主动获取公司信息。外部董事自主、积极获取公司信息的方式与渠道可以是多元的，既可以从担任专门委员会的工作中主动获取信息，也可以借助会计、审计、法务等渠道获取信息，还可以通过专项调研来获取信息。对于专业知识的判断，甚至可以申请专家鉴定或咨询专家意见。与监事会的行权一样，外部董事获取信息的费用应当由公司承担。如果在外部董事的履职中，仅仅消极依靠执行董事及其代表的信息"投喂"作出决策，导致公司利益受损的，可以认定为未尽到勤勉义务。在司法实践中，可以参考最高人民法院《关于审理证券市场虚假陈述侵权民事赔偿案件的若干规定》第16条独立董事的免责事由的规定，如果外部董事可以证明其在董事会投票表决之前有下列情形的，法院可以认定其无过错，进而免责：（1）对相关决策事宜进行过专业尽职调查的；（2）对不属于自身专业领域的相关具体问题，借助会计、法律等专门职业的帮助仍然未能发现问题的；（3）在发现经理层有损害国有资产出资人利益的行为后，及时向国有资产出资人作出书面报告的；（3）在董事会表决中投反对意见并说明具体理由的；（4）因执行董事拒绝、阻碍其行权，导致无法作出商业判断，并及时向国有资产出资人报告的；（5）能够证明勤勉尽责的其他情形。

3. 完善董事会专门委员会制度下外部董事的行权制度

2017年国务院办公厅公布的《关于进一步完善国有企业法人治理结构的指导意见》提出"董事会应当设立提名委员会、薪酬与考核委员会、审计委员会等专门委员会，为董事会决策提供咨询，其中薪酬与考核委员会、审计委员会应由外部董事组成。"外部董事不但在董事会行使决策权，同时还在相关董事会专门委员会中履职。因此，董事会委员会制度的构建应当方便外部董事有效行权。

董事会设立专门委员会有几项作用：（1）弥补董事会会议机制的不足，完善董事会作为常设公司决策机构的职能。董事会虽然是公司常设机构，但是其只能通过会议方式对公司经营管理作出决策。董事个人并不能脱离董事会会议对公司事务行使权利。而在规模比较大的公司中，因董事人数多且很多为外部董事，不在公司就职，召开董事会会议并不方便，一年只能开少数的几次董事会，所以实践中公司决策权经常落到执行董事或经理层。增设委员会，将其作为董事会的常设机构，行使董事会的部分职权，可以有效防止执行董事或经理层权力滥用。（2）弥补董事会信息不足、专业性不强等缺陷。董事会只能通过召开董事会会议才能做出决议，而每次开会时间短、任务重，董事很难在信息充分的情况下做出决定，且其可利用的信息主要来自执行董事或经理层，很多是经过滤了的信息，很容易导致董事判断失误。此外，董事并非全部是行业或专业精英，在很多专业问题上的判断需要专业帮助。委员会的设置，可以很好地解决这两个问题，其作为常设机构，在日常工作中积累信息提供给董事会，弥补其信息不足缺陷。（3）为独立董事或外部董事提供发挥作用的平台。专门委员会作为常设机构存在，独立董事、外部董事就有了工作平台，其可以在专门委员会权限范围内工作，参与委员会决策，通过委员会决策机制表达独立意见。也就是说，有了专门委员会，独立董事、外部董事的工作和意见可以有效融入董事会制度中，其不再是独立个体，势单力薄地履行监督职责。正因为委员会制度有这些优点，越来越多的国家开始采纳并接受这种制度。

我国外部董事制度与专业委员会制度构建中，还有两个问题亟待明确：

其一，专门委员会是否有决策权？现代公司有两种董事会的治理模式，一种是管理型董事会，即保持传统意义的经营权与监督权合一的董事会构建模式；另一种是监督型董事会，即为满足现代公司经营权与监督权分离的现状，董事会只负责决定公司基本战略决策，除此之外主要是掌管监督权，各专门委员会负责业务执行。我国国务院办公厅《进一步完善国有企业法人治理结构指导的意见》中提出"董事会应当设立提名委员会、薪酬与考核委员会、审计委员会等专门委员会，为董事会决策提供咨询，其中薪酬与考核委员会、审计委员会应由外部董事组成。"依文义解释，设立委员会的目的是"为董事会决策提供咨询"，各委员会并没有业务决策权，仅有建议权。因此我国国企改革中，董事会还是定位于传统管理型董事会，专门委员会的权力有限，仅限于为董事会决策提供咨询或帮助，自身没有决策权。这种规定最大的弊端就是限制了专门委员会的权限，不利于外部董事发挥作用。如果法律赋予专门委员会决定权，则外部董事的意见就可以专门委员会决议的形式表达出来，不仅其程序正当性受法律保护，决议效力也有了法律强制执行力，可以极大加强外部董事参与公司治理的效率。比如，《美国示范商业公司法》规定，根据董事会决定或者公司章程、工作细则的规定，委员会可以行使董事会的权利。但是，委员会不能行使以下权利：（1）授权或者同意公司分配，除非根据董事会规定的方案或者方法，或者在限制的范围内；（2）批准或者向股东大会提议依据该法必须经过股东同意的事项；（3）填补董事会职位的空缺或者委员会职位的空缺，除非该法另有规定；（4）制定、修改或者废除公司的工作细则。我国在上述指导意见已经明确了"薪酬与考核委员会、审计委员会应由外部董事组成"，为更大效率发挥外部董事的监督作用，这些专门委员会仅作为董事会的咨询机构存在的话，其对董事会职能的补充作用会大打折扣。因此，建议《公司法》可以作赋权性规定，授权公司股东大会或公司章程规定董事会专门委员会的职权，但是关涉股东的直接利益或者属于公司的重大事项，专属于董事会或者股东会的决议事项，不宜由专门委员会直接作出决议。

其二，外部董事在专门委员会能否交叉任职？在董事会内部，董事会对各专门委员会有监督职责，各专门委员会彼此又存在监督与制约。但是，由于提名、薪酬、考核与审计是外部董事履行监督职责的有力工具，因此为方便监督信息互通，外部董事可以在提名委员会、薪酬与考核委员会、审计委员会交叉任职，但是这三个委员会的成员不能跟战略决策委员会交叉任职，以保持其必要的独立性。

主要参考文献

1. 徐学鹿主编：《商法学》，中国人民大学出版社 2015 年版。

2. 赵旭东主编：《公司法学》，高等教育出版社 2015 年版。

3. 朱慈蕴：《公司法人格否认法理研究》，法律出版社 1998 年版。

4. 邓峰：《代议制的公司：中国公司治理中的权力和责任》，北京大学出版社 2015 年版。

5. 施天涛：《关联企业法律问题研究》，法律出版社 1998 年版。

6. 梅慎实：《现代公司治理结构规范运作论》，中国法制出版社 2002 年版。

7. 董安生等：《关联交易法律控制问题研究》，中国政法大学出版社 2012 年版。

8. 赵志钢：《公司集团基本法律问题研究》，北京大学出版社 2006 年版。

9. 殷召良：《公司控制权法律问题研究》，法律出版社 2001 年版。

10. 吴越：《企业集团法理研究》，法律出版社 2003 年版。

11. 王文宇：《控股公司与金融控股公司法》，中国政法学出版社 2003 年版。

12. 白慧林：《控股公司控制权法律问题研究》，北京大学出版社 2010 年版。

13. 王勇华：《穿越公司的边界：企业集团五个特例法制研究》，法律出版社 2014 年版；

14. 张培尧：《国有控股权行使法律制度研究》，中国法制出版社 2014 年版；

15. 汤欣：《公司治理与资本市场法制》，法律出版社 2015 年版；

16. 胡改蓉：《国有公司董事会法律制度研究》，北京大学出版社 2010 年版。

17. 黄辉：《现代公司法比较研究——国际经验及对中国的启示》，清华大学出版社 2011 年版。

18. 孔祥俊：《公司法要论》，人民法院出版社 1997 年版。

19. 郭富青：《公司权利与权力二元配置论》，法律出版社 2010 年版。

20. 张开平：《英美公司董事法律制度研究》，法律出版 1998 年版。

21. 甘培忠：《企业与公司法学》，北京大学出版社 2007 年版。

22. ［美］莱纳·卡拉克曼等：《公司法剖析：比较与功能的视角》，刘俊海等译，北京大学出版社 2007 年版。

23. 梁上上：《论股东表决权——以公司控制权争夺为中心展开》，法律出版社 2005 年版。

24. 施天涛：《公司法论》，法律出版社 2014 年版。

25. 叶敏：《公司控制人的法律分析》，中国政法大学出版社 2015 年版。

26. 钟瑞庆：《公司控制权转让中控股股东的法律义务研究》，法律出版社 2014 年版。

27. 王继远：《控制股东对公司和股东的信义义务》，法律出版社 2010 年版。

28. 宁金成：《公司治理结构：控制经营者理论与制度研究》，法律出版社 2007 年版。

29. 徐晓松等：《国有企业治理法律问题研究》，中国政法大学出版社 2006 年版。

30. 郭金林：《国有及国有控股公司治理研究——产权契约分析的视角》，经济管理出版社 2012 年版。

31. 汪青松：《股份公司股东权利配置的多元模式研究》，中国政法大学出版社 2015 年版。

32. 顾功耘等：《国有资产法论》，北京大学出版社 2010 年版。

33. 顾功耘主编：《当代主要国家国有企业法》，北京大学出版社 2014 年版。

34. 金剑锋：《关联公司法律制度研究》，法律出版社 2016 年版。

35. 王军：《中国公司法》，高等教育出版社 2015 年版。

36. 《特拉华州普通公司法》，徐文彬等译，中国法制出版社 2010 年版。

37. ［美］阿道夫·A. 伯利、阿德纳·C. 米恩斯：《现代公司与私有财产》，甘华鸣等译，商务印书馆 2005 年版。

38. ［美］美国法律研究院通过并颁布：《公司治理原则：分析与建议》（上下卷），楼建波等译，法律出版社 2006 年版。

39. ［英］珍妮特·丹恩：《公司集团的治理》，黄庭煜译，北京大学出版社 2008 年版；

40. ［美］弗兰克·伊斯特布鲁克、丹尼尔·费希尔：《公司法的经济结构》，罗培新、张建伟译，北京大学出版社 2014 年版。

41. ［美］罗伯塔·罗曼诺编著：《公司法基础》，罗培新译，北京大学出版社 2013 年版。

42. ［美］罗伯特·W. 汉密尔顿：《美国公司法》，齐东祥等译，法律出版社 2008 年版。

43. ［日］神田秀树著：《公司法的精神》，朱大明译，法律出版社 2016 年版。

44. ［日］前田庸：《公司法入门》，王作全译，北京大学出版社 2012 年版。

45. ［德］托马斯·莱赛尔、吕迪格·法伊尔：《德国资合公司法》，高旭军等译，法律出版社 2005 年版。

46. ［韩］李哲松：《韩国公司法》，吴日焕译，中国政法大学出版社 1999 年版。